In seinem aufsehenerregenden Tagebuch ›Habemus Papam‹ berichtete Stephan Kulle über die Papst-Wahl 2005: vom Tod Johannes Pauls II. bis zu dem Augenblick, als Benedikt XVI. auf der Loggia des Petersdomes erschien.

Als Kardinal polarisierte Joseph Ratzinger, als Papst überrascht er: Mit seiner Enzyklika über die Liebe, seinem Geheimtreffen mit Hans Küng und seiner offenen und bescheidenen Art, sein Amt auszuüben. Seine Regensburger Rede brachte viele Muslime gegen ihn auf, doch Benedikt reagierte als Brückenbauer und Vermittler zwischen den Kulturen.

Kulle zieht nun anlässlich des 80. Geburtstags von Benedikt XVI. eine erste umfassende Bilanz des Pontifikats: Er schaut hinter die Mauern der Vatikanstadt, trifft auf bemerkenswerte Gesprächspartner und analysiert, was sich mit dem deutschen Kirchenoberhaupt in der katholischen Welt verändert hat.

STEPHAN KULLE, Jahrgang 1967, ist Theologe, Journalist und Buchautor (zuletzt bei Scherz: ›Warum wir wieder glauben wollen‹). Für *Phoenix* berichtete der Vatikanexperte vom Konklave 2005. Dabei sorgte er für weltweites Aufsehen, als er vier Minuten vor der offiziellen Bekanntgabe den Namen des neuen Pontifex Maximus verkündete.

Unsere Adresse im Internet: www.fischerverlage.de

Stephan Kulle

Papa Benedikt

Die Welt des deutschen Papstes

Fischer Taschenbuch Verlag

Originalausgabe
Veröffentlicht im Fischer Taschenbuch Verlag,
einem Unternehmen der S. Fischer Verlag GmbH,
Frankfurt am Main, April 2007

Karte: BITmap, Mannheim
Satz: Pinkuin Satz und Datentechnik, Berlin
Druck und Bindung: Druckerei C. H. Beck, Nördlingen
Printed in Germany
ISBN 978-3-596-17557-4

Benedikt XVI

– Pontifex Maximus –
zum 80. Geburtstag

MMVII

Vatikanstadt

1 Petersdom
2 Palazzo Apostolico (Papstpalast)
3 Sixtinische Kapelle
4 Petersplatz
5 Kaserne der Schweizergarde
6 Sankt Anna Tor (Ingresso di Sant' Anna)
7 Palazzo del Sant' Uffizio
8 Audienzhalle »Paul VI.«
9 Collegio Teutonico
10 Sakristei
11 Gästehaus »Domus Sanctae Marthae«
12 Palazzo San Carlo
13 Bahnhof
14 Governatorato
15 Hubschrauberlandeplatz
16 Radio Vatikan
17 Akademie der Wissenschaften
18 Vatikanische Museen
19 Ingresso Arco delle Campane
20 Portone di Bronzo
21 Ingresso di Porta Cavalleggeri
22 Sala Stampa
23 Vatikanische Gärten

ROM
N
15
Viale Vaticano
16
23
13
14
VATIKANSTADT
12
21
17
18
11
10
1
3
9
18
8
19
2
7
20
Michelangelo
Via Germanico
V.le B. di
4
5
6
Via di P.ta Angelica
Via Ottaviano
Borgo Pio
22
100 m

Inhalt

Vorwort

Das Herz des Vatikans

»Ich war hier, als sie Benedikt als Papst verkündet haben«, sagte mein alter Bekannter Hans-Peter Röthlin. »Ich konnte es gar nicht fassen, dass es so schnell gegangen ist. Aber als ich gehört habe, dass es weißen Rauch gibt, bin ich sofort auf zum Petersplatz. Und da waren sie schon alle am Rennen. Von überall müssen die hergekommen sein. Wie ein Sturm sind sie durch die Straßen gefegt. Ja, gestürmt sind sie. Und ich musste mich auch beeilen. Aber ich bin gerade noch rechtzeitig hier angekommen. Allerdings habe ich das *Habemus Papam* nur gehört, denn hier war gar kein Durchkommen mehr.«

Der Schweizer, der bis vor sieben Jahren im Vatikan als Unterstaatssekretär gearbeitet hatte, strahlte mich aus seinen blauen Augen an. Wir hielten vor dem Palazzo del Sant'Ufficio inne. Von da aus waren es nur noch ein paar Schritte bis zu den Kolonnaden des Petersplatzes. Er bewegte seine Arme, als wollte er schwimmen. »Weißt du, hier war es wie auf einem Volksfest. Sie wollten alle auf den Platz. Dann hat der Kardinal auf der Loggia gerufen, – ja, er hat gerufen – Josephum! Die Leute haben alle gleich wiederholt, Josephum, Josephum, und mir war klar, dass es der Ratzinger ist.«

»Ich wäre gern hier vorn gewesen, aber ich musste live senden und stand dahinten an der Via della Conciliazione auf der Fernsehbühne«, entgegnete ich. »Aber das war auch bei uns der Wahnsinn.«

Hans-Peter erzählte, wie er sich dann zum Petersplatz durchgekämpft hatte und gerade noch rechtzeitig dort angekommen war, um den neuen Papst sehen zu können. »Ja, das war wirklich ein Wahnsinn!«, sagte er in seinem herrlichen Schweizerdeutsch. »Die Leute hier, die alle gekommen waren, der Jubel und dass es tatsächlich der Joseph Ratzinger geworden ist.« Er sagte mit hochgezogenen Augenbrauen: »Das war eine gute Wahl. Da haben die Kardinäle den Richtigen gewählt!«

Dann verabschiedete er sich, denn es war schon spät geworden. Er hatte eine Unterkunft im Gästehaus Sankt Martha. Und das war im Vatikan. Wir standen aber noch immer draußen an den hüfthohen Absperrgittern zum Petersplatz, am Fuß der Kolonnaden. Was er nun vorhatte, um noch hineinzukommen, wusste ich nicht, denn die Tore waren bereits seit 22 Uhr geschlossen. Der Petersplatz ebenfalls.

»So, mein Lieber, dann bis morgen und gute Nacht«, sagte er und hüpfte mit einem Satz über die Säulenfüße an der Absperrung vorbei, als wäre er noch ein Teenager. Ich wusste, dass es bis exakt 24 Uhr am Arco delle Campane noch eine letzte Möglichkeit gibt, in das gut gesicherte Staatsgebiet des Vatikans zu gelangen. Dort stand noch ein Posten der Schweizergarde an einer unscheinbaren Metalltür hinter der Poststelle. Allerdings waren es noch etwa 200 Meter bis dorthin, und auf dem Petersplatz patrouilliert um diese Zeit die italienische Gendarmeria. Und tatsächlich, da tauchten die Polizisten auch schon auf. Hans-Peter war nicht weit gekommen. Ich machte mir etwas Sorgen, denn diese Polizisten lassen in der Regel nicht mit sich reden. Da braucht es schon sehr gute

Argumente. Hans-Peter hatte eines dieser Argumente in seiner Hemdtasche. Ich sah, wie er ein kleines Kärtchen herausholte, dies den Polizisten zeigte und mit einem fröhlichen Winken in meine Richtung seinen Weg fortsetzte.

Der Petersplatz in Rom mit dem Petersdom und dem Papstpalast.

Ich verließ den Petersplatz, ging weiter in die Via della Conciliazione und setzte mich auf die erste steinerne Bank am linken Rand. Von hier aus hatte ich den besten Blick auf den Petersdom und den Papstpalast. Da lag er vor mir in der Ruhe der Nacht. Der Dom, die wichtigste Kirche der katholischen Kirche. Das umgestaltete Beleuchtungskonzept für den Frontbereich und die Kuppel machte die Basilika zu einem Erlebnis für die Augen, besonders am Abend und in der Nacht, wenn sich der gewaltige Kuppelbau fast schon unwirklich groß gegen den schwarzen Himmel abzeichnete. Der leichte Grünschimmer der bleiernen Abdeckung der Kuppel, der erst durch die Beleuchtung der erhabenen Wölbung mit der filigranen Laterne sichtbar wurde, wirkte wie ein aus sich heraus strahlender Körper, der in die Nacht hineinwollte, weit heraus aus der Stadt, um von überall sichtbar zu sein. Am Tage wirkt der Petersdom eher wie ein Monstrum, in der Nacht ist er jedoch ein faszinierendes Schauspiel. Auch um diese späte Uhrzeit kamen und gingen Passanten und hielten einen Moment inne, um das liturgische Spiel des Lichtes und der steinernen Stärke zu bewundern.

Die zahlreichen Polizeiwagen wirkten wie Sicherheitsetiketten an einem teuren Produkt. Ihre Präsenz allein änderte nichts an der Herrlichkeit des Anblicks. Sie gehörten zum alltäglichen Bild, aber sie waren so klein vor der riesigen Kulisse, dass sie nicht mehr ins natürliche Blickfeld hineinpassten. Denn um die Hauptfigur dieser Lichterscheinung zu erfassen, brauchen die Augen mehr als nur einen Blick, mehr als nur einen Ausschnitt. Ich genoss diese Szenerie und dachte daran, dass mich viele Menschen um diesen Anblick beneiden würden. Denn Rom ist für viele und für mich ein Traum.

Meine Augen verweilten noch länger auf dem riesigen Komplex von Gebäuden und Kuppeln, auf der Kulisse, die millionenfach fotografiert, gezeichnet und gedruckt worden ist. Und je länger ich hinsah, desto mehr veränderte sich das Bild, das sich mir zeigte. Die monströse Silhouette des Petersdomes und des Palastes zur Rechten erinnerte mich plötzlich an einen Bären, der leicht seitlich geneigt sitzend schläft. Die Kuppel sein Bauch, die Kolonnaden die Beine, die kantige Fassade des Papstpalastes sein Kopf. Ein großer schlafender Bär, angelehnt an den vatikanischen Hügel. Er wirkte erhaben. So, als würde ihn das immerwährende Treiben der Millionenmetropole auch bei Tage nicht im Geringsten stören. Nicht der Lärm der Autos, die um seine Füße herumkurven, nicht die Touristen, die wie Scharen von Ameisen umherwuseln.

Dieser vatikanische Bär, der selbst aus dem Flugzeug betrachtet ein monumentales marmorweißes Erlebnis über der braun-beigen Stadt Rom ist, scheint nur so, als ob er schlafen würde. In Wirklichkeit ist er wach, nur etwas langsamer in seinen Gebärden und seinen Reaktionen. Wenn manche Beobachter und Experten sagen, der Vatikan denke in Jahrhunderten, und so arbeite er auch, dann mag das in etwa beschreiben, was ich meine. Die Augen des Bären sind nie wirklich geschlossen. Das Weiße der Augäpfel könnten die beiden Fenster am Papstpalast sein, die einem jeden bedeuten, dass der Chef und seine Sekretäre arbeiten. Wie zwei Augen, die zugleich sehen und beobachten. Manchmal öffnet sich ein Fenster. Dann sieht und spricht es in einem.

Nun, es ist ein friedlich ruhender Bär, wie er da so am vatikanischen Hügel liegt. Friedlich, aber ein Bär, ein kräftiges Großtier mit Krallen.

Zwischen Alpha und Omega

Am nächsten Tag war ich dort, wo ich das Hirn des Bären vermutete: im Papstpalast. Ich hatte einen Termin und musste dafür in die Seconda Loggia, in den zweiten Stock. Dort angekommen schickte man mich in die Anticamera, den Bereich der Audienzen. Die aneinandergereihten Säle der Anticamera waren früher die Vorzimmer zur päpstlichen Wohnung, als die Päpste noch im zweiten Stock residierten. Zwei Kammerdiener in hellgrauen Anzügen empfingen mich in einem Raum vor der Sala Clementina. Sie baten mich, noch ein paar Minuten zu warten. »Wollen Sie in der Sala Clementina bleiben?«, fragten sie mich. Ich willigte ein, denn dieser Saal hatte mich schon immer begeistert. Sie öffneten eine der dunklen Türen, und ich trat ein. Nach einigen bedächtigen Schritten stand ich auf dem päpstlichen Wappen von

Clemens VIII. Es hatte etwa vier Meter Durchmesser und war aus verschiedenfarbigen Marmorintarsien inmitten des Saales in den Fußboden eingearbeitet worden. Ich sah mich um. Hier war ich zwar schon einige Male gewesen, doch niemals allein und auch nicht mit Ruhe.

Der zwölf mal siebenundzwanzig Meter große Raum aus den letzten Jahren des 16. Jahrhunderts ist besonders markant wegen seiner Wandgestaltung. Roter, grüner, gelber und weißer Marmor sind zu schmucken Kassetten und Medaillons verarbeitet und täfeln den Boden und die Wände ringsum bis zu einer Höhe von etwa vier Metern. Es scheint so, als würde über dem dunklen warmen Marmor, dessen Farbtöne die Erde darstellen könnten, der Himmel beginnen. Gemalte Säulen und Szenen geben den Blick frei auf den Himmel, der seinen Höhepunkt im Gewölbe findet. In der Deckenmalerei verschwimmen die architektonischen Formen und mystischen Symbole zu einer Illusion aus realer und transzendentaler Welt.

Es wirkte auf mich fast wie ein Blick aus einem Grab heraus: unten die kastenartig ausgestochene Erde, oben der helle, lichte Blick in den Himmel, drumherum die Menschen in galanten Bewegungen zwischen den aufstrebenden barocken Säulen. Der Beleuchtungskranz, der von den Gesimsen nach oben strahlte, verstärkte den himmlischen Eindruck. Ich war froh, dass ich endlich mal die Muße hatte, diesen Effekt zu erleben. An einer der Stirnseiten gibt es einen riesigen Kamin, der in die etwa 10 Meter hohe Wand eingelassen ist. Ich ging langsam auf ihn zu, um ihn mir genauer anzusehen. Verglichen mit der übrigen Ausgestaltung des Saales war sein mittelgrauer schmuckarmer Aufbau schlicht. Darüber erhob sich ein farbenprächtiges Wandgemälde mit einer feierlichen Szene der Taufe des heiligen Clemens VIII. Auf der gegenüberliegenden Schmalseite hatte der flämische Landschaftsmaler die Szene des Martyriums des heiligen Clemens abgebildet, als er mit einem um den Hals gebundenen Anker in die wild schäumenden Fluten des Meeres geworfen wird.

Ich stand nun an der Stelle vor dem Kamin, an der auch das Postament mit dem aufgebahrten Papst Johannes Paul II. gestanden hatte. Dieses Bild werde ich nicht vergessen, denn es war eine besondere Situation. Johannes Paul war ich einige Male persönlich begegnet. Zudem hat er mit seinem fast 27-jährigen Pontifikat einen Großteil meiner eigenen Lebenszeit geprägt. Darum war es wie ein Abschied von einem mir nahestehenden Menschen gewesen. Der Brennraum des Kamins ist normalerweise mit einer rötlich-grauen Wandung abgedeckt, auf der sich ein goldenes Papstwappen, bestehend aus Tiara, den beiden Schlüsseln und einer Kordel mit Quasten, befindet. So erscheint der Kamin dem Betrachter wie ein Altar. Davor sitzt ein Papst bei größeren Privataudienzen auf einem der prächtigen Thronstühle. Oder er liegt auf einem cremeweiß verkleideten Postament, wenn sein Leichnam aufgebahrt wird.

An genau dieser Stelle befinden sich in einem Medaillon im Boden ein winziges Alpha und ein Omega. Es sind die beiden Buchstaben aus dem griechischen Alphabet, die wegen ihrer Stellung am Anfang und am Ende selbige Zeitpunkte des irdischen Lebens eines Menschen darstellen. Alpha und Omega stehen für die Macht Gottes, die vom Anfang bis zum Ende reicht. Größer und stärker als jegliche menschliche Kraft.

Ich erinnerte mich an eine zweite Szene: In den Tagen nach der Wahl zum Papst hatte Benedikt XVI. an ebendieser Stelle die Kardinäle empfangen und später die Mitarbeiter des päpstlichen Hauses und des Staatssekretariats. Sicher waren dies nicht die ersten Amtshandlungen, aber sie standen ganz am Anfang seines Pontifikats. Die Erinnerungen an den aufgebahrten Vorgänger waren ebenfalls noch sehr frisch. Was mag der neue Papst wohl da empfunden haben? Ob er sich da nicht nur seines Alphas, des Anfangs als Pontifex, sondern auch gleichzeitig seines Omegas, seines Todes bewusst geworden ist? Denn Benedikt weiß, wie auch jeder seiner Vorgänger, dass er irgendwann an dieser Stelle liegen wird: tot und betrauert, eingehüllt in die Gewänder, in denen er beigesetzt werden wird.

Vielleicht dachte der Papst auch daran, dass gleich neben dem Kamin die Tür zum Konsistoriensaal ist. Dort empfangen die neuen Kardinäle ihre Familien und Freunde nach der Zeremonie auf dem Petersplatz. Und nur ein Zimmer weiter im hinteren Teil des Papstpalastes wird die Einbalsamierung des Leichnams eines Pontifex vorgenommen. Bei Johannes Paul II. hatte Joseph Ratzinger das noch erlebt. Auch wenn diese Gedanken morbid klingen, so gehören sie doch zum Leben dazu. Auch zum Leben eines Papstes, der diesen Palast am Ende nur tot verlassen kann. Es sei denn, er träte vorher zurück – aus welchen Gründen auch immer.

Hier in der Sala Clementina finden das irdische Alpha und Omega wieder zusammen. Jedenfalls nicht in der Sixtina. Im Bewusstsein dieser Zeitspanne lebt ein Papst. Und keiner weiß, wie viel Zeit ihm die göttliche Vorsehung zwischen den beiden Buchstaben schenkt, wie lange er regieren wird, oder ob er überhaupt dazu in der Lage sein wird, dieses Papstamt adäquat auszufüllen. Als ich mich in diesem bezaubernd schönen Saal mit den sechs schweren Türen noch einmal umsah, empfand ich ein Gefühl der Traurigkeit, denn Melancholie steckte in diesen Wänden. Sie verbirgt sich im unteren Teil, dort wo es erdähnlicher und dunkler wird. Die Hoffnung beginnt weiter oben im hellen Licht des Himmels.

Die Kammerherren, die im Vorraum telefoniert hatten, kamen nun wieder zu mir und geleiteten mich durch eine der Türen rechts vom Kamin in die Sala dei Sediari. Dort nahm ich auf einem weißen barocken Sofa Platz und dachte darüber nach, wie dieses Gebäude von innen auf mich wirkt. Von außen betrachtet kann man die Ereignisse nur erahnen, die sich hier in Jahrhunderten abgespielt haben. Drinnen atmet die Geschichte, sie spricht aus vielen päpstlichen Wappen, auf Böden, Wänden oder Türsimsen. Die Fresken aus längst vergangenen Zeiten geben einen Eindruck davon, wie es war, als die Päpste des Barocks und der Renaissance noch ein ausschweifenderes Leben am Hofe bevorzugten. Heutzutage sitzt hier das Gehirn, nicht der Magen. In den Räumen über mir und unter mir wurde gearbeitet. Die Geschicke der katholischen Kirche werden von hier aus gesteuert. Die Verbindungen zu anderen Nationen und Religionen nehmen hier ihren Anfang. Aber sitzt hier auch ein Herz? Ich denke und glaube, dieses Herz ist Christus, und ein Papst tut gut daran, immer wieder auf *Ihn* zu verweisen.

1 Der Papst im neuen Amt

Habemus Papam

Überraschung und Hoffnung auf dem Stuhl Petri

Ob Papst Benedikt wohl manchmal heimlich in die Sixtinische Kapelle geht? Zurück an den Ort, an dem er »Ja – ich nehme die Wahl an« gesagt hatte? Dort, wo er während des Konklaves schräg hinten das Fresko sehen konnte, auf dem Jesus seinem Jünger Petrus die Schlüssel des Himmels übergibt. Und wenn ja, was macht er wohl dort? Vielleicht betet er. Vielleicht sagt er seinem Herrgott: »Da hast du mir ja was eingebrockt!« Ganz gewiss wird er sich an einige Momente des Konklaves erinnern. Daran, wie sein Name immer öfter fiel. Daran, dass manche nicht wollten, dass er jetzt hier in der weißen Soutane steht und der 265. Nachfolger des heiligen Petrus ist.

Doch vielleicht erscheinen ihm auch die Gesichter der vielen Kardinäle, die ihm vertrauten, die ihn zum Santo Padre, zum Heiligen Vater erwählten. Diese demonstrative Einigkeit und Mehrheit im Konklave wird er in seinem Alltag nicht mehr oft erleben, denn mit der Wahl wurde er auch ausgesondert. Jetzt ist er allein. So allein, wie vielleicht in diesem gedachten Moment in der Sixtinischen Kapelle. So allein, wie auf der Loggia, vor all den Menschen, die ihn als neuen Papst begrüßten. Allein an der Brüstung.

»Nach einem großen Papst Johannes Paul II. haben die Herren

Kardinäle mich gewählt, einen einfachen und bescheidenen Arbeiter im Weinberg des Herrn. Mich tröstet die Tatsache, dass der Herr auch mit ungenügenden Werkzeugen zu arbeiten und zu wirken weiß. Vor allem vertraue ich mich euren Gebeten an. In der Freude des auferstandenen Herrn und im Vertrauen auf seine immerwährende Hilfe gehen wir voran. Der Herr wird uns helfen, und Maria, seine allerseligste Mutter, steht uns zur Seite. Danke.« Das hatte er zu den Tausenden auf dem Platz und den Millionen an den Fernseh- und Radiogeräten gesagt.

Alles beginnt mit der Frage: »Nimmst du die Wahl an?« Derjenige, der diese Frage gestellt bekommt, sollte sich bereits im Vorfeld reiflichen Überlegungen hingegeben haben. Obwohl er diese Frage nur mit einem »Ja« oder »Nein« beantworten kann. Wer ist also derjenige, dessen Lebensabend sich durch ein simples »Ja« so einschneidend verändert? Aus dessen geplantem Ruhestand schon eher ein Endspurt wird? Zuletzt war es Joseph Kardinal Ratzinger, auf den sich die Blicke der Kardinäle während des Konklave konzentrierten, nachdem er von Kardinal Sodano gefragt worden war, ob er die Wahl annehme. Eine lange Bedenkzeit wird Joseph Ratzinger in diesem Moment nicht gehabt haben. Vielmehr musste er sich schon viel früher – für den Fall der Fälle – über seine Antwort Gedanken gemacht haben. Für eine Bauchentscheidung aus der Situation heraus wiegen die sich daraus ergebenden Veränderungen zu schwer.

Wann entscheidet sich ein Kardinal aber für oder gegen eine eventuelle Wahl zum Papst? Natürlich gibt es auch innerhalb des Klerus Karrieristen, für die die Wahl der eigenen Person zum Pontifex Maximus sicherlich den Gipfel ihres irdischen Schaffens darstellen würde. Das wäre das höchste der Gefühle. Für jene bleibt jedoch die besondere Tragweite dieses Amtes unerschlossen. Eine vielzitierte Weisheit besagt nämlich: Wer als Papst in das Konklave hineingeht, kommt als Kardinal wieder heraus.

Papst zu werden, stellt sich vielleicht mancher von ihnen vor, als hätte ein langjähriger Mitarbeiter eines Wirtschaftsunternehmens endlich den Sprung auf den Sessel des Vorstandsvorsitzenden geschafft. Ein maßgeblicher Unterschied zwischen einem Vorstandschef und dem Petrusnachfolger ist jedoch, dass das Vorstandsmitglied irgendwann in seinem Leben, sei es mit 65 oder mit 70 Jahren, seinen Posten aufgeben und sich mit einer sehr angenehmen Rente einen sonnigen Ausklang seines Lebens gönnen kann. Er kann die Füße hochlegen und ohne Termindruck bis zu seinem Tod von den Früchten seiner Erwerbsphase leben. Das gilt nicht nur für ehemalige Vorstandsvorsitzende. Zugegeben, ein großer Teil der Erwerbstätigen wird sich von seiner bescheidenen Rente keinen Ruhestand im Luxus erlauben können. Eines aber werden die meisten – jedenfalls hierzulande – doch haben: Ruhe und Entspannung vom Arbeitsleben sowie viel Muße, sich der Familie und den Freunden zu widmen. Für die karrieregetriebenen unter den Kardinälen würden wahrscheinlich – trotz aller Widrigkeiten und Rastlosigkeit, die das pontifikale Amt für einen alten Menschen mit sich bringt – der Ruhm, die Anerkennung und vielleicht sogar ein gehöriges Quentchen Macht Ausgleich genug sein, um den Ausklang des eigenen Lebens dem anstrengenden Alltag auf dem Stuhle Petri zu widmen. Karrieristen würden selbst das gern auf sich nehmen. Doch was treibt einen bodenständigen Priester im Range eines Kardinals an, »Primus inter Pares«, also Erster unter Gleichen der katholischen Kirche zu werden und damit auch den letzten Teil seines Lebens der Kirche und Gott zu schenken?

Ich denke, dass jeder Priester, unabhängig von Rang oder Amt, zu irgendeinem Zeitpunkt in seinem Leben diese Grundentscheidung getroffen hat. Einen Entschluss, der sein gesamtes Leben verändern und von da an bestimmen wird. Einen Entschluss, mit dem er sich zu Gott und zu seinem Glauben bekennt. Er gelobt feierlich, das Evangelium und die Liebe Gottes in die Welt zu tragen und ein Leben in Demut und als Diener des Herrn zu führen. Diesen Weg schlägt ein jeder katholischer Priester schon mit dem Akt seiner Weihe zum Diakon ein. Bereits dieser Schwur enthält keine Klausel, nach der die gegebene Zusage etwa mit der Vollendung des 65. Lebensjahres entfällt, und die dem pensionierten Priester dann ein ruhiges Leben abseits von Kirche und Gott verspräche. Nein, dieser Eid gilt für ein ganzes Leben, wenn nicht für die Ewigkeit. Denn die Priesterweihe erlischt nicht wie ein gewöhnliches Beschäftigungsverhältnis oder eine Position. Und ebenjene Priester, die dieses Versprechen nicht nur mit der Ratio, sondern auch mit dem Herzen getroffen haben, fühlen sich aufrichtig daran gebunden, auch wenn sie dafür einen Teil ihres Selbst opfern müssen.

Neues Amt statt Ruhestand

Joseph Ratzinger hatte in einem seiner letzten Fernsehinterviews als Kardinal gesagt, er würde sich schon darauf freuen, seinen Ruhestand, ob nun in Bayern oder Italien, mit seinem Bruder zu verbringen, einige Bücher lesen zu dürfen, für die ihm bis dahin die Zeit gefehlt hatte, und vielleicht das ein oder andere Buch zu schreiben. Grundlagenwerke der Theologie sollten es werden. Er sagte das mit einem Lächeln der freudigen Erwartung auf seinen Lippen; wohl wissend, dass sein priesterliches Leben noch eine Wendung erfahren, und nach der alles ganz anders sein könnte. Im selben Interview sagte er aber auch, dass er zu einer eventuellen Wahl zum Papst nicht nein sagen würde, wenn es das Votum der Kardinäle wäre. Aber warum scheint in seinen Äußerungen ein Hauch von Ambivalenz mitzuklingen? Freute er sich nun auf seinen Ruhestand, oder bejahte er die zu diesem Zeitpunkt hypothetische Frage zur Annahme des Papstamtes? Oder kann man seine Wortwahl dahingehend interpretieren, dass er sich zwar den Lebensabend wünschte, den er beschrieben hat, sich jedoch ohne Widerstand seiner Pflicht stellen würde, sollte er in das Papstamt gewählt werden? Das klingt nicht unbedingt nach einer zwanglosen Annahme der Nachfolge des Chef-Apostels. Ich glaube aber, dass sich Joseph Ratzinger wohl des Versprechens bewusst ist, das er seinerzeit bei der Priesterweihe Gott gegenüber abgegeben hat. Mit seiner Weihe zum Bischof hat er dieses Versprechen erneuert. Er hat es sogar um das sogenannte Hirtenversprechen, also das Gelübde, in der Nachfolge der Apostel seine schützende Hand über die Gemeinde und sämtliche ihm unterstellten Priester zu halten, erweitert.

Es ist klar, dass dieses Gelübde nicht nur eine Momentaufnahme, sondern ein Versprechen auf Lebenszeit ist. Den wenigsten wird jedoch klar sein, dass die Pflichten, die sie sich damit aufgeladen haben, tatsächlich über einen gängigen Ruhestandszeitpunkt hinausgehen und sich zusätzlich in einem weiterführenden klerikalen Amt manifestieren können. Das betrifft zum Beispiel jene Bischöfe, die ihr 75. Lebensjahr vollendet haben und den Papst bitten, sich aus ihrem offiziellen Kirchenamt zurückziehen zu dürfen. So ist die Regel. Wenn der Pontifex dies jedoch verwehrt, weil er an der Ausübung des Amtes eines bestimmten Bischofs ein besonderes Interesse verfolgt, so hat dieser Bischof erst zum Zeitpunkt seines 76. Geburtstags erneut die Möglichkeit, den Papst um sein Ausscheiden aus den offiziellen Kirchengeschäften zu bitten. Verneint der Papst auch dieses Folgeansinnen, muss sich der Bischof ein weiteres Jahr seinem »Schicksal« ergeben. So geschehen im Falle Kardinal Ratzingers.

Es gibt Bischöfe und Kardinäle, die natürlich gern bereit sind, über die Altersgrenze hinaus weiterzumachen, oder auch solche, die am Amtssessel zu kleben scheinen. Joseph Kardinal Ratzinger hatte seinerzeit Papst Johannes Paul II. dreimal um sein eigenes Ausscheiden aus dem Amt des obersten Glaubenshüters im Sant'-Ufficio gebeten. Der damalige Papst hatte jedoch darauf verwiesen, dass er auf Ratzingers Arbeit angewiesen sei. Der Kardinal hatte nämlich in diesen letzten Lebensjahren Johannes Paul II. einen Teil seiner Amtsgeschäfte abgenommen. Der alte Papst konnte damals vielen seiner Pflichten nicht mehr nachkommen, weil sein Körper ihm den Dienst verwehrte. Doch auch Johannes Paul hatte es nicht in Betracht gezogen, sein Amt schon vor seinem Tode aufzugeben. Jesus sei schließlich auch nicht vom Kreuze gestiegen, hatte der damalige Papst auf diesbezügliche Anfragen geantwortet. Johannes Paul II. verlangte also nicht nur seinen »Mitstreitern« ein außergewöhnliches Maß an Selbstdisziplin und Gehorsam gegenüber der Kirche ab, sondern hatte auch an sich selber höchste Erwartungen und einen eisernen Durchhaltewillen. Mit dem Tode Johannes Paul II. schließlich rückte für Joseph Ratzinger ein Leben im Ruhestand und ohne offizielle Amtsgeschäfte, mit vielem, was er sich erwünscht hatte, in greifbare Nähe.

Doch wie wir heute wissen, wurde Kardinal Ratzinger am 19. April 2005 zum Pontifex Maximus der römisch-katholischen Kirche gewählt. Und: Er nahm die Wahl an. Ich bin der Meinung, dass es mehr war, als eine Form von institutioneller Räson, die ihn dazu gezwungen hatte, diese Wahl anzunehmen, um so sein Versprechen Gott und der Kirche gegenüber einzuhalten. Wenn sich ein Mensch nämlich zum Diakon und gegebenenfalls später zum Priester weihen lässt, so ist dies nicht der erste Schritt zu einem neuen Beruf oder einer erhofften Karrierestufe, sondern der erste Stein zur Errichtung eines Lebenswerkes in der Nachfolge Christi. Sicher, auch unter Priestern kommt es vor, dass sie ihre Aufgabe nur als Job und damit oberflächlich betrachten. Dadurch wird ihnen aber die besondere spirituelle Tiefe und Vielfalt verborgen bleiben, die nur eine Lebensaufgabe mit sich bringen kann, die man liebt.

Neben der rationalen Entscheidungsebene wird es für Joseph Ratzinger noch eine zweite gegeben haben. Eine, die wir alle besitzen, aber doch unterschiedlich ernst oder wahrnehmen. Diese Ebene ist ein wenig entrückt und deshalb nicht zwingend mit der Ratio greifbar. Sie scheint bei wichtigen Entscheidungen wie ein wachsames Auge über der Situation zu stehen und kann uns auf mannigfaltige Art ein körperliches Gefühl für richtig und falsch vermitteln. Vielleicht ist es nur ein Kribbeln im Bauch, das uns veranlasst, den Gedanken an eine bestimmte Entscheidung als positiv zu empfinden. Und wenn sich unser Bauch bei dem bloßen Gedanken an eine Situation zusammenkrampft, werten wir dies als schlechtes Zeichen. Man vermag nicht zu sagen, ob es bei Joseph Ratzinger eines dieser Zeichen oder doch ein ganz anderes war. Aber auf irgendeine Art und Weise wird das, was man als Intuition bezeichnen könnte, auch Benedikt XVI. geleitet haben.

Er hat für sich eine Entscheidung getroffen. Er nahm seine heilige Pflicht mit dem Gefühl der inneren Überzeugung an, in der Hoffnung auf genügend Kraft und im Vertrauen auf die göttliche Vorsehung.

Benedikt XVI. und seine Kardinäle

Am späteren Abend des 19. April, dem zweiten und somit letzten Tag des Konklaves, bat Papst Benedikt XVI. seine Kardinäle um 21 Uhr zu einem eilig anberaumten Abendessen im Gästehaus Sankt Martha. Das war ein dringender Wunsch des neu gewählten Pontifex, denn er wollte mit seinen Kardinälen noch einmal gemütlich beisammen sein, bevor die meisten von ihnen wieder in ihre Heimatdiözesen zurückkehren mussten. Benedikt hatte sich aber anscheinend wenig Gedanken darüber gemacht, ob etwa 120 Herren mal eben mit einem Festessen versorgt werden können. Vielleicht war es die göttliche Vorsehung, auf die er sich verließ, vielleicht aber auch die Improvisierungskünste, die Papst Benedikt von Ordensschwestern kannte. Jedenfalls dachte er nicht viel darüber nach, ob sich das Festmahl überhaupt realisieren ließe. Die Schwestern hatten die Vorräte an Speisen und Getränken überprüft und eine etwas unorthodoxe Speisenfolge zusammengestellt. Als dann 112 von 114 wahlberechtigten Würdenträgern im Refektorium des Gästehauses Santa Martha mit dem neuen Papst zusammensaßen, servierten sie Bohnensuppe zur Vorspeise, danach einen Salatteller und dann, passend zum »deutschen Wahlergebnis«, Schnitzel. Die Herren Kardinäle stießen sogar mit einem Glas italienischen Sekts auf die Wahl an, denn die Schwestern hatten alle Speisekammern durchstöbert und eine ausreichende Anzahl Flaschen Spumante gefunden. Dann wurde es fröhlich. »Also, das war wirklich eine Bombenstimmung«, sprudelte es bei der Pressekonferenz nach dem Essen aus dem Kölner Kardinal Joachim Meisner heraus.

Wenige Stunden vorher, in der Sixtinischen Kapelle, hatten die Kardinäle ihr neues Oberhaupt etwas verhaltener und der Würde der Situation angemessener gefeiert. Obwohl es ein äußerst kurzes Konklave war, konnte man allen Kardinälen die Erleichterung anmerken. Denn in den ersten beiden Wahlgängen soll das Ergebnis nicht so eindeutig für Ratzinger gesprochen haben. Draußen ahnte die Welt noch nichts von den Vorgängen hinter den verschlossen Türen im schönsten Wahllokal der Welt. Am Samstag vor dem Konklave hatte ich die Gelegenheit, einmal kurz die

Sixtina zu besichtigen. Als ich in den Konklaveraum sah, war ich überwältigt. Oben die Wandgemälde von Michelangelo, Raffael und anderen Meistern, unten sandfarbener dicker Stoff auf dem Boden verspannt. Die langen Tische standen rechts und links in Zweierreihen hintereinander und füllten fast die ganze Länge der Sixtina aus. Am Kopfende der Kapelle standen drei Tische für die Wahlhelfer. Alle Tische waren auf der Fläche mit handbreit überhängendem Stoff, der mit der Farbe des Bodens harmonierte, verkleidet. Nach unten hing dunkelrotes Tuch, gleichmäßig in breite Falten gelegt.

Die Stühle mit dunklen Holzlehnen und Polsterungen aus sandfarbenem Samt waren klein und standen dichtgedrängt. Das wirkte alles mehr als auffallend gefällig und geschmackvoll, fast schon himmlisch. Der stimmige Kontrast zwischen dem Himmelblau der Fresken und dem hellen Erdton verwöhnte die Augen. Doch das Erstaunlichste war, die sonst so dunkle Kapelle der Päpste in strahlendem Licht zu sehen. So strahlend wie die Störsender gegen Handyempfang und Abhörgeräte unter dem Bodenaufbau aus Holz.

Streng abgeschirmt von der Öffentlichkeit funktionierte die altbewährte Wahlmaschinerie, deren geheimnisvolle Vorgänge die Menschen eines hochtechnisierten Zeitalters noch immer faszinieren. Entrückt des Alltags, hinter verschlossenen Türen in einer abhörsicheren Zone, waren die Kardinäle nach dem Ruf »Extra Omnes« (Alle Unbefugten hinaus) einem Zeremoniell gefolgt, das einmalig und völlig autonom ist. Es ist so entrückt, dass es ganz eigenen Gesetzen folgt, die lediglich ein Papst ändern kann. Jedoch hat auch ein Papst keinen Einfluss auf die Menschlichkeiten und Begehrlichkeiten der Wähler. Allein das Schweigegelübde über den Verlauf des Konklaves verlangt den Kardinälen etwas fast Unmenschliches ab, denn sie reden alle gern – ob vorher oder nachher. Allianzen und taktische Kandidatenmanöver kann auch ein päpstliches Dekret nicht verhindern. Absprachen ebenfalls nicht. Jedoch neben Seilschaftsgebaren, die sich bei heimlichen Treffen in verborgenen Winkeln Roms trefflich organisieren lassen, gehören auch ganz normale Ermunterungen zur Papstwahl. Im Vorkonklave hatte sich Kardinal Meisner, Erzbischof von Köln, mit seinem deutschen Amtskollegen Ratzinger getroffen. Meisner erzählte mir, dass er seinem Mitbruder gesagt hatte: »Joseph, du musst Papst werden!« Daraufhin hielt sich Ratzinger die Hände vor sein Gesicht und rief: »Bist du verrückt?« Als Meisner ihn dann verließ, sah er einen Mann, der fast verstört wirkte. Seine Hoffnung, dass man einen Deutschen nicht auf den Stuhl Petri wählen würde, schien zu schwinden.

Unterstützung von Martini

Es kam, wie es kommen musste: In den ersten beiden Wahlgängen standen sich vor allem zwei Männer gegenüber, die sich niemals für einen gegenseitigen Wettstreit gemeldet hätten. Das waren der als fortschrittlich und versöhnlich geltende Carlo Maria Martini, der sich als Bibel-Theologe und Metropolenbischof in Mailand einen Namen gemacht hatte, und der als konservativ geltende und als leiser Hardliner beschriebene Joseph Ratzinger, der sich erklärten Kontrahenten gegenüber sehen musste.

Nach dem Konklave war einiges an die Außenwelt durchgesickert. Sogar die Stimmenzahlen der einzelnen Wahlgänge konnte man in Erfahrung bringen. Egal, ob die überlieferten Zahlen jemals richtig waren, das Gegensatzpaar der beiden Kandidaten funktionierte nicht, denn Martini wollte nicht Papst werden – zum einen, weil er an Parkinson erkrankt ist, und zum anderen wollte er nicht gegen einen Joseph Ratzinger antreten. Und genau das machte er den

Kardinälen klar: »Wählt nicht mich, wählt ihn«, soll er gesagt haben. Martini wollte auch nicht, dass eine mögliche Sperrminorität aufrechterhalten würde. Das heißt, man hätte Kardinal Ratzinger mit gut 40 Stimmen so lange für eine Zweidrittelmehrheit von 77 Stimmen blockieren können, bis dieser sich möglicherweise zurückgezogen hätte. Doch das wäre zum einen nach innen nicht kollegial gewesen und hätte nach außen eine bedeutende Signalwirkung gehabt. Kardinal Martini fühlte sich dem Deutschen zu verbunden, als dass er ihm das zumuten wollte. Daraufhin soll die Wählerallianz gegen Ratzinger teilweise zusammengebrochen sein. Tettamanzi aus Mailand, dem in den letzten Jahren immer wieder Chancen auf den Papstthron angedichtet worden waren, soll mit ein paar Stimmen untergegangen sein. Ruini und Sodano hätten ein paar Ehrenstimmen erhalten, heißt es.

Im dritten Wahlgang war dann allen klar, wer die Mehrheit bekommen würde, auch wenn der progressiv-liberale Flügel noch die lateinamerikanische Jokerkarte gezückt hatte. Jorge Bergoglio aus Buenos Aires konnte die letzten verbliebenen Stimmen des Anti-Ratzinger-Flügels auf sich vereinen. Das genügte jedoch nicht gegen den Vorsprung des Deutschen. Man musste nun nur noch einmal ein karges Mittagessen einnehmen, eine kurze Siesta halten, vielleicht noch ein paar Gespräche führen, damit allen klar würde, dass der deutsche Cheftheologe die beste Wahl wäre. Dann würde es in der Sixtinischen Kapelle mit dem vierten Wahlgang weitergehen. Es brauchte eine satte Mehrheit, denn ein knappes Ergebnis wird gern als schwaches Standing gewertet. Die Blöcke hinter den Großwählern hatten ihre Arbeit aufgegeben, denn ein Zurück gab es nicht mehr.

Kardinal Meisner erzählte mir, dass er gezittert habe, als er mit erhobenem Blick vor dem Wandgemälde des jüngsten Gerichts über dem Altar der Capella Sixtina seinen Stimmzettel für alle sichtbar nach oben hielt und laut den Eid sprach: »Ich rufe Christus, der mein Richter sein wird, zum Zeugen an, dass ich den gewählt habe, von dem ich glaube, dass er nach Gottes Willen gewählt werden soll.« Er sagte mir: »Da wird einem ganz anders. Und ich kann mir nicht vorstellen, dass einer der anderen Kardinäle etwas anderes tut, als dem Willen Gottes zu folgen.« Ein Papstwähler erklärt sich mit dem Eid zum Werkzeug Gottes, dessen Werk der nächste Papst sein wird.

Nun wissen wir aus den Überlieferungen vergangener Konklaven, dass manche Kardinäle nicht immer nach dem Willen Gottes getrachtet haben. Es gab schon immer Eminenzen, die sich lieber um das eigene Interesse kümmerten, als einem gemeinsamen Votum oder dem Ziel der bestmöglichen Wahl zu folgen. Bereits im Vorfeld des Konklaves hatten sich einige der Herren vor der gierigen Weltpresse in Stellung gebracht. Bereitwillig kommentierten sie allerhand Kandidaten und Favoriten. Einer jedoch hatte es dann wohl doch übertrieben, als er sich selbst als Spitzenkandidat angeboten hatte. Als »progressiver Außenseiter« brachte er sich und einen Zehn-Punkte-Katalog auf den Markt. Seine Forderungen fanden bestes Medienecho, aber letztendlich kaum Sympathien bei seinen Confratres.

Am Nachmittag des zweiten Wahltages wurden zum vierten Mal in diesem Konklave 115 Stimmzettel vorgelesen, auf denen die Kardinäle ihren Papst-Favoriten in verstellter Schrift geschrieben hatten. Als dann zum 77. Mal der Name von Kardinal Joseph Ratzinger gefallen war, war die Zweidrittel-Mehrheit erreicht und der 265. Nachfolger des Heiligen Petrus gewählt. »Wer rechnen kann, wusste ja, wann es so weit ist«, erzählte Kardinal Wetter, der Nachfolger von Joseph Ratzinger als Erzbischof von München und Freising. Und offensichtlich konnten die Herren in den roten Soutanen rechnen. »Wir haben uns spontan alle erhoben und applaudiert«, sagte Meisner. Einige hätten ihre Tränen nicht mehr zurückhalten können, erinnerten sich die vier deutschen Kardinäle in der abendlichen Pressekonferenz.

Der neue Papst ist dann aufgestanden, um den Beifall entgegenzunehmen. Danach wurden die restlichen Stimmen ausgezählt, die Kardinäle erhoben sich nochmals und applaudierten. Joseph Ratzinger, der laut Kardinal Meisner einen gefassten Eindruck machte und nicht viel anders dreinschaute als gewöhnlich, wurde in die Mitte der Sixtinischen Kapelle geführt. Dort stellte Ratzingers Stellvertreter als Kardinaldekan, Vizedekan Angelo Sodano, die eigentlich für den Deutschen reservierte Frage, ob er die Wahl annehme. »Dem Votum der Kardinäle folgend und dem Heiligen Geist gehorsam nehme ich die Wahl an«, sagte Joseph Ratzinger daraufhin in lateinischer Sprache – und von nun an war er der neue Papst. Dann sagte er ohne Scheu und Zögern seinen Namen: »Ich möchte Benedikt heißen.« Benedikt XVI.

Er brach anscheinend bewusst mit der Reihe »Johannes Paul«, um ein eigenes Gepräge zu entwickeln. Benedikt wählte er, weil er an den Friedenspapst Benedikt XV. vom Anfang des 20. Jahrhunderts erinnern wollte, der ein sehr begabter Mensch gewesen ist. Und er erinnerte an den Patron Europas, den heiligen Benedikt von Nursia, dessen Maxime »Ora et labora« die Benediktinerorden noch heute leben.

Um etwa 17.40 Uhr war die Stimmauszählung des vierten Wahlgangs ordnungsgemäß abgeschlossen. Es wurde noch einmal alles geprüft. Danach wurde das Protokoll fertiggestellt, und man fädelte die Zettel mit den Namen auf eine Schur auf, um sie in kleinen Paketen verbrennen zu können. Der letzte in der Rangfolge der Kardinäle lief daraufhin zur Tür, die zum Königssaal führt. Draußen warteten die Konklavehelfer und die Zeremoniare auf die Nachricht. Dann begann der weitere Verlauf gemäß dem Protokoll, das der päpstliche Zeremoniar, Erzbischof Marini, bestens kannte, denn nun war die Stunde gekommen, da die Sedisvakanz endete und der Normalbetrieb wieder beginnen konnte. Normalbetrieb hieß in diesem Fall: Wir haben wieder einen Chef, und die Maschinerie läuft weiter auf teils Jahrhunderte alten Gleisen.

Kleiderprobleme und Rauch in der Sixtina

Zweimal hatte es spontanen Applaus für Ratzinger am heiligen Wahlort gegeben – auch wenn Benedikt XVI. das Papst-Gewand nicht auf Anhieb passte. Denn nach der erfolgreichen Wahl ist er von den päpstlichen Zeremoniaren in den Saal der Tränen geführt worden, damit er sich dort umziehen konnte. Die Tür zu diesem Raum ist links neben dem Altar der Sixtinischen Kapelle. Der »Saal der Tränen« ist unerwartet klein, weiß getüncht, mit Säulen und Bodenfliesen aus hellbraunem Travertin. Oben ist eine schlicht gestaltete Kreuzgewölbedecke in drei Abteilungen. In diesem Raum gibt es verschiedene Treppen mit jeweils drei bis fünf Stufen. Geradeaus am Fenster steht eine Chaiselongue mit rotem Jacquardbezug. Die Rückenlehne hat einen geschwungenen Höcker wie ein Dromedar. Das Sitzmöbel, auf welches sich der Papst nach der erfolgten und angenommenen Wahl zum Verschnaufen und Sammeln kurz zurückziehen kann, bevor er sich angekleidet dem Volk auf dem Petersplatz präsentiert. Es ist ein seltsamer Gedanke, dass ein Sofa einzig dem Zweck dient, alle paar Jahre einem frischgewählten Papst für wenige Minuten Platz und Ruhe zu bieten. Aber dazu kam es am 19. April 2005 nicht.

Das rote Sofa wollte Benedikt nicht nutzen. Weinen wollte er auch nicht im Saal der Tränen. Nur schnell wieder heraus, das war sein Ziel. Ein Freund umfangreicher Anproben war er ebenfalls nicht. Also zählte das schnelle Augenmaß von Erzbischof Marini, und die erste Soutane war es dann auch, die der neue Papst für seinen ersten Auftritt anbehielt. Während sich die Vatikaner um das Outfit des Heiligen Vaters kümmerten, waren andere damit beschäftigt, die Stimmzettel samt Notizen in dem alten silbergrauen Kanonenofen zu verbrennen, damit die Welt draußen endlich erfahren konnte, dass die Kardinäle einen neuen Papst gewählt hatten.

Es gibt unterschiedliche Versionen der Geschehnisse am und im Ofen. Die einen behaupten, es habe einen Vorfall gegeben, infolge dessen die Sixtinische Kapelle binnen weniger Minuten unter weißem Rauch stand. Es könne an dem zusätzlichen Ofen gelegen haben, dessen kupfernes Rohr in das des eigentlichen Ofens führt, um die Leitung durchs Dach vorzuwärmen und anschließend eine bessere Thermik für den Rauchtransport zu erzeugen, damit für die außenstehenden Beobachter eine ordentliche *fumata* am Kaminschlot sichtbar ist. Die anderen sagen, es sei alles ganz normal verlaufen. Der kleine alte Ofen sei nun einmal nicht so hundertprozentig dicht gewesen, da sei eben manches kleine Rauchwölkchen nicht durchs Rohr gegangen. Von dichtem Smog oder flüchtenden Kardinälen könne jedenfalls keine Rede sein.

Die Bilder der Kameras, die auf den kleinen metallenen Schornstein am First der Sixtinischen Kapelle gerichtet waren, zeigten ab 17.48 Uhr grauen bis schwarzen Rauch. Minutenlang rätselten die Menschen. Allerdings konnte es nach dem ersten Wahlgang des Nachmittags nur weißer Rauch sein, denn eine erfolglose Wahl wäre erst wieder nach dem zweiten Wahlgang angezeigt worden. Um 17.53 Uhr meldete die erste Nachrichtenagentur weißen Rauch. In der Kapelle ahnte man nichts von der Verwirrung der Wartenden. War der Rauch nun weiß oder schwarz? Weiß erschien er jedenfalls nicht. Erst die Glocken des Petersdomes, die mit fünfminütiger Verspätung geläutet wurden, gaben der Welt wie der Presse die endgültige Gewissheit: Der Rauch ist weiß. Und: Es gibt einen neuen Papst!

Als Benedikt XVI. wieder aus dem Saal der Tränen herauskam, saßen nicht nur die päpstliche Soutane und die Stola über der roten Seidenmozetta etwas schief, erinnert sich Kardinal Meisner. Der Kölner Erzbischof vermisste etwas. »Ich dachte mir, er hat das Pileolus vergessen«, sagte Meisner – das kleine weiße Käppchen auf dem Haupt des neuen Papstes. »Aber dann habe ich gesehen, dass das Käppchen ja genauso weiß ist wie sein Haar.«

»Er sah ein bisschen zusammengeflickt aus. Nichts passte so richtig«, berichtete Kardinal Meisner. Keines der drei bereitgehaltenen Gewänder entsprach der erforderlichen Größe. Deshalb war er nicht vollständig mit päpstlichem Ornat gekleidet auf der Loggia erschienen. In der Tat hat es auch mich gewundert, als dunkelblaue Ärmel seiner Strickjacke unter dem weißen Rochette und der Soutane hervorschauten. Die kürzeste Soutane war zu weit gearbeitet. Wohl passend für einen kleinen, eher untersetzt gebauten Kardinal. Die Ärmel waren entsprechend kurz. Joachim Meisner verstand nicht, warum man ausgerechnet die Maße des Top-Favoriten nicht berücksichtigt hatte. Der neue Papst selbst gab nicht allzu viel auf Kleiderfragen, jedenfalls nicht in diesem Moment.

Die Ereignisse erinnern an die Kleiderpanne bei der Wahl Angelo Guiseppe Roncallis zum Papst Johannes XXIII. Der Hofschneider Gammarelli aus der »Maßschneiderei für Geistliche«, wie sich das Geschäft unweit des Pantheons bescheiden nennt, muss vor der Wahl jeweils drei komplette Papst-Roben anfertigen – in den Größen Small, Medium und Large. Noch heute hören die Brüder Gamarelli ungern die Geschichte von Johannes XXIII., dem »guten Papst«. Der füllige Italiener habe in seinem viel zu engen Gewand wie eine »Knackwurst« ausgesehen, heißt es. Bevor er 1958 nach dem »Habemus Papam« auf die Loggia des Petersdomes trat, musste die Rückennaht aufgetrennt werden, damit er in die Soutane passte, und das Gewand musste mit einem Zingulum nach oben gebunden werden, weil es viel zu lang geschnitten war.

Spumante und Tränen

Die Huldigung der Kardinäle für ihren neuen Santo Padre soll einige rührende Begegnungen gehabt haben. Kardinal Meisner, der nach eigenen Angaben sehr euphorisch gewesen ist, konnte die Tränen nicht unterdrücken, als er seinem Favoriten zur Wahl gratulierte und ihm sein Gebet zusicherte. Dann traf er auf den polnischen Primas, Kardinal Glemp aus Warschau, der beim Konklave neben Meisner gesessen hatte, und sah, dass auch der weinend an seinem Platz saß. Glemp konnte es kaum glauben, dass nach fast 500 Jahren italienischer Päpste nun schon wieder ein Nichtitaliener gewählt worden war.

Nach der Huldigung hatte es Benedikt dann wohl sehr eilig, auf die Loggia zu gehen, denn er wollte die Menschen nicht lange warten lassen. So kam es also, dass der oberste Kardinaldiakon Estévez sich mit einer kleinen Prozession gerade für das »Habemus Papam« auf den Weg gemacht hatte, als Benedikt XVI. schon in Begleitung seiner Kardinäle in die große Aula über den Eingangshallen des Petersdomes aufbrach. Nur wenige Minuten nach dem »Habemus Papam« wurde der riesige rote Vorhang vor dem Balkonfenster wiederum in zwei Teilen beiseitegezogen. Ein goldenes Kreuz tauchte aus der Tiefe des Raumes an das Sonnenlicht und Sekunden später das strahlende Gesicht desjenigen, den die Welt fünf Minuten vorher mit »Eminentissimum ac Reverendissimum Dominum – Dominum – Josephum, Sanctae Romanae Ecclesiae – Cardinalem Ratzinger« verkündet bekam.

Kardinäle auf einem Balkon der Benediktionsaula des Petersdomes.

Der Petersplatz tobte. Und Joseph Ratzinger konnte angesichts der grandiosen Stimmung dort unten nicht anders als lächeln und winken. Und binnen weniger Augenblicke schien er in Form gekommen zu sein. Er war plötzlich weder öffentlichkeitsscheu, noch steif. Er strahlte, lächelte und riss die Arme hoch.

Bis zum Abendessen hatte der Papst-Schneider Gamarelli eine Soutane nach den Körpermaßen von Benedikt XVI. fertig. »Als er in den Speisesaal kam, war er perfetto«, sagte Meisner.

Im Speisesaal war auch alles »perfekt«, und die Kardinäle wie ihr Papst waren bester Laune, erzählten die deutschen Papstwähler am Abend. »Da ist so eine Last von uns abgefallen«, sagte der Mainzer Kardinal Karl Lehmann. Die Schwestern, die die Kardinäle schon seit Sonntag bekocht hatten, servierten nach den drei Gängen ein Extra: »Sie brachten noch eine Süßspeise mit Eis, und dann gab es den Sekt«, berichtete der Münchner Kardinal Wetter der wissbegierigen Journalistenschar. Dabei muss den meisten Kollegen das Wasser im Munde zusammengelaufen sein, denn seit dem weißen Rauch um kurz vor 18 Uhr hatte kaum jemand Zeit zum Essen. Kardinal Lehmann hatte sicher bestens mit jedem Hungrigen des Abends mitfühlen können, denn er konnte am Essen seiner Mitbrüder nicht teilnehmen. Er arbeitete während dieser Zeit an seiner Rede für die Pressekonferenz, auf der er nun mit knurrendem Magen saß und etwas erschöpft Auskunft gab.

Die Konklave-Gesellschaft feierte das Ereignis, das wenige Stunden zuvor in der Sixtinischen Kapelle geschehen war, sich jedoch schon seit einiger Zeit abgezeichnet hatte. Einer der Kardinäle war sofort nach dem Konklave abgereist und verzichtete auf das gesellige Beisammensein. Der Belgier Gottfried Danneels folgte der päpstlichen Einladung wohl aus Protest nicht, denn er machte auch im Nachhinein kein Geheimnis daraus, dass er Joseph Ratzinger nicht für den geeigneten Kandidaten gehalten hatte. Er war auch nicht mit hinausgekommen auf einen der seitlichen Balkone der Petersbasilika, als sich Benedikt XVI. in unerwartet fröhlicher und weltoffener Weise den wartenden Menschen präsentiert hatte. Der scheue Deutsche wirkte wie ein aufgeregter Junge nach einer bestandenen Prüfung, sagte einer der Kardinäle, nachdem er Benedikt auf der mittleren Loggia erlebt hatte. Manche waren hinter den riesigen Fenstern zurückgeblieben und schauten verstohlen nach draußen, als wollten sie es nicht glauben, dass die Weltöffentlichkeit selbst einen Papa Ratzinger mit offenen Armen und großem Jubel empfangen würde.

Was mag der neue Papst wohl gedacht und gefühlt haben, als er sich nach der Feier mit den Kardinälen in sein Zimmer im Gästehaus *Domus Sanctae Marthae* verabschiedete? Nun war er wieder allein und konnte erst einmal in Ruhe durchatmen. Benedikt XVI.

hatte dann mehrmals versucht, seinen Bruder Georg in der Heimat anzurufen, um mit ihm zu sprechen. Der hatte das gesamte Schauspiel des Abends daheim in Regensburg am Fernseher mitverfolgt. Doch Georg Ratzinger ging an diesem Abend nicht mehr ans Telefon. Er erzählte, dass er von den vielen Interviewanfragen der Medien genervt war. Manche der Klingelzeichen, die er bis zum nächsten Morgen geflissentlich ignoriert hatte, kamen von seinem Bruder, dem Papst. Erst am Morgen danach nahm Georg Ratzingers Haushälterin das Telefon ab und stockte, denn auch sie hatte noch nie mit einem Papst gesprochen.

Am nächsten Morgen traf sich Benedikt XVI. mit seinen Kardinälen zur ersten gemeinsamen Heiligen Messe in der Sixtinischen Kapelle. Zum großen Erstaunen mancher seiner Mitbrüder hielt er nicht nur die Messe, sondern auch die Predigt in lateinischer Sprache. Latein ist zwar noch Amtssprache im Vatikan, allerdings dürfte es manch einem der Purpurträger schwergefallen sein, seinem Vortrag zu folgen.

Die Sixtinische Kapelle weiß viele Geschichten von Papstwahlen zu erzählen. Geschichten von Tränen und von Stolz, von Verzweiflung und Zwietracht. Über die Jahrhunderte hat sich viel in dieser Papstkirche abgespielt. Doch die Wände schweigen, sie zeigen ihr stilles Antlitz in den Formen und Farben der Fresken. Und Abertausende Touristen sind zu laut, um ihr Flüstern hören zu können. Geht Benedikt XVI. in diese Kapelle, so werden ihm aus allen Richtungen die Erinnerungen zufließen. Und nicht zuletzt seine eigenen Worte: Ja, ich nehme diese Wahl an.

Die Schuhe des Fischers

Der neue Stil im Vatikan

Es war auf einem Schiff zu Beginn der Weltjugendtage 2005 in Köln. Papst Benedikt XVI. saß auf der Bugplattform eines Ausflugsschiffes, das ihn den Rhein abwärts nach Köln hineinbringen sollte. Ein typischer Thronsessel auf einer sechs mal sechs Meter großen Fläche, die wie eine Markierung seines Hoheitsgebietes wirkte. Alle anderen Passagiere standen und saßen um ihn herum. Die Wiesen rechts und links vom Rheinufer säumten Tausende von Jugendlichen, die gekommen waren, um den Papst zu sehen. Teilweise waren sie sogar ein paar Schritte in den Fluss hineingewatet, um näher an dem Schiff zu sein, auf dem der Pontifex vorbeifuhr. Die Fernsehbilder zeigten damals einen sehr einsamen Benedikt, der hier und da winkte. Er wirkte unglücklich und angespannt. Wie ausgesetzt auf einem grünen Präsentierteller, um der Menschheit vorgeführt zu werden. Und alle schauten genau hin, um zu sehen, wie er sich denn machte, der Neue.

In den Tagen und Wochen zuvor hatte man Vermutungen darüber angestellt, wie er wohl ankommen würde: bei den Deutschen, bei den Jugendlichen, bei allen. So, wie er da saß, kam er gar nicht gut an. Ein vergeistigt und aristokratisch wirkender Papst auf seinem Sessel. Die jugendliche Schar seiner Mitfahrenden in gebührendem Abstand und in Ehrfurcht erstarrt. Was für ein Bild! Die Regie dieses Tages schien an dieser Stelle zu versagen. Selbst dem Zeremoniar und dem Reisemarschall des Papstes konnte man die Unbehaglichkeit ansehen. Die Cheforganisatoren aus Köln konnten die Situation weder richtig einschätzen noch retten.

Aus Benedikts Augen sprachen indes Unsicherheit und Unwohlsein. Der Weltreligionsführer war zum Statisten in einer von ihm ungeliebten Rolle degradiert worden. Um ihn herum feierte die Christenheit ein bewegendes Event, in ihm selbst war Traurigkeit. Egal, ob man ihn nun als Bewahrer oder Erneuerer sehen mochte, er konnte einem damals nur leidtun. Da saß er nun, der kleine Petrus auf dem Schiff unter der brennenden Sonne, und war für den Moment nicht mehr Herr seiner selbst. Sicher betete er insgeheim, dass dieser Augenblick schnellstmöglich an ihm vorübergehen möge.

Zwei seiner Mitarbeiter taten nun das Richtige und entschieden sich gegen das geplante Programm. Sie holten die Jugendlichen heran, damit sie den Heiligen Vater begrüßen konnten. Und plötzlich wandelte sich das Bild. Benedikt schien wie erlöst von der sakralen Abgeschiedenheit, lächelte und strahlte. Sein Gesicht war nun voller väterlicher Wärme, als die Jungen und Mädchen vor seinem Stuhl hockten. Die Hände, die ihm entgegengestreckt wurden, wollte er gar nicht mehr loslassen, als wolle er sagen, haltet mich doch bitte fest, damit ich nicht in der Einsamkeit verloren gehe. Einer der Jugendlichen, ein deutscher Helfer des Weltjugendtages, erzählte mir, er sei so herzlich gewesen wie ein Großvater, der sich freute, seinen Enkel bei sich zu haben. Der Papst hatte ihn so vieles gefragt. Das überwältigte ihn, denn er wollte kaum glauben, dass ihn der Papst nach seiner Familie, seinem Studium und der Arbeit für den Weltjugendtag fragte.

Mit Vernunft gegen den Relativismus

Das Eis war gebrochen. Und die staunenden Beobachter erlebten einen Joseph Ratzinger, der nun so gar nicht mehr in das alte Bild passte, dass sich über Jahrzehnte verfestigt hatte.

Besonders linksliberale Reformer und Befreiungstheologen erkannten ihn nicht wieder. Sie hatten den strengen Deutschen einst gefürchtet. Heute hören sie ihm wieder zu, auch wenn sie es in aller Vorsicht tun. Denn der Ruf der geheimnisvollen und nicht zu unterschätzenden »Geheimwaffe Gottes« hängt ihm immer noch an. Was ist nun dran an Benedikt XVI.? Was ist sein Charisma? Warum sind die liberalen Aufklärer, die vernunftgesteuerten Agnostiker und die kircheninternen Kritiker des Konservativen plötzlich so fasziniert von diesem Mann in der weißen Soutane? Liegt es an seinem unverhofft milden Auftreten? Oder daran, dass er tatsächlich einen Umbau der Kurie betreibt? Liegt es an den Festivals, die ihm zu Ehren gefeiert werden, die unwiderstehliche Argumente gegen eine allzu negative Einschätzung seiner Person sind? Ist es der Mut, mit dem er dem Relativismus den Kampf angesagt hat? Jenem Relativismus, der unserer Gesellschaft zu schaffen macht. Hat Benedikt dazu beigetragen, dass der Atheismus in Deutschland und in Europa kränkelt? Hat er die Agnostiker verwirrt, weil er mit ihnen spricht?

Der Philosoph der Frankfurter Schule, Professor Jürgen Habermas, hatte gemeinsam mit Joseph Ratzinger eine Wende eingeleitet, die allen Linksliberalen schwer zu schaffen macht. 2001 trafen sich der damalige Kardinal und der Denker in der Katholischen Akademie in München zu einem bedeutungsvollen Gespräch, dessen Ergebnis weder dem landläufig dargestellten Bild von Ratzinger entsprach, noch den gewohnten Äußerungen von Habermas. Der Philosoph, der noch vor ein paar Jahren das

»nachmetaphysische Denken« verteufelte, räumte im Gespräch mit Ratzinger ein, dass der säkulare Verfassungsstaat auf die »säkularisierende Entbindung religiös verkapselter Bedeutungspotenziale« dringend angewiesen sei. Die linksliberale Welt hielt plötzlich den Atem an, als er den Gedanken tagesaktuell entfaltete: In den religiösen Gemeinden könne »etwas intakt bleiben, was andernorts verloren gegangen ist«. Das wären: »Sensibilitäten für ein verfehltes Leben, für gesellschaftliche Pathologien, für das Misslingen individueller Lebensentwürfe und Deformation entstellter Lebenszusammenhänge«. Dies bedeutet, dass fortan also die Religion den verfahrenen Karren des politischen Staates auf einen neuen, zukunftsfähigeren Kurs begleiten sollte. Ein Philosoph erklärt der Kirche, dass ihre Gemeinden die letzten verbleibenden Reservate für Menschlichkeit, Nächstenliebe und sozialer Fürsorge seien.

Das war Wasser auf die Mühlen von Joseph Ratzinger, der nun weiter fortfuhr, den Relativismus der Postmoderne zu attackieren. Kann es Wahrheit in einer Gesellschaft geben, die sich in der Angebotsvielfalt des Pluralismus verliert, die wie ein Schiff im Sturm von Wellen und Winden hin und her geworfen wird und den Kurs nicht halten kann? Was passiert, wenn alle Werte relativ sind? Vielleicht jenes Szenarium, das auch Habermas diagnostiziert hatte; die weltliche Erlösung ist in der Krise, der ideale Zustand im Nirgendwo verloren und die fragenden Gesichter der einstigen Zukunftsgaranten präsenter denn je. Wahrheit steht gegen Relativismus. Vernunft steht anscheinend nicht mehr gegen die Religion. Das war es, was Ratzinger seit vielen Jahren stark beschäftigt hatte und das er von seiner eigenen Kirche immer wieder forderte: Wir alle sollen lernen, dass vernunftgemäßes Handeln ein unverzichtbarer Bestandteil der Definition und des Lebens einer Religion sein muss. Dabei ist die Wahrheit kein transzendentaler oder

mystischer Selbstläufer, sondern eine täglich wiederkehrende intellektuelle Entscheidung.

Der intellektuelle Pontifex auf dem Stuhl Petri.

Die Predigt in der Messe »Pro eligendo Papa« am 18. April 2005 zur Eröffnung des Konklaves haben viele als Wahlprogramm Kardinal Ratzingers interpretiert. Seine Kritik am Relativismus war aber auch eine Ansage an die gesamte religiöse und agnostische Welt. Ratzinger sprach in der Messe davon, dass der christliche Glaube in den vergangenen Jahren vielfach von »Unmündigkeit« geprägt gewesen sei. Der Apostel Paulus habe das als »Spiel der Wellen« beschrieben. Das »kleine Boot des Denkens vieler Christen ist nicht selten umhergeworfen worden von einem Extrem ins andere«, beklagte er. So hätten Marxismus, Liberalismus, Kollektivismus und radikaler Atheismus bis hin zu einem vagen Mystizismus das Leben der Kirche beeinflusst.

»Einen klaren Glauben zu haben – gemäß dem Credo der Kirche – gilt heute oft als Fundamentalismus«, betonte er in seiner Predigt. Relativismus erscheine dagegen als einzige Einstellung auf der Höhe der Zeit. Dieser erkenne nichts als definitiv an außer dem »Ich« und den persönlichen Bedürfnissen des Individuums. Der wahre Glaube an Christus liefere aber das »Kriterium, zwischen wahr und falsch zu unterscheiden«. Nur eine solche Einstellung sorge für die nötige Einheit der Kirche, stellte Ratzinger fest. »Wir gehen auf eine Diktatur des Relativismus zu, die nichts als sicher anerkennt und als ihr höchstes Ziel das eigene Ego und die eigenen Wünsche hat.« Der Relativismus lasse es zu, dass man sich von jeder Richtungsänderung der Lehrmeinung mitreißen lasse, mahnte Joseph Ratzinger. Diese Predigt sollte sein letzter großer Akt als Chef der Glaubenskongregation sein, ein geistliches und weltphilosophisches Vermächtnis unter der Patenschaft des polnischen Papstes. Abschied und Staffelstabübergabe zugleich. Aber es kam anders.

Nicht allein aufgrund dieser Predigt, sondern auch wegen des Inhalts und der Mahnung an die Zukunft haben ihn die Eminenzen im Konklave zum Papst gewählt, denn sie glaubten, die Welt würde darauf hören, was der Professor aus Deutschland wohldurchdacht und programmatisch äußerte. Und sie hatten recht mit dieser Annahme. Vernunft und Wahrheit sind die beiden großen Begriffe, die das Pontifikat Ratzingers überschreiben. In Auschwitz sagte er im Mai 2006: »Der Gott, dem wir glauben, ist ein Gott der Vernunft – einer Vernunft, die nicht neutrale Mathematik des Alls, sondern eins mit der Liebe, mit dem Guten ist.«

In seiner Enzyklika »Deus Caritas est«, mit der keiner in dieser Weise gerechnet hatte, nimmt er den Faden wieder auf: »Der Glaube hat gewiss sein eigenes Wesen als Begegnung mit dem lebendigen Gott – eine Begegnung, die uns neue Horizonte weit über den eigenen Bereich der Vernunft hinaus öffnet. Aber er ist zugleich auch eine reinigende Kraft für die Vernunft selbst. Er befreit sie von der Perspektive Gottes her von ihren Verblendungen und hilft ihr deshalb, besser sie selbst zu sein. Er ermöglicht der Vernunft, ihr eigenes Werk besser zu tun und das ihr Eigene besser zu sehen.« Damit spricht Benedikt den Mystizismus an, der seinem Vorgänger wichtig war. Er erteilt dem gefühlten Glauben keine Absage, denn Benedikt selbst schätzt die Schönheit der Liturgie als glaubenstiftend. Allerdings ist er ein Intellektueller mit volkskirchlicher Prägung, und sein Erwachsenwerden im Glauben ging einher mit der gestaltenden Kraft der Ratio. Ohne Mystik kein Glaube, aber ohne Vernunft ist auch keine Zukunft und keine Weltgestaltung möglich. In seinen Büchern und im Diskurs der Meinungen findet er den wahren Abgleich der Welt und was sie zusammenhält.

Stärkung statt Verbote

Joseph Ratzinger müht sich schon lange, den Logos Gottes, die Vernunft, über alles zu stellen. Der Logos ist weder blind noch mystisch. Er ist in Sprache dargestellte Rationalität. Gott ist keine verzerrte Abbildung eines Traumbildes. Und genau dort liegt sein Schlüssel zum Dialog mit der Welt und den Religionen. Denn im Mystizismus allein und im Diktat der Religion ist kein wirkliches Gespräch möglich. Denn da scheiden sich die Geister und die Herzen. Im mit Verstand geäußerten Wort, in der Vernunft des Denkens finden aber alle eine gemeinsame Basis des Dialogs.

Das stellt eine Botschaft dar, die nach innen und gleichfalls nach außen gerichtet ist. Nach innen, weil er seine katholische Kirche nicht als stählernes Gebilde sieht, das nur Regeln und Verbote diktiert. Benedikt entdeckte Aufmunterung und Liebe als gestaltende Kräfte der Gemeinschaft der Glaubenden und nimmt die Kirchenführung damit in die Pflicht. Es soll nun von der Schönheit und Größe des Glaubens geredet werden, anstatt die Normen- und Kontrollinstanz der Kirche aufzublasen. Vielleicht ist gerade seine Enzyklika zum Thema Liebe der erste Lehrbeweis dieser Ansicht. Gleichzeitig war es aber auch eine Botschaft nach außen. Alle hatten mit einem dogmatischen Donnerwetter gerechnet – mit einen Kreuzzug gegen die wilde Ehe, voreheliche Sexualität, gleichgeschlechtliche Liebe und »Homo-Ehe«. Doch im Fernsehinterview vor der Bayernreise verdeutlichte er, dass die Kirche eine Grundbotschaft für die heutige Zeit habe, die Botschaft von dem einen Gott mit dem menschlichen Antlitz, aus der sich Konsequenzen für das Zusammenleben in Familie und Gesellschaft, für Versöhnung und Frieden zwischen den Völkern und Kulturen ergeben. Diese Botschaft müsse die Kirche positiv und offensiv, mit Freude und Zuversicht vermitteln. Sie gehöre nicht in die »Mottenkiste der Geschichte«, sondern sei auch heute noch zukunftsfähig. Im Katholizismus sieht Benedikt XVI. keine Ansammlung von Verboten, sondern eine positive Option.

Das entspricht nun gar nicht mehr dem alten Bild vom skeptischen und pessimistischen Kurienkardinal Ratzinger. Bereits beim Kongress zum Welttag der Familie 2006, zu dem Benedikt nach Valencia in Spanien reiste, fielen in seinen Reden kein einziges Mal die Worte »Homo-Ehe« oder Abtreibung. Er sagte ebenfalls weiterhin keines der gewohnten Worte über Kondome und Pille und Co. Im Gegenteil: Das Kondom wird sogar beim Schutz vor Geschlechtskrankheiten thematisiert. Keine neuerliche Verprellung der sensiblen Schäfchen, Benedikt macht Schluss mit dem Moralpredigertum. Er geißelt nicht, aber er stellt die liebende Treue dennoch wirkungsvoll in den Focus der Betrachtung. Bevor man mit dem Neinsagen daherkomme, müsse man erst einmal erklären, was man überhaupt wolle, lautet die ungewohnt positive

Botschaft aus dem Vatikan. Und die Kirche hat zu Ehe und Familie, zu Schöpfung und Liebe, zu Versöhnung von Generationen und Kulturen durchaus Positives und Zeitgemäßes zu sagen.

Vielleicht hatte der Papst das Buch »Der blockierte Riese« des Theologen, Mediziners und Psychotherapeuten Manfred Lütz gelesen. Lütz forderte darin die katholische Kirche zu mehr positiver Innensicht und damit einhergehender positiver Außenwirkung auf. Der Autor hält es für sinnvoll, dass die Kirche mehr von ihren Ressourcen spricht, um aus der »Problem-Trance«, diesem problembehafteten halbwachen Zustand, herauszukommen: »Die katholische Kirche soll stärker auf ihre Kräfte achten, die bewirkt haben, dass diese riesige Organisation in 2000 Jahren nicht untergegangen ist.« In der modernen Psychotherapie hat man die früher in der Psychoanalyse übliche einseitige Fixierung auf Defizite längst überwunden. Heute wird gezielt nach den Kräften des Patienten zur Überwindung seiner Probleme gefragt, um genau diese Kräfte gezielt zu stärken. Ein ganzer »Fundus von Lösungen« aus der Geschichte der katholischen Kirche könnte für die heutige Gesellschaft von Nutzen sein. Dass beispielsweise geistliche Orden mit völlig gegensätzlichen Anschauungen nebeneinander existierten, ohne dass einer vom anderen behaupten dürfe, er lebe eine bessere Form von Christentum, sei »die katholische Lösung schlechthin«. Krisen seien gelöst worden, indem die »Verschiedenheit als Bereicherung aufgefasst wurde«. Nach Lütz wäre »das Prinzip der Einheit in Vielfalt auch ein Modell für die multikulturelle Gesellschaft«.

Leitstrahlfunktion des Glaubens

Hat Benedikt verstanden, dass in den letzten Jahrzehnten einiges schiefgelaufen ist? Dass die Ohren der Gesellschaft, ob in Europa oder anderswo, auf Durchzug geschaltet waren? In jedem Fall lebt Benedikt einen neuen Stil, der aufhorchen lässt und bisweilen verwirrt. Verwirrend, weil gerade Joseph Ratzinger als Glaubenswächter in jenes System der Verbote und Moralpredigten eingebunden war, ja sogar als die treibende Kraft galt. Doch dieser neue Stil zeigt bereits Wirkung. Die Menschen denken wieder über den Glauben nach. Gott ist nicht mehr tot, sondern er findet statt: in der Suche nach Werten, nach Prägung und Orientierungen. Kann das Christentum wieder gehört werden und zu einer der stark prägenden Kräfte in der Gesellschaft werden? Ist der Intellektuelle auf dem Stuhl Petri in der Lage, die westliche Gesellschaft zu führen oder zu prägen? Könnte Benedikt XVI. der Aufklärer der Aufklärung werden? Genau diese Leitstrahlfunktion werde gebraucht – zumal die Gesellschaft in dieser Fähigkeit Erosionen erlitten habe, sagte mir der stellvertretende CDU-Vorsitzende und hessische Ministerpräsident Roland Koch in einem Gespräch. Er beklagt den Verlust von Selbstverständlichkeit durch den Verlust von Identität. Die Tatsache, dass Benedikt ein Deutscher sei, sieht er als eine chancenreiche Brückenverbindung zwischen der christlichen Tradition und der deutschen wie der europäischen Gesellschaft. Koch, der die zitierfähige Präsenz des Pontifex hoch schätzt, meint, dieser Papst würde mehr gehört als seine Vorgänger, denn er zeige Maßstäbe für die Gestaltung des Lebens, statt am Wettbewerb einer medialen Dauerpräsenz teilzunehmen.

Der Erfurter Soziologieprofessor Hans Joas sieht in Benedikt XVI. keinen neuen Meinungsführer der westlichen Welt: »Der Papst ist kein potenzieller Sprecher des ›Westens‹ und sollte es nicht sein. Aber als wichtigster Repräsentant des Christentums kann er gerade in einer Zeit, in der das Christentum sich selbst globalisiert, zum fruchtbaren Dialog der Religionen und Kulturen beitragen.«

Ein römisches Kommunionkind war bei der Begrüßung des Papstes vor Aufregung in Tränen ausgebrochen. Benedikt beruhigt den Jungen.

Viele glauben, dass er dazu fähig sein wird, dem Westen eine Stimme zu geben, weil er denkt und weil er spricht – nicht nur betet. Benedikt sucht die Gespräche. Er schont sich dabei nicht, sondern geht gezielt auf Liberale wie auf Traditionalisten innerhalb der Kirche zu. Aufklärung setzt Frieden voraus. Und Frieden entsteht dann wirklich, wenn man sich begegnet und miteinander redet.

Vielleicht hat Benedikt ja auch von den jungen Menschen gelernt, die ihn berühren wollten und auch *ihn*, den Papst, *berührt* haben. Als er nicht mehr das Maskottchen auf dem Thronsessel sein musste – was er auch niemals sein wollte –, konnte er den Ballast abwerfen und sich dem Wesentlichen zuwenden: den glaubenden Menschen. Und es tat beiden Seiten gut. Allerdings ist es mit dem bloßen Abwurf der Lasten nicht getan, denn Unbekümmertheit wird die innerkirchlichen Probleme nicht lösen. Es wäre keine gute Lösung, die ewigen Fragen des Umgangs mit wiederverheirateten Geschiedenen oder mit dem Zölibat zu ignorieren. Auch wenn Benedikt XVI. die Frauenordination und Aufhebung des Pflichtzölibats ablehnt, so wird er sich dennoch diesen Fragen stellen müssen, da in der Zeit des Pontifikats von Johannes Paul II. die Zahl der Katholiken weltweit um 40 Prozent angestiegen ist, während sich gleichzeitig die Zahl der Priester verringerte. Das sich anbahnende Problem ist sicher eher ein deutsches, trotzdem kann es nicht isoliert für dieses Land betrachtet werden. Da steht ein ganzheitliches Nachdenken über das Priesterbild und die Ausbildung in den Priesterseminaren an. Die Bischofssynode im Herbst 2005 in Rom hatte sich schon mit dem Thema befasst. Und allein die Tatsache, dass darüber geredet wurde, zeugt von der Virulenz dieser Gedanken. Etwas ernüchternd und ganz typisch war allerdings das Fazit der Versammlung: Das Problem sei kein Problem, so hörte man anschließend, und im Übrigen hätten andere christliche Kirchen selbst mit teilweise nichtzölibatären Priestern Nachwuchssorgen.

Benedikt wird die *Una Sancta catholica et apostolica ecclesia* nicht liberalisieren. Warum sollte er auch gegen seine eigenen Prinzipien verstoßen, die so nah an der Linie der katholischen Kirche liegen, ja fast mit ihr verwachsen scheinen? Er war es, der jene Linie in den vergangenen drei Jahrezehnten entscheidend mitgeprägt hatte. Er glaubt an die Unauflöslichkeit der Ehe. Und es gibt keinen Grund, warum er dieses Gut zur freien Verfügung stellen sollte. Wer da nicht mitmachen will, kann sich seine Ehe woanders erbitten – jedenfalls nicht im Sakrament und mit dem Segen der katholischen Kirche. Genauso wenig wird es in nächster Zeit eine Änderung in Sachen Pflichtzölibat und Priestertum des Mannes geben. Die sakramentale Weihe für den apostolischen und priesterlichen Dienst bleibt den Männern vorbehalten. Benedikt wird nicht einmal daran denken, dieses zu ändern. Warum sollte er auch? Würde eine modernere zeitgeistgemäßere Kirche in der Welt besser wahrgenommen als eine konservative? In kurzlebigen Schlagzeilen der Tagespresse vielleicht. Aber viel mehr wäre nicht zu erwarten, denn der Alltag wird von anderen Themen beherrscht. Themen, die zwischen den Befindlichkeiten und den Begierden der Spaßgesellschaft und der Angstgesellschaft verortet sind. Wenn der römische Papst sagt, dass ungeborenes Leben nicht abgetrieben werden darf, dass menschliche Embryonen nicht zum Zwecke der Stammzellenforschung gezüchtet werden dürfen, dass das Sakrament der Ehe Mann und Frau vorbehalten bleiben, dann weiß die Welt, woran sie ist. Ob der Papst auch gehört wird, das ist damit jedoch nicht garantiert. Es ist jedenfalls nicht zu erwarten, dass Benedikt mystisch verschwommene Botschaften aussendet. Gehör findet nur das klare Wort, keine noch so schöne Geste kann das ersetzen. Benedikt ist kein begnadeter

Schauspieler, sondern ein Kirchenlehrer. Es geht ihm um die entscheidenden Dinge, um die Essenz. »Verwesentlichung« nannte er es selbst. So lauten die wahren Grundfragen, die auch auf dem Weltjugendtag in Köln und auf dem eucharistischen Kongress in Bari gestellt wurden: Glaubst du? Glaubst du, dass das Grab Christi leer war? Glaubst du an die Auferstehung und das damit verbundene Heil der Menschen? Oder glaubst du das nicht? Alle administrativen Geschichten treten hinter dieses zentrale Thema zurück. Das Leben Jesu Christi, sein Tod und seine Auferstehung sind der Urgrund des Christentums. Und die Feier des Mahles, mit der Wandlung von Brot und Wein in den realpräsenten Christus ist der Grundakt. Benedikt wird nichts anderes tun, als das immer wieder zu beschreiben. Ob die Kirche als öffentliche und prägende Kraft der Gesellschaft Gehör finden wird, hängt nicht von der Aufweichung dieser fundamentalen Wesentlichkeiten ab. Es könnte davon abhängen, mit welchem Ton sie im Kulturkampf der Welt wahrgenommen wird. Wenn es die Stimme der Wahrheit ist, dann hat sie eine Chance, Gehör zu finden. Die Wahrheit ist manchmal eine Frage des Gefühls, aber sie ist immer eine Frage der Vernunft. Und mit Vernunft kann man arbeiten. Mystik verweht sehr schnell.

Angesichts der wirklich wichtigen Fragen erscheint die Mitra eines Bischofs, die Benedikt anstelle einer dreifachen Papstkrone in sein Wappen zeichnen ließ, wie eine Marginalie. Dass er bei der Auflistung seiner Amtstitel den des Patriarchen des Abendlandes abschaffte, erstaunte die Welt trotzdem. Die Beibehaltung dieses Titels hätte keinen gestört, aber das Zeichen ist wohl verstanden worden. Diese Geste der Bescheidenheit passt sehr gut zum Stil des neuen Papstes. Die Betonung des Amtes des Bischofs von Rom brachte ihm Sympathien bei den Ostkirchen ein. Die Partner in der Ökumene werden das als brüderliche Geste verstehen, die Abstand nimmt von der Überhöhung des Papstamtes.

Die jungen Menschen am Weltjugendtag haben sich dafür sicher nicht interessiert. Ihnen war der »Papa« wichtiger. Ihr Papa, dem sie zugestehen, dass er ihnen die wesentlichen Dinge sagt, auch wenn sie manchmal unbequem erscheinen. »Ob Reformer oder Konservativer – wichtig ist, man spürt, dass er echt ist«, sagte mir vor kurzem ein Jugendlicher.

Mit Benedikt ist ein ganz anderer Stil in den Papstpalast eingezogen. Wie auch immer man ihn im Vergleich zum Erscheinen von Johannes Paul II. sehen mag – es ist ein Stil, dessen Konturen und Wesenszüge klar erkennbar sind. Benedikt hat das Los auf sich genommen und ist in die Fischerschuhe Petri gestiegen, die Johannes Paul so viele Jahre über die verschiedensten Erden geführt haben. Er ist hineingeschlüpft, ohne sich an den Ausmaßen, die eine breite Öffentlichkeit konstatiert hatte, zu stören. Er tat es, ohne gleich in ihnen loszurennen. Allerdings hatte der Deutsche diese Schuhe bereits genauestens studiert. Also ist es kein Wunder, dass Benedikt auch die Kür des Laufstils und nicht nur den Pflichtteil der Bewegung beherrscht.

In der Tradition des ersten Papstes

Petrus und seine Nachfolger

Eines Sonntagnachmittags, als der Regen kurz aufgehört hatte, beschloss ich, einen Cappuccino trinken zu gehen. Ich setzte mich an einen der kleinen Tische des Café San Pietro an der Via della Conciliazione mit Blick auf Sankt Peter. Nach dem Regen ist die Luft in Rom immer besonders erfrischend. Auf dem Petersplatz und in den umliegenden Straßen waren Sonntagsausflügler unterwegs und ein paar der vielen Reisegruppen, die seit der Wahl von Papst Benedikt weitaus zahlreicher nach Rom pilgern, als in den Jahren zuvor. Immer wieder kann man sie beobachten, wenn sie sich am Obelisken versammeln. Der Obelisk ist einer der beliebtesten Treffpunkte, weil jeder sofort weiß, wo das ist und wie man dorthin kommt. Man muss lediglich schauen, wo sich die Kuppel von Sankt Peter majestätisch in den Himmel erhebt – und schon hat man die Richtung, in die man gehen muss. Nach dem Cappuccino schlenderte ich über den Platz, vorbei an den Absperrgittern, die die Korridore für die Generalaudienz andeuteten. Oben im dritten Stock des Palazzo Pontificio brannte Licht in den Arbeitszimmern des Papstes und seiner Sekretäre. Und das am Sonntag. Ich blieb am Fuß der Treppenanlage zur Basilika stehen und betrachtete die Petrusfigur aus Stein, die linker Hand auf einem übermannshohen Postament thront. Dieser Petrus also, der hier tatsächlich wie ein Fels wirkte, so wie ihn Jesus Christus ja auch genannt hatte, er war es, dem alle Päpste im Amt folgen.

Was war eigentlich so besonders an Petrus? Warum sagte Jesus ausgerechnet zu Petrus: »Auf diesem Fels will ich meine Kirche bauen, und ich werde dir die Schlüssel des Himmels geben …« Warum führen dessen Nachfolger die katholische Kirche nach fast zweitausend Jahren immer noch an?

Wenn man als Pilger in den Petersdom kommt und dann nicht gleich mit den Besuchermassen in die große Kathedrale hineinströmt, sondern sich erst einmal im Vorbau dieses gewaltigen Bauwerks der Renaissance, im Narthex, aufhält, erhält man eine mögliche Antwort. Über dem Hauptausgang ist ein Mosaik zu sehen, das noch aus der alten Basilika stammt. Es ist die Kopie eines Mosaiks von Giotto, jenes großen Künstlers, der auch die berühmten Fresken in der Basilika von Assisi geschaffen hat. Das Motiv des Freskos ist hochinteressant. Es handelt sich um die sogenannte Navicella: die Szene, in der die Jünger nachts in einem kleinen Boot über den See Genezareth fuhren (Mt 14,22–33). Jesus hatte ihnen zugesagt, er käme nach. Und das tat er auch. Allerdings erst in der vierten Nachtwache. Aber die Jünger hielten ihn für ein Gespenst. Sie waren so, wie wir Menschen häufig sind: Angsthasen. Da war es Petrus – wie so oft –, der einen Geistesblitz hatte und ausrief: »Herr, wenn du es bist, dann ruf mich!« Zu seinem Pech rief ihn der Herr: »Komm!« Und Petrus, der eher ein Mensch war, der seine Entscheidungen aus dem Bauch heraus trifft, sprang ohne nachzudenken aus dem Boot und eilte auf den Herrn zu. Doch nach ein paar Schritten begann er im Wasser zu versinken. Sein Glaube hatte mal wieder nicht ausgereicht.

Auf dem Mosaik sieht man, wie Christus ihn an der Hand nimmt und aus dem See zu sich zieht. Er schaut an Petrus vorbei mit einem grimmigen Blick, als wollte er sagen: »Du Kleingläubiger!« Wir würden heute sagen: »Du Versager!«

Die einzige Jüngerfigur, die auf dem Mosaik keinen Heiligenschein hat, ist die des Petrus. Alle anderen Apostel ziert ein Heiligenschein. So ist das erste aus dem Mittelalter erhaltene Papstbild, das erste Petrusbild, das der Besucher beim Betreten der Basilika erblickt, nicht das Bild eines mächtigen Herrschers, sondern das Bild eines »Versagers«, eines Mannes, der immer wieder versagen wird. Und der Besucher betritt immerhin *die* Kirche der katholischen Christenheit, jenes Gebäude, das wie keine andere Kirche von der Macht, der Herrlichkeit aber auch der Selbstherrlichkeit des Renaissance-Papsttums zeugt.

Auf dem Ölberg war Petrus noch bereit, für seinen Herrn zu kämpfen: Dort schlug er einem Soldatenknecht sogar noch ein Ohr ab. Doch schon einen halben Tag später verriet er Jesus dreimal. Diesen Petrus sieht man zuerst, wenn man sich dem Papsttum, dem Grab des Petrus unter der Basilika, dem Dom an sich oder eben auch dem symbolischen Herz der katholischen Kirche nähert – gleich, ob als Pilger oder als Tourist.

Wenn man den Petersdom durchschreitet, findet man auf der dem Eingang gegenüberliegenden Seite, also in der Apsis, so etwas wie ein Gegenmotiv: die Cathedra Petri, jenen übermannshohen Thronstuhl, den Bernini so wunderbar gestaltet hat. Er wird von den vier großen Theologen des Westens und des Ostens, Ambrosius, Augustinus, Athanasius und Johannes Chrysostomos, getragen. Über dem heiligen Stuhl, einem wichtigen Symbol des Papsttums, scheint mildes, warmes Licht durch das Heilig-Geist-Fenster aus Alabaster auf den Stuhl herab. Ein schönes Bild, das mich an die Papstwahl erinnert. Denn da rufen die Herren Kardinäle den Sanctus Spiritus an, der ihnen bei der Wahl des besten und geeignetsten Kandidaten helfen solle.

Die Unfehlbarkeit des Papstes

Wenn ein Papst ex-cathedra spricht, dann ist das für Katholiken unfehlbar. An dieser Aussage gibt es dann nichts zu rütteln. Dann ist es Macht pur. Ein Papst verkörpert ein Patriarchat und hat die absolute, unmittelbare Gewalt. In Religionen gibt es charismatische wie auch traditionelle Herrschaft. Macht hingegen beruht in den Glaubensgemeinschaften auf Tradition. Im Katholizismus ist es patriarchale Macht. Herrschaft kann von Macht dadurch unterschieden werden, dass die Macht als legitim gilt und dass sie, so hat Max Weber es formuliert, »geronnen« ist. Er hat damit gemeint, dass die Macht so in Strukturen verankert ist, dass sie als natürlich oder moralisch erscheint. Auf die Kirche übertragen heißt das: Der Papst ist einmal als Führer ausgewählt und sein Wort ist Recht. Im Mittelpunkt der traditionellen Herrschaft steht die Bestätigung der Hierarchie. Es ist ein wichtiges Ritual, die Person, welche die Macht vertritt, zu ehren.

Ein Papst kann auch nicht gerichtet werden. Das klingt für unsere heutigen Ohren sehr ungewohnt, fast obszön. Kein Mensch kann diese Macht haben. Martin Luther schrieb, dass zu seiner Zeit die Bischöfe den Papst einen »allergnädigsten Herrn« nennen mussten, so als ob er ein König oder ein Kaiser gewesen sei. Das war damals eine Folge der über Jahrhunderte praktizierten Überhöhung des Amtes und seiner Befugnisse, die bis hin zu einer Kaiserkrönung reichten. Heute sind die Zeiten der Willkür und die Jahrhunderte der Verfehlungen im Namen Gottes vorüber. Das Papsttum wie die Papstmacht sind durch einige Schicksalsschläge der Geschichte in ihren Rechten beschnitten worden. Aber die Sonderstellung des Pontifex ist geblieben, wenn auch mit weniger weltlicher Macht. Nur die kirchlichen Attribute des Papsttums stehen nicht zur Disposition, denn sie sind festgefügt in Dogmen.

Ich finde, man kann das ertragen, wenn man das Giotto-Mosaik mit dem in den Fluten des See Genezareth versinkenden schwachen Petrus nicht aus dem Blick verliert.

Im Johannes-Evangelium steht noch eine sehr interessante Geschichte, die das Papstamt in der Petrusnachfolge eindrucksvoll darstellt. Der Evangelist berichtet, was der auferstandene Jesus zu Petrus sagt (Joh 21,15–23). Jesus fragt ihn: »Petrus, liebst du mich?«

»Ja, Herr, ich mag dich«, antwortet Petrus etwas verzagt.

»Weide meine Lämmer!«, befiehlt daraufhin Jesus. Und fragt erneut: »Petrus, liebst du mich?« »Ja, Herr, ich mag dich«, antwortet Petrus wieder.

»Weide meine Schafe!«, befiehlt Jesus nochmals. Und dann fragt Jesus seinen Jünger Petrus zum dritten Mal.

Das muss man sich einmal in einer Freundschaft oder gar einer Beziehung vorstellen. Da fragt ein Partner den anderen nach der Bestätigung seiner Liebe, etwa weil etwas vorgefallen ist, oder weil man sich ganz sicher sein will, oder weil man eine Entscheidung treffen muss. Aber wenn man dreimal gefragt wird, wie es denn um diese Liebe steht, dann tut es beim dritten Mal sicher genauso weh, wie es dem Petrus wehgetan haben muss.

Und Petrus antwortete dann auch nur noch: »Ja, Herr, du weißt alles. Du weißt, dass ich dich liebe.«

Genau diesem Petrus ist von Jesus verheißen worden: »Ich bete für dich, dass dein Glaube in dir nicht erlischt. Und wenn du dich wieder bekehrt hast, dann stärke deine Brüder.«

Zum Petrusdienst gehören folglich zwei Dinge. Zum einen muss der Papst zunächst sich selbst bekehren, bevor er die anderen stärken kann. Und zum anderen muss er darauf vertrauen, dass es das fürsprechende Gebet Christi beim Vater ist, das ihn trägt. Er kann also nichts allein aus sich heraus tun, sondern ist

Petrus mit den Schlüsseln des Himmelreiches und Benedikt XVI., der 265. Nachfolger des Bischofs von Rom.

darauf angewiesen, dass Christus für ihn und die Kirche betend beim Vater eintritt. Unter diesen Vorzeichen ist die Unfehlbarkeit eben nicht ein Verwaltungsakt, der dem Papst das Regieren erleichtern soll, sondern sie ist geradezu eine Relativierung der menschlich-päpstlichen Gewalt, ein Ausdruck dafür, dass es eben nicht nur auf ihn, den Papst, ankommt, sondern dass auch der Papst immer wieder den Arm ausstrecken muss, um sich von Christus aus dem Meer des Kleinglaubens herausziehen zu lassen.

Dass ausgerechnet dieser Kleingläubige, der nun wirklich – wie man im Neuen Testament nachlesen kann – keinen Fettnapf ausgelassen hat, einer, der trotz aller Scham immer wieder neu angefangen hat, der kein »Politprofi«, kein Manager war, dass ausgerechnet dieser die Leitung der wichtigen Gemeinde in Rom übernommen hat, das lässt doch hoffen. Darauf, dass sich ein Papst seiner menschlichen Schwachheit ständig bewusst ist. Darauf, dass er sich auch ständig mit allen Menschen in der Gemeinschaft der Sünder sieht. Darauf, dass er ökonomisch und diplomatisch mit seiner Macht umgeht.

Ich denke, die Zeiten der absoluten Ansagen aus Rom sind vorbei. Auch wenn diese oder jene Aktion in direkter Nähe des Ereignisses manchmal noch als sehr hart und despotisch empfunden wird. Etwa wenn der Papst eine Entscheidung trifft, die manchem nicht schmeckt, oder wenn er jemanden zurechtweisen muss. Zwar hat Benedikt XVI. seine eigene Geschichte, und die Attribute seiner Vergangenheit werden mit der Erhebung auf den Stuhl Petri durchaus nicht automatisch gelöscht. Schließlich erinnern sich einige Betroffene oder Beobachter an manchen scharfen Kommentar aus dem Palazzo del Sant'Ufficio, als Joseph Ratzinger dort noch als oberster Glaubenswächter die elementaren und inhaltlichen Geschicke der Katholischen Kirche regelte. Nicht umsonst wurde er als »Hardliner«, als »unbeugsamer und unbarmherziger Konservativer« bezeichnet. Jetzt, da er Papst ist, wird er als milder, als umgänglicher, ja sogar als gewandelt beschrieben. Geht das?

Eine Weisheit von Abraham Lincoln besagt: »Willst du den wahren Charakter eines Menschen erkennen, so gib ihm Macht.« Dieser Satz wird in der Regel dann angewandt, wenn jemand seine Macht missbraucht. Bei Benedikt XVI. verhält es sich scheinbar umgekehrt. Mit der ihm übertragenen Macht der universellen Vaterschaft des Stellvertreters Gottes auf Erden, ob weltlich bewirkt oder himmlisch beeinflusst, soll sich dieser Papst umgekehrt entwickelt haben, als es landläufig üblich ist?

Es ist fast wie ein Paradoxon, dass Benedikt nach seiner Wahl zum Papst wie befreit wirkt. Befreit von einer der schwierigsten Aufgaben innerhalb der Leitung der katholischen Kirche, als Leiter der Glaubenskongregation. Er ist jetzt Papst und er erscheint milder und versöhnlicher denn je, jedenfalls besser als sein ihm vorausgeeilter Ruf. Er ist jetzt Pontifex, und das versteht er nicht nur als Titel, sondern als Aufgabe, denn Brücken bauen sich nicht von allein. Professor Hans Joas, Soziologe an der Universität Erfurt, beschreibt einen Pontifix so: »Ein Brückenbauer kann allein nichts ausrichten. Dazu gehören zwei Seiten, die aufeinander zubauen.« Nun will Benedikt seine Kraft für die Vereinigung der Kirchen nutzen, die Ökumene vorantreiben. Und damit meint er die Ökumene nach außen und vor allem nach innen. »Ut unum sint« – so der Titel der Ökumene-Enzyklika Paul VI. – heißt *eins sein* auch innerhalb der eigenen Grenzen. Doch Benedikt XVI. ist kein Diktator, kein Ideologe, sondern er ist Theologe. Noch dazu einer der brillantesten. Und Theologen, die nicht mit anderen in Dialog treten, sind eigentlich keine Theologen.

Der Münchner Theologieprofessor Eugen Biser beschrieb die neue Erscheinung des Joseph Ratzinger folgendermaßen: »Er ist der Papst, von dem ich überzeugt bin, dass er den Gedanken der Stellvertretung in die Mitte seines Pontifikats stellt. Er ist nicht der Chef der Kirche, nicht das Kultobjekt der Kirche. Er steht anstelle eines anderen, der allein geliebt und geglaubt werden muss.«

Als ich den Petersdom wieder verlassen hatte, war die Sonne schon hinter dem Vatikan verschwunden und der Abend brach an. Aber auf dem Petersplatz waren noch immer viele Menschen unterwegs. Ich ging an einer Gruppe von Pilgern vorbei, die zu den erleuchteten Fenstern des Palastes hinaufschauten. »Da ist der Papst!«, riefen sie in Spanisch aufgeregt durcheinander. Manche hüpften vor Entzücken. Ich sah ebenfalls hoch, denn es hätte ja sein können, das er tatsächlich einmal kurz die Gardinen beiseiteschiebt, um auf den Platz und die Stadt Rom hinunterzusehen. Aber es war nicht das Fenster seines Büros, das erleuchtet war, sondern das Nachbarfenster. Dann war es wohl doch »nur« der Sekretär des Papstes. Aber die spanischen Pilger glaubten, sie hätten ihn gesehen, den Papa, und zogen erfüllt von dannen.

2 Hinter den Mauern des Vatikans

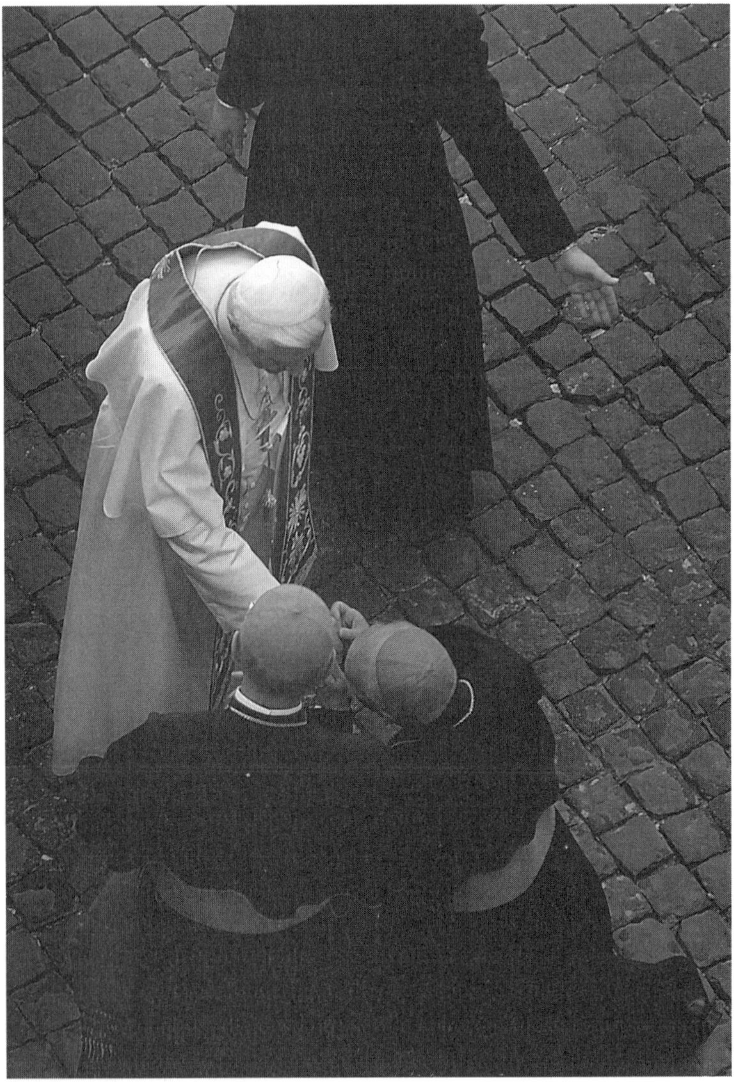

Pontifex Maximus

Brückenbauer im eigenen Haus

Der Teufel ist immer da nicht weit entfernt, wo das Heilige wirkt. Das sagte mir mal ein Journalistenkollege. Mir war sofort klar, was er damit meinte. Während sich die Kirche und die Leitung der Kirche eigentlich nur damit beschäftigen, das Heil der Menschen durch Christus und die Erlösung zu verkünden, gibt es immer wieder Mächte, die scheinbar dagegen arbeiten. Pädophilieskandale, Mobbing, Verbrechen und Untaten, die vom Neid getrieben sind, ziehen das öffentliche Bild der Kirche immer wieder und überall auf der Welt in den Schmutz. Da helfen auch keine Beschönigungen und kein eisernes Schweigen. Manche Proteste gegen die Kirche sind durchaus gerechtfertigt, und sie legen den Finger in die Wunde. Auch die heilige Kirche hat keine makellose Haut. Doch wer, wenn nicht die Mitglieder und Hierarchen einer religiösen Gemeinschaft, sollte denn das Gebot der Nächstenliebe erfüllen? Wer, wenn nicht die, die es predigen?

Joseph Ratzinger zeigt in einem Text aus dem Jahr 2005 einen interessanten Neuansatz der inneren Sicht der katholischen Kirche. Er verfasste ihn für den Kreuzweg des Papstes am Kolosseum in Rom. Seine Worte kritisierten die Missstände im eigenen Hause Gottes, ja sogar im Klerus. Sie ließen an Deutlichkeit nichts vermissen. Die Texte waren mit Sicherheit von Papst Johannes Paul II. autorisiert worden, auch wenn er kurz vor seinem Tod kaum noch in der Lage war, aktiv am Leben teilzunehmen. Dass Joseph Ratzinger so deutlich in der Kritik nach innen werden würde, so disziplinierend und mahnend, das hätte keiner für möglich gehalten. Was für die Welt schon längst überfällig war, eine Art Sündenbekenntnis des Klerus, versetzte die Kardinäle, Bischöfe und Priester in ungläubiges Staunen. Die Presse transportierte es leider kaum, denn zur Anklage in der Öffentlichkeit gehört auch immer die soziale Pflicht, das Bekenntnis des Betroffenen anzuhören.

Im Besinnungstext zur neunten Kreuzwegstation, die daran erinnert, dass Christus auf dem Weg zur Kreuzigung zum dritten Mal unter der Anstrengung, den Schmerzen und der Last des Kreuzes zusammenbricht, schreibt Joseph Ratzinger:

»*Wir haben an den Sturz des Menschen insgesamt gedacht, an den Abfall so vieler von Christus in einen gottlosen Säkularismus hinein. Müssen wir nicht auch daran denken, wie viel Christus in seiner Kirche selbst erleiden muss? Wie oft wird das heilige Sakrament seiner Gegenwart missbraucht, in welche Leere und Bosheit des Herzens tritt er da oft hinein? Wie oft feiern wir uns selbst und nehmen* IHN *gar nicht war? Wie oft wird sein Wort verdreht und missbraucht? Wie wenig Glaube ist in so vielen Theorien, wie viel leeres Gerede gibt es? Wie viel Schmutz gibt es in der Kirche und gerade auch unter denen, die im Priestertum ihm ganz zugehörig sein sollten? Wie viel Hochmut und Selbstherrlichkeit? Wie wenig achten wir das Sakrament der Versöhnung, in dem* ER *uns erwartet, um uns von unserem Fall aufzurichten? All das ist in seiner Passion gegenwärtig. Der Verrat der Jünger, der unwürdige Empfang seines Leibes und Blutes, muss doch der tiefste Schmerz des Erlösers sein, der ihn mitten ins Herz trifft. Wir können nur aus tiefster Seele zu ihm rufen: Herr rette uns.*«

Dafür wird ihn sicher mancher Kardinal nicht wählen, dachte ich damals beim Lesen der Texte. Doch genau dafür müsste man ihn wählen, denn das ist ehrlich und programmatisch. Diese selbstkritischen Aussagen sind ein äußerst wichtiger Punkt bei der Gestaltung der kirchlichen Zukunft: Reformen auf einem klaren und festen Fundament, das sichtbar ist und nicht verbaut mit Schutzeinrichtungen oder täuschenden Verkleidungen.

»Wird er jetzt ein Reformer, oder ist das nur Show?«, fragte mich damals ein vatikanischer Bischof. Bisher hatte dieser Geistliche absolut keinen Reformer in Joseph Ratzinger gesehen. Und damit befand er sich in bester Gesellschaft. Viele fragten sich deshalb nach der Papstwahl: Was er jetzt tun werde, der neue Papst? Schließlich hatte er eine Vergangenheit. Und die hieß: Glaubenskongregation. In den Augen vieler stand der Name dieser Kurienabteilung für Härte, Konservativismus und unmissverständliche Ansagen an die gestaltenden Mitglieder der katholischen Kirche. Ratzinger war 24 Jahre lang ihr Leiter. Jetzt war er der neue Papst.

Nach der Wahl und seinen ersten öffentlichen Auftritten sahen die Menschen eine Veränderung, eine Art Metamorphose des Joseph Ratzinger zu Benedikt XVI. Manche Beobachter erlebten ihn direkt als gewandelt: nicht mehr so hart und vielleicht unbarmherzig wie noch als oberster Glaubenswächter. Weicher wirkte Ratzinger nach seiner Wahl, auf einen Schlag milder, offener und freundlicher. Viele Kritiker seiner Person räumten nun ein, dass sich die ihm entgegengebrachte Kritik in den Jahren zuvor mehr auf sein damaliges Amt bezogen hätte. Allerdings gab es auch Stimmen, die mahnten, dass es nur eine milde Masche, eine vorgetäuschte Wesensänderung des neuen Papstes sei. Man müsse nur abwarten, und er würde wieder sein wahres Gesicht zeigen, wenn die entsprechenden Themen anstehen. Also ließ man ihn gewähren und fraß an manchen Orten unterdessen Kreide.

Weil er nicht zum Papst kommen kann, geht Benedikt XVI. zu ihm: Peter Proeku Dery, ein neuer Kardinal aus Ghana.

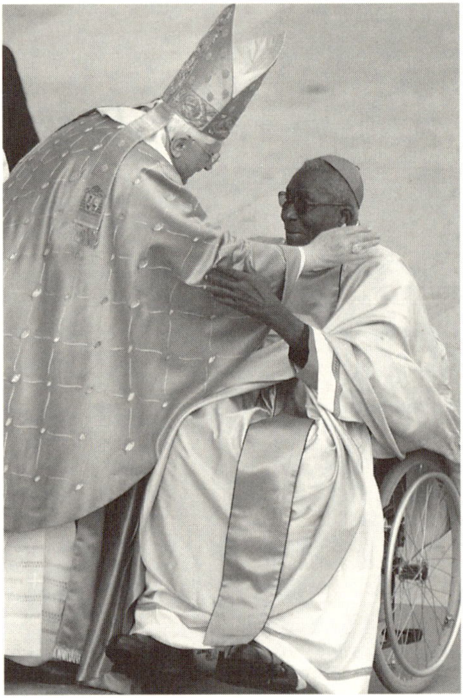

Was meinte mein Kollege mit dem Teufel, der nicht weit sei und auch vor dem Vatikan nicht haltmache? Ich bin kein Freund des Teufelsbildes. Nennen wir es besser das Böse, den Neid – und damit meine ich nicht nur die *invidia clericalis* – oder die Rachsucht, den Drang, seine eigenen Interessen über das Wohl des Ganzen zu stellen. All das »Menschelnde« also. Und damit das, was Christen und Andersgläubige als Sünde ansehen. Jesus Christus ist deshalb den Kreuzweg gegangen und am Kreuz gestorben. Hat Joseph Ratzinger also auch die Verfehlungen in diese Dimension mit einbezogen?

Macht und Menschlichkeiten

Man muss sich da nichts vormachen. Die Realität lässt sich ohnehin in der Weltpresse nachlesen. Auch wenn Nächstenliebe zum elementaren Grundwortschatz des Christentums gehört und zudem das Grundprinzip des christlichen Miteinander ist – das Bodenpersonal Gottes hat manchmal Schwierigkeiten, dem annähernd hundertprozentig gerecht zu werden. »Der Friede sei mit dir«, wünschen sie sich, wenn sie bei der Heiligen Messe nebeneinander am Altar stehen. Damit erfüllen manche Geistliche den Ritus der Eucharistie der katholischen Kirche. Doch der Friede ist gelegentlich weit entfernt. Es wäre ja nicht so schwer, wenn da nicht manchmal der Sturkopf des anderen wäre.

Eigentlich ist es theoretisch ganz einfach: Es gibt einen Chef, den Papst, der sagt, wo es langgeht. Und jeder Geistliche erfüllt seine ihm zugedachten Arbeiten. Allerdings hat jeder seinen eigenen Charakter und seine eigene Gesinnung. Auch die Herkunft spielt in der Machttopographie des Vatikans eine Rolle. Um es auf den Punkt zu bringen: Es sind sich nicht immer alle so einig, wie es nach außen aussieht. Und so suchen sich die verschiedenen Kurienangehörigen einen Interessenkreis, in dem sie sich wohlfühlen. Es geht dabei nicht um die Veranstaltung von Stammtischen oder Festen, sondern um Macht und Einfluss. Eigenartigerweise geben die Italiener zwei Hauptgruppen vor, obwohl der Vatikan inzwischen sehr international besetzt ist. Wer Italien ein wenig kennt, weiß um den Unterschied zwischen dem eher kühlen Norden und dem heißblütigen Süden, und die Aufteilung in eine Nord- und eine Südgruppe ist daher verständlich und nachvollziehbar. Aber es gibt nicht nur diese beiden Fraktionen.

Im Dunstkreis des Petersdomes existieren noch weitere Fraktionen, wie zum Beispiel die deutsche Gruppe, die zwar recht klein ist, aber hohes Ansehen genießt. Mit Walter Kardinal Kasper arbeitet ein deutscher Kardinal im Vatikan, ein Kardinal ist im Ruhestand, der Benediktiner Augustin Mayer, und es gibt noch ein paar Bischöfe. Der Camposanto Teutonico, ein deutsches Priesterkolleg, das auf dem Vatikangelände liegt, und das deutsche Kolleg Santa Maria dell'Anima, ein Paar Schritte von der beliebten Piazza Navona entfernt, bilden dabei den Dreh- und Angelpunkt. Eine dritte Variante, um sich zu treffen und die deutschen Interessen zu diskutieren, ist das Pontificio Collegio Germanico, unweit der Piazza Barberini. Kardinal Walter Kasper soll dem Papst in Freundschaft zugetan sein und damit sein Ohr haben. Benedikt verlässt sich seinerseits auf die diplomatische Vorarbeit seines Ökumeneministers im Hinblick auf das Miteinander der christlichen Kirchen und der Weltreligionen. Will man eine Information direkt auf dem Schreibtisch des Papstes platzieren, so heißt es in Rom, sollte man den deutschen Kardinal für sich gewinnen. Eine andere Variante soll Bischof Joseph Clemens darstellen. Er war vor Monsignore Gänswein Privatsekretär bei Kardinal Ratzinger. Man hört, er und Benedikt würden sich ab und zu privat treffen. Aber die Deutschen sind an sich nicht so gut organisiert wie die Amerikaner. Diese beteiligen sich zwar nicht direkt an dem strategischen Machtgebaren, aber sind dennoch stets an wichtigen Stellen vertreten. Erzbischof Marcinkus, ehemaliger Chef der Vatikanbank, der wegen der vermuteten Verstrickung in die Krise der Banco Ambrosiano umstritten ist, hatte diese Gruppe »familienfähig« gemacht. Die Villa Stritch, das ehemalige Wohnhaus des gleichnamigen verstorbenen Kardinals, ist eine Art inoffizielle »Ständige Vertretung« der amerikanischen Kirche, nicht weit vor den Toren Roms gelegen. Erzbischof John P. Foley, Präsident des Päpstlichen Rates für die sozialen Kommunikationsmittel, also der Medienminister, wohnt in der Villa Stritch. Er wurde in den Vatikan geholt, weil der Papst einen Amerikaner, die er alle für Medienmenschen hielt, mit dieser Aufgabe betrauen wollte. Eine weitere wichtige Position im Vatikan ist mit dem Amerikaner James Michael Harvey besetzt. Der Erzbischof ist der Präfekt des Päpstlichen Hauses. Er ist der Herr über das Protokoll des Papstes, über die Audienzen und alles Offizielle, das im Papstpalast stattfindet. Er wählt aus, wer den Papst sehen darf. Doch die zentrale Figur ist William Kardinal Levada, der neue Leiter der Glaubenskongregation und ehemalige Erzbischof von San Francisco. Schließlich ist er der Nachfolger auf dem ehemaligen Arbeitsplatz des Papstes. Levada kümmert sich nun um die Bewahrung des rechten Glaubens in der Kirche. Dabei genießt er das Vertrauen Benedikts, denn seine Berufung auf diesen Posten wäre nicht möglich gewesen, ohne dass er seine Loyalität als ehemaliger Mitarbeiter in dieser Kurienbehörde bereits unter Beweis gestellt hätte. Sowohl die Person als auch die Positionierung des Amerikaners werden von vielen noch nicht klar eingeordnet, weil er in San Francisco nicht unbedingt durch einen konservativen Stil aufgefallen war, aber nun an einer konservativ agierenden Stelle sitzt. Sein direkter persönlicher und dienstlicher Zugang zum Papst kann für manchen Informationsfluss von Bedeutung sein.

Der Einfluss der unterschiedlichen Gruppierungen

Unter Johannes Paul II. hat sich auch eine Ostgruppe herausgebildet, die aber nicht unbedingt eine slawische ist. Die zahlreichen Polen geben in dieser Gruppe schon den Ton an. Allerdings hat sich ihr einstiger Informationsvorsprung durch den Wechsel im Papstpalast längst erledigt. Ob es an den Gewohnheiten aus der Zeit der kommunistischen Diktaturen liegt, oder ob es eine

Eigenart der Osteuropäer ist, jedenfalls ist diese Gruppe nicht so sichtbar formiert wie die anderen. Sie betätigt sich außerdem in sehr verschiedenen spirituellen Richtungen wie etwa der Fokolarbewegung (»Werk Mariens«) und dem Opus Dei (»Werk Gottes«). Insgesamt orientiert sich diese Gruppe stark an der römischen um Kardinal Ruini.

Damit sind zwei gegensätzliche Strömungen benannt, die unter Johannes Paul II. zu immer größerem Einfluss gelangten: die ultrakonservative Personalprälatur Opus Dei und die charismatische Gruppe der Fokolare. Früher waren es die Jesuiten, die als die »harten Hunde« galten und die Intelligenzelite der Kirche darstellten. Sie hatten einen Status weit über dem der anderen Ordensgemeinschaften. Sie waren es, die der Reformation in Deutschland den Kampf angesagt hatten. Doch die Jesuiten haben an Macht und Ansehen verloren. Mit der Berufung von zwei Jesuiten auf wichtige Posten erwarten aber manche im Vatikan eine neuerliche Stärkung der jesuitischen Position.

Zum großen Widersacher auf der anderen Seite des Spektrums wurde das Opus Dei, eine mächtige, weltweit operierende Organisation mit etwa 80 000 festen Mitgliedern und einigen Zehntausend Anhängern. Die Prälatur »Werk Gottes« gilt als sehr konservativ und absolut linientreu. Sie ist bestens organisiert und aufgestellt, zumeist in Spanien, Italien und in Lateinamerika. Knapp 1800 Priester gehören zum Opus Dei. Die übrigen Mitglieder sind größtenteils »Numerarier«, also Laien, die in ganz normalen, aber vornehmlich intellektuellen Berufen arbeiten. Das Intellektuelle ist nicht das Einzige, was die Numerarier auszeichnet, es sind zudem ihre Finanzkraft und ihre Kontakte zu politischen und wirtschaftlichen Entscheidungsträgern.

Papst Johannes Paul II. galt als großer Förderer des »Werkes Gottes« und hat einige der Mitglieder und Sympathisanten Karriere machen lassen. Bekanntester Vertreter des Opus ist der ehemalige Pressesprecher des Papstes, der spanische Arzt Joaquín Navarro-Valls. Jeder weiß, dass er dem Heiligen Vater auch als Berater diente. Inwieweit er den Papst in Bezug auf das »Opus Dei« beeinflusst hat, kann man jedoch nur spekulieren. Aber es gibt auch kirchliche Würdenträger, die der Organisation sehr nahestehen. So zum Beispiel der Erzbischof von Lima, Juan Luis Cipriani Thorne, der 2001 zum Kardinal ernannt wurde. Die Kardinäle Tettamanzi und Martínez Somalo werden auch zum Opus Dei gerechnet. Tettamanzi hatte an der Universität der Gemeinschaft in Rom gelehrt, was allerdings keine eindeutigen Rückschlüsse zulässt.

Die Kritik am Gebaren des »Opus Dei«, die weltweit zu vernehmen war, richtete sich im Allgemeinen gegen die Heimlichtuerei. Vor ein paar Jahren wusste keiner, wie viele Mitglieder es gab, welche konkreten Aufgaben und Zielsetzungen die Prälatur eigentlich hat oder wer dazugehört. Trotz einer inzwischen vollzogenen Öffnung ist noch heute nicht alles bekannt.

Auf der anderen Seite des Spektrums befinden sich die Focolari um die Italienerin Chiara Lubich, die die Welt der Gläubigen mit einer Art Charmeoffensive eroberten. Chiara Lubich, eine charmante und gebildete ältere Dame aus Trient, ist somit eine Besonderheit in der von Männern in leitenden Positionen geprägten Kirche. Früher war sie Lehrerin mit besonderem Interesse für Philosophie. In der Zeit des Zweiten Weltkrieges entschied sie sich im Alter von 23 Jahren mit ein paar Frauen, ihr Leben am Evangelium auszurichten. Die daraus entstandene Fokolar-Bewegung ist heute in 182 Ländern auf allen 5 Kontinenten vertreten. Sie zählt mehr als 100 000 engagierte Mitglieder, und über 4,5 Millionen Menschen stehen mit ihr weltweit in Verbindung. Die Mitglieder der Fokolare engagieren sich vor allem im ökumenischen interreligiösen Dialog.

»Charismatiker« werden sie auch genannt, und mit ihrer Wirkung nach außen tragen sie dem auch tatsächlich Rechnung. Mit ihrer »charismatischen Gemeindeerneuerung«, stellen sie eine Plattform dar, die für Christen aller Kirchen attraktiv ist. Auch sie wurden von Johannes Paul als eine neue Bewegung der Spiritualität in der bunten Welt der Gotteskinder gefördert. Argwohn, wie ihn das »Werk Gottes« erfuhr, gab es den Focolari gegenüber nie.

Es gibt natürlich auch hier prominente Köpfe, doch sei an dieser Stelle noch einmal sehr ausdrücklich bemerkt, dass die Gemeinschaft der Fokolare von einer Frau geleitet wird. Den Prager Kardinal Miroslav Vlk zählen sie genauso zu den Ihren wie den deutschen Kurienerzbischof Paul-Josef Cordes. Doch die Focolari machten bisher nicht den Eindruck, sich aktiv in die Politik der Kirche einmischen zu wollen.

In den letzten Jahren hat aber ein weiterer Akteur die Bühne betreten: die Gemeinschaft San Egidio. Sie folgt einem biblischen Denkansatz, nämlich dem des Engagements für den Frieden und gegen Armut, vor allem in der Dritten Welt. Sie stellt keine moderne Form der Befreiungstheologie dar, aber San Egidio ist vielleicht die sanfte und spirituelle Variante davon. Sie startete AIDS-Hilfeprogramme in Mosambik, beteiligte sich an Friedensverhandlungen in Guatemala, an der Elfenbeinküste, im Kosovo, in Algerien und im Südsudan. Ihr größter Erfolg war die Vermittlung des Friedensvertrages für das bürgerkriegsgeplagte Mosambik 1992 in Zusammenarbeit mit der UNO. Der Gemeinschaft Sant'Egidio, die 1968 von Professor Andrea Riccardi gegründet wurde, gehören eine Reihe von Bischöfen und Kardinälen auch aus der Dritten Welt an. Eine förmliche Mitgliedschaft kennt die Gesellschaft nicht. Die Aktivisten von Sant'Egidio mischen sich nicht in die innervatikanischen Belange ein. Stattdessen arbeiten sie mit dem Staatssekretariat zusammen.

Die mächtigen Italiener

Wer hat also nun die Macht im Vatikan? Da kommen wir schnell auf die drei italienischen Gruppen: Nord, Süd und Rom. Camillo Ruini, der Kardinalvikar und somit der Stellvertreter des Santo Padre in der Funktion des Bischofs von Rom steht noch immer für die römische Gruppe und zudem für einen konservativen Stil. Er war ein enger Vertrauter von Johannes Paul II. und steht auch Benedikt XVI sehr nahe. Ruini war zuvor Vorsitzender der italienischen Bischofskonferenz. Doch diese Gruppe ist klein und den Kurialen nicht sonderlich zugetan. Ihr gehört eine Reihe von geweihten Häuptern in Rom und in Italien an. Kardinal Ruini ist der Kardinalvikar von Rom, hat also nichts mit der Kurie oder dem Staatssekretariat zu tun, sondern mit der Diözese Rom. Deshalb übergeht er auch gern diese Abeilungen, um Entscheidungen direkt mit dem Papst zu besprechen. Das ärgert die Kurialen natürlich.

Die Süditaliener sind ehrgeizig und energisch. Ihre Galionsfigur, den erfolgsorientierten Crescenzio Sepe, hat der neue Papst von seinem Posten entlassen. Er war Chef des Missionsministeriums und hatte den größten Etat des Vatikans in der Hand. Nun sitzt der ehemalige Kurienkardinal als Erzbischof in Neapel.

Die interessantere Gruppe ist die norditalienische, der eine beachtliche Reihe mächtiger Kardinäle sowie einige Bischöfe und Erzbischöfe angehören. Allerdings sind die meisten nicht mehr in wichtigen Kurienpositionen. Daher befindet sich diese Gruppe in einer Phase der Neuformation. Der neue und der alte Kardinalstaatssekretär sind aus dem Norden. Angelo Sodano ist jetzt aus dem aktiven Dienst ausgeschieden, jedoch ist er nun Präfekt des Kardinalskollegiums. Sein Nachfolger Tarcisio Bertone wird ihm den Rang ablaufen, denn der zweite Mann im Staate genießt das volle Vertrauen Benedikts ... Unter Kardinalstaatssekretär Sodano ist die norditalienische Gruppe zu Macht gelangt, besonders Priester, die aus dem Piemont stammen. Dagegen haben die Süditaliener wenig zu lachen, denn im mächtigen Staatssekretariat und in den übrigen Abteilungen der Kurie sind sie nur schwach aufgestellt.

Die Gruppen bekämpfen sich nicht, denn das ist nicht ihr Begehren. Die Dinge laufen hier im Hintergrund ab. Es geht dabei eher um ihr Streben nach Einfluss und dem Vermögen, mitreden und mitentscheiden zu dürfen. Denn letzten Endes wird ohnehin der Papst entscheiden. Aber es ist immens wichtig, wessen Vorschlag ausgeführt wird, und wer so einen Pluspunkt verzeichnen kann. Ob die Gruppen sich in Teilen auch darum kümmern, dem Papst das Leben schwer zu machen, ist kaum nachzuvollziehen. Zumindest weiß man, dass Benedikt XVI. nicht sonderlich viel von Seilschaften hält und sich auch in seiner Zeit als Kardinal nicht an deren Programmen beteiligt hatte. So kann man aber davon ausgehen, dass er auch den Einfluss und die Macht der Verbindungen einzuschätzen weiß. Wegzusehen wäre da nicht klug. Ein Papst kann nur stark sein, wenn seine Mitarbeiter ihn unterstützen und nicht blockieren. Dabei muss nicht jeder voll auf der Linie des Papstes sein, wenn er im Vatikan arbeitet. Denn Widerspruch kann auch der Sache dienlich sein, solange er offen gestaltet ist und nicht im Untergrund abläuft. Wichtig ist, das gemeinsame Ziel nicht aus den Augen zu verlieren. Gruppen und Seilschaften gehören überall zum Geschäft. Schließlich sind es auch Gruppen von Kardinälen, die bei einer Papstwahl die Mehrheiten stellen. Also geht es um den inneren Anspruch, den jeder für sich selbst verantworten muss – folgt er dem Motiv des Guten oder nicht.

Mein Kollege könnte also recht haben. Das mit dem Bösen ist manchmal schwierig in den Griff zu bekommen. Also muss man damit leben lernen, denn auch diese Mechanismen gehören seit Jahrhunderten zum Vatikan. Das Heilige und Sakrale haben dennoch überlebt.

Doch wer soll dem Papst helfen, wenn er das Gute will? Oder ist Benedikt letztendlich auf sich allein gestellt? Das würde gegen das Prinzip der Kollegialität mit den Bischöfen sprechen und kann nicht Sinn der Sache sein. Denn Benedikt hatte gleich zu Beginn seines Pontifikats klargestellt, dass ihm sehr an der Subsidiarität und an der Kollegialität gelegen ist. Papst Benedikt hatte einige Kardinäle mit einer fast spontan wirkenden Aktion ins Grübeln gebracht. 2005 und 2006 ließ er sie binnen weniger Tage im Vatikan antreten, um sich mit ihnen zu beraten. Das war ein Novum. Nicht nur der Kardinalsrat oder der ständige Rat der Bischofssynode, sondern alle Kardinäle mussten damals anreisen – egal wo sie zu Hause sind. Wer nicht kam, bekam eine zweite und damit unmissverständliche Einladung. Verwirrung und Staunen wechselten sich ab. Was die einen als Last empfanden, werteten andere als Chance, doch noch in den Genuss der Kollegialität des Papstes mit seinen Bischöfen zu kommen. Das Ansinnen Benedikts hatte aber noch einen anderen Grund: Er wollte die Themen und Entscheidungen nicht nur allein auf seinen Schultern tragen, sondern setzte die Kardinäle ins Benehmen. Ein weiterer Vorteil bestand darin, dass nicht die Interessen eines einzelnen Kardinals Einfluss auf die Geschicke am Hofe haben würde, oder das beständige Fordern einer eingeschworenen Gruppe, sondern jeder Teilnehmer der Konferenz offen seine Meinung äußern konnte. Heimlichkeiten waren da kaum möglich. Und wegen der unerahnbaren Plötzlichkeit, mit der diese Kardinalstreffen anberaumt wurden, waren auch Absprachen kaum möglich.

Ist es ein schöner Gedanke, Einfluss auf den Papst zu haben? Ist es nicht ein gutes Gefühl, die Geschicke einer Institution mit zu beeinflussen, ihr den eigenen Stempel aufzudrücken? Am besten an einer Stelle, die nicht sofort auffällt und gleich wieder abgewischt wird, solange die Stempelfarbe noch frisch ist. Und wenn die Prägung, der Stich oder der Einfluss dann irgendwann Wirkung zeigen, indem es blüht oder etwas verbrennt, dann hat man sich verewigt. Dann läuft die Geschichte nicht mehr so, wie sie ohne die betreffende Person gelaufen wäre. Man kennt das aus jedem Unternehmen: Da gibt es Menschen und Entscheidungen. Wenn man nach längeren Bemühungen herausfindet, was die tatsächlichen Gründe für eine bestimmte Entscheidung waren, dann wird man nicht selten bei den Begehrlichkeiten mancher Mitarbeiter fündig. Auch der Vatikan ist nur eine Art Großbetrieb und funktioniert trotz seiner sakralen Attitüde nicht viel anders als jeder andere Konzern. So gibt es jedenfalls auch in Rom und nicht nur dort einige Einzelpersonen und Gruppen, die einen nicht zu verbergenden Einfluss im Vatikan haben. Wenn sie es schaffen, den Papst selbst in die eine oder andere Richtung zu bewegen, dann gilt das als eine Art Hauptgewinn im beruflichen Leben.

Aber wie in Unternehmen gibt es natürlich auch im Vatikan die Guten. Leider sind es oft diejenigen, die keine angemessene Karriere machen, denn dafür sind sie zu leise. Aber sie sind da. Und das ist gut so. Denn ohne diejenigen, die sich nicht nur um ihr eigenes Fortkommen kümmern oder sich besser im Gebrauch der Ellenbogen oder der gespaltenen Zunge verstehen, wäre die Zukunft des Unternehmens Kirche in Gefahr.

Bescheidenheit und Nüchternheit

Auf der Suche nach dem »Papa«

Im Vatikan ist es ruhiger geworden. So sagt man in Rom und auch in der Kirchenzentrale selbst. Das war eigentlich nicht anders zu erwarten, denn der Mann, den die Kardinäle am 19. April 2005 zu ihrem neuen Oberhirten gewählt haben, stand nicht im Rufe eines lauten apostolischen Hierarchen. Relativ still war er bisher in Erscheinung getreten. Allerdings ließen seine Worte – ob sie nun geschrieben waren oder mit dünner Stimme gesprochen wurden – nichts an Deutlichkeit vermissen. Vom Schaf im Wolfspelz redete man deshalb mancherorts. Diejenigen, die seine sanfte Art niemals persönlich erlebt hatten, ließen sich von Bezeichnungen wie »Panzerkardinal« oder »Rottweiler« in die Irre führen. Denn das waren allesamt Attribute eines lauten Wesens. Wer Joseph Ratzinger kennt, weiß jedoch, dass er kein lauter Mensch ist.

Was hat es mit der Bescheidenheit auf sich? Man wird schnell fündig, wenn man nach Indizien sucht. Es heißt, Benedikt habe den Handkuss abgeschafft, und das gleich nach seiner Amtseinführung. Hin und wieder sieht man trotzdem jemanden, der bei einer Audienz in die Knie geht und den Fischerring des Papstes küsst. Allerdings reagiert Benedikt auf diese Geste, indem er den

Begrüßenden am Arm hält, sodass sich dieser erst gar nicht zu weit verbeugen kann.

Anfänglich waren Vatikaner und Beobachter von außen etwas verwirrt, weil Benedikt anscheinend den Pluralis Majestatis, das königliche »Wir«, wieder eingeführt hatte. Doch das stellte sich als Irrtum heraus. Mit dem »Wir« meinte er nicht sich selbst, sondern in aller Bescheidenheit die Kirchenleitung, die nun einmal aus mehr als nur seiner Person besteht. Johannes Paul II. hatte in seiner Amtszeit den Pluralis Majestatis abgeschafft. Und auch Benedikt spricht in der Ich-Form, wenn er selbst etwas sagt, bezieht sich aber gern auf das Wir, wenn er die Kirche und seine Leitung meint.

Seine zurückhaltende Art war von Anfang an aufgefallen. Menschen, die ihn nicht richtig kannten oder bis dahin den gängigen Urteilen der Presse über die Person Ratzingers gefolgt waren, zeigten sich erstaunt. Dieser Mann hatte weder die Attitüden eines aristokratischen Herrschers, noch die eines Diktators und auch nicht die eines selbstherrlichen Patriarchen. Im Gegenteil: Er wirkt schüchtern und scheu. Als müsse er erst lernen zu lächeln, suchte sein Gesicht nach einer Möglichkeit, gleichzeitig der gleißenden Sonne Roms und dem unaufhörlichen Jubel auf dem Petersplatz angemessen zu begegnen. Alle, die einen grimmigen Mann erwarteten, der als erbitterter Zuchtmeister der katholischen Kirche schon den vielsagenden lautmalerischen Titel »Rambo der Orthodoxie« verpasst bekommen hatte, sahen sich einem lächelnden Papst gegenüber. Ich denke, er konnte gar nicht anders. Würde es nicht jedem von uns so gehen? Man tritt aus der Tür, und Tausende Menschen skandieren »Benedetto«. Dann schleicht sich unwillkürlich ein Grinsen ins Gesicht.

Abstriche für den Zeremonienmeister

Große Auftritte mochte er noch nie. Jetzt musste er sich zwar dem Zeremoniell fügen, allerdings erbat er sich hier und da Abstriche. Er möchte die großen inszenierten Auftritte und das heilige Theater vermeiden. Das hat er seinem Zeremoniar und seinem Reisemarschall mitgeteilt. Erzbischof Piero Marini, der päpstliche Zeremonienmeister, galt wegen der unterschiedlichen Sicht der päpstlichen Liturgie gleich zu Anfang des Pontifikats als sicherer Kandidat für eine Auswechslung. Marini hatte die Liturgie unter Johannes Paul II. modern und medientauglich gemacht. Allzu traditionelle Schnörkel schaffte er ab und belebte dafür stimmungsvolle Elemente wie Tanz und Performance.

Der hochgewachsene Piemonteser mit weißem Haar und dünn gerandeter goldener Brille ist ein freundlicher und lustiger Mensch. Er hat einen milden Gesichtsausdruck, doch seinen graublauen Augen entgeht nichts. An der Seite des Heiligen Vaters ist Lächeln in der Öffentlichkeit unangemessen. Vielmehr gehören Bescheidenheit und Zurückhaltung zum Anforderungsprofil eines Zeremoniars. Marini hat ein hervorragendes liturgisches Gespür. Er sorgt für brillante Inszenierungen im Sinne des zweiten Vatikanischen Konzils. Selbst wenn bei Papstreisen Hula-Hoop getanzt wurde, war es schön anzusehen und passte zur Liturgie und zur Kultur des jeweiligen Landes. Der Zeremonienmeister sah sich nun einem Chef gegenüber, der die Nüchternheit und die Reduktion auf das Wesentliche bevorzugte. Das Wesentliche war etwa ein Kreuz auf dem Altar. Marini war dagegen der Meinung, das Vortragekreuz an der Spitze der liturgischen Prozession zum Einzug müsste genügen. Doch Marini ist intelligent, geistig flexibel und mag seinen Beruf. Er wusste, dass sein Verdienst, unter dem alten Papst die Liturgie praktikabler und vorzeigbarer gestaltet zu haben, nicht ausreichen würde, um dem neuen Papst seine Wünsche auszuschlagen. Also passte er sich an und kam damit dem Ansinnen Benedikts entgegen.

Der Papst schätzt Marini wegen seiner Präzision und Perfektion in der Planung und Durchführung der Liturgien. Aber es ist eben immer eine Frage des Blickwinkels, wenn es um die Bewertung geht, wie Freiräume in der Gestaltung der Liturgie genutzt werden. In der Vorbereitung zum Weltjugendtag kam es deshalb fast zu einem Streit. Marini bewertete einen Programmpunkt grundsätzlich anders als die Kölner. Es ging um die eucharistische Anbetung während der abendlichen Vigil am Samstag auf dem Altarhügel am Marienfeld. Marini wollte diesen Gottesdienst mit dem Papst lieber nur mit Gebet, Gesang und Performance ausgestaltet wissen, statt mit einer traditionellen Anbetung. Der Vatikaner hielt die Anbetung für nicht jugendgemäß. Der Fall landete beim einladenden Kardinal. Aber Joachim Meisner blieb in diesem Punkt hart und setzte die eucharistische Anbetung durch. Der päpstliche Zeremonienmeister, der dann alle Programmpunkte in eine vorzeigbare liturgische Programmordnung zu bringen hatte, sah sich einer argumentativen Übermacht gegenüber und gab nach. Womit Marini nicht gerechnet hatte: Die jugendlichen Pilger auf dem Marienfeld bei Köln nahmen die eucharistische Anbetung dankbar an und hatten anscheinend keine Probleme mit dieser Tradition. Auch einige Bischöfe, die sich ebenfalls kritisch über den Einsatz der Anbetung bei den Weltjugendtagen geäußert hatten, waren davon überrascht, wie wohltuend die Atmosphäre dieses Abends war. Mit der Botschaft, dass die Anbetung nichts Reaktionäres oder Antimodernes sei, kehrten sie in ihre Diözesen zurück. Manchmal sind die realen Ereignisse bessere Argumente, als ein bloßer Wille des Chefs, dem man sich beugen muss.

Bescheidenheit und Prinzipientreue

Papst Benedikt scheint zwei Charaktereigenschaften aufzuweisen, die seine positive Wirkung in der Öffentlichkeit erklären: Bescheidenheit und Prinzipientreue. Selbst der einst erklärt papstkritische *Spiegel* gesteht dies Joseph Ratzinger zu. Und dabei lobt ihn das Magazin auch noch dafür, dass er sich nicht von der Modernität abwendet. »Es ist damit ein Ärgernis für viele, die Prinzipienfestigkeit als unmodernes Ärgernis sehen, und die ihn deshalb Gottes Rottweiler nannten. Der Heilige Geist hat sich da tatsächlich eine mächtige Pointe geleistet, den Papst ausgerechnet bei denen zu rekrutieren, die ihn am nötigsten haben: bei den Deutschen. Das Drama der Modernität begann schließlich in Deutschland, und es sind die Deutschen, die es am weitesten umgesetzt haben.«

Die Kardinäle haben Joseph Ratzinger gerade wegen seiner Prinzipienfestigkeit gewählt – und wegen seines Vermögens, die Festigung des Glaubens im Zusammenspiel der Religionen nicht mit Feuer und Schwert, sondern mit Geist und Ratio voranzutreiben. Dass er dabei nicht als machthungriger, über alles erhabener Diktator auftritt, verschafft seinem Vorhaben zusätzliche Durchschlagkraft. Sein bescheidender und verbindlicher Stil, den die Kardinäle besser kannten als jeder Journalist oder Fernsehkommentator, war ein entscheidendes Argument für die Wahl Ratzingers. Man kannte eben nicht nur seinen Intellekt und seine gesunde Frömmigkeit, sondern auch die Klarheit und Standhaftigkeit im Glauben, die er in ruhiger Weise begründen konnte und anderen nicht diktierte. Jemand, der seinen Standpunkt begründet, macht sich frei von der Überheblichkeit des Diktats. Auch das ist eine gewisse Form der Bescheidenheit.

Ruhe, Zurückhaltung und Bescheidenheit kann man dem Papst demnach bescheinigen. Aber auch Nüchternheit. Auf manche wirkt er kühl und weltfremd. Ich muss zugegeben, dass ich ihn seit der ersten Begegnung im Jahr 1991 zwar mild und still auf der einen Seite, aber auch ein wenig kühl und nüchtern auf der anderen Seite erlebt habe. Und in diesem etwas zwiespältigen Gefühl fand ich mich auch in den Tagen nach der Papstwahl wieder. Ich war noch in Rom geblieben, um ein Buch fertig zu stellen und täglich für *Phoenix* zu berichten. Bis zur Amtseinführung am 24. April 2005 wollte ich bleiben. Am Ende des Buches schrieb ich dann: »Wir werden uns noch alle wundern. Und Wunder gehören

Benedikt XVI. ist kein Mann der großen Gesten. Dennoch hat er sie sehr schnell gelernt. Manchmal wirkt er dabei sehr gelöst.

bekanntlich zur katholischen Kirche.« Ich war mir sicher, mit dieser Zukunftsvision recht zu behalten.

Aber bereits in den Tagen nach der Wahl mischte sich in diese optimistische Stimmung ein kleiner Wermutstropfen. Ich versuchte, das

Bild, das ich von Joseph Ratzinger hatte, auf das Pontifikat »hochzurechnen«. Dabei wurde mir etwas flau in der Magengegend. Es waren weniger die Äußerungen der Presse, die mir im Hinterkopf herumschwirrten. Vielmehr bereitete mir mein eigenes Gefühl leichtes Unwohlsein. Ich sah einen Papst, der sehr viel stiller sein würde als sein Vorgänger. Stiller und zurückgezogener. Einen Pontifex, der sich womöglich weniger um die Belange des Vatikans kümmern wird. Einen Herrscher, der per Dekret regieren wird. Obwohl Benedikt Beratungen mit den Bischöfen angekündigt hatte, konnte ich mir nicht wirklich vorstellen, dass gerade der Cheftheologe in theologischen Fragen Beratungsbedarf verspüren würde. Vielleicht würde er insgeheim weiter seinen alten Job als oberster Glaubenswächter betreiben. Wer könnte es ihm verdenken? Schließlich hatte er sich in mehr als zwanzig Jahren an diese Arbeit gewöhnt.

Ich hatte auch Sorge, dass er von den Stürmen der Anfragen überfordert sein könnte. Dass ihn das ewige Gezerre am Soutanensaum – dieses oder jenes zu tun, diesen oder jenen zu empfangen – irgendwann so nerven könnte, dass er bald nur noch gereizt reagieren würde. Mir war berichtet worden, dass der Kardinal Ratzinger nicht jeden Tag die beste Laune habe. Das sei der Öffentlichkeit bislang zumeist verborgen geblieben. Nun würde er sehr viel mehr im Lichte des Lebens stehen, und ein schlechtgelaunter Pontifex kommt bei den Menschen sicher nicht gut an. Bis kurz vor dem Tod von Johannes Paul II. war relativ viel Bewegung im Vatikan, denn der Pole war agil und hatte sein Personal immer auf Trab gehalten. Das galt zumindest für den Papstpalast, denn so viele Audienzgruppen wie unter Papa Wojtyla hatten die heiligen Hallen noch nie zuvor gesehen. Das würde es bei einem als öffentlichkeitsscheu geltenden Joseph Ratzinger nicht mehr geben, dachte ich in den ersten Tagen.

Schnell schien sich dieser Eindruck zu bestätigen, denn wenige Tage nach der Wahl sickerte durch, dass Benedikt XVI. den Brauch, Gäste zur morgendlichen Messe in der Privatkapelle einzuladen, abgeschafft habe. Im Vatikan wertete man das als ein schlechtes Zeichen. Schließlich war es selbst für manche Vatikaner eine Gelegenheit, den Heiligen Vater sprechen zu können – wenn auch nur kurz. Ein Prälat sagte mir, dass jetzt die deutsche Kühle über den Vatikan kommen würde.

Bis zum Tod des alten Papstes hatten der Vatikan und im Speziellen der Papstpalast für mich immer etwas Warmes, Glänzendes und Geheimnisvolles dargestellt. Selbst als Johannes Paul II. schon sehr krank war und eine gewisse Lethargie über der kleinen Stadt des Papstes lag, hatte der Vatikan noch diese Ausstrahlung. Sollte das nun ganz anders werden, fragte ich mich. Nüchterner und kühler? Benedikt XVI. war für mich zudem ein Papst, den ich sozusagen bereits als »normalen« Menschen kannte. Sein Papsttum hatte für mich vielleicht schon deshalb an heiliger Ausstrahlung verloren, bevor er es überhaupt richtig ausfüllen konnte? Die Wahl von Albino Luciano zu Johannes Paul I. und die von Karol Wojtyla zu Johannes Paul II. umgab noch etwas Mystisches. Auch wenn ich als kleiner Junge Kardinal Wojtyla in Erfurt bereits erlebt hatte, so behielt er dennoch die Aura des Fremden und damit des Entrückten, als er dann auf dem gloriosen Heiligen Stuhl saß.

Kardinal Ratzinger hatte ich bei verschiedenen Gelegenheiten erleben können. Er kam aus einem Leben, das ich selbst von meinen Aufenthalten in Rom kannte. Und nun war er Papst. Bei einem Termin im Oktober 2004 wirkte der Kardinal sehr galant und fast sportlich, als er auf dem roten Sofa seines Empfangszimmers in der Glaubenskongregation saß. Bereits damals hatte ich darüber nachgedacht, dass Ratzinger zu den »Papabili« zählte – seine Chancen, zum Papst gewählt zu werden, gut standen. Damals konnte ich mir den Mann in der schwarzen Soutane und dem roten Pileolus nicht in der weißen Kluft des Pontifex vorstellen. Irgendetwas in meinem Gehirn schien sich zu weigern. Möglich war es mir hingegen, beispielsweise den Lateinamerikaner Geraldo Majella Agnelo in das Ornat eines Papstes hineinzudenken. Der Brasilianer wäre wiederum wie aus dem Nichts gekommen und hätte damit diese mystische Aura erfüllen können. Das spielte sicher eine entscheidende Rolle in meinem Empfinden.

Generaldirektor statt »Papa«?

Die ersten Auftritte absolvierte Benedikt wesentlich glanzvoller und agiler, als ich erwartet hatte. Die weiße Soutane stand ihm sehr gut – auch wenn das Bild noch fremd war. Aber wer war Benedikt nun, den viele als Kardinal so anders beurteilt haben? Im Vatikan konnte ich zunächst keine klaren Meinungen über Benedikt XVI. in Erfahrung bringen. Kaum jemand wollte sich deutlich äußern. Bis ich auf Don Sergio, einen Geistlichen aus der Kurie, stieß. Er war bereit, mich zu treffen, allerdings nicht im unmittelbaren Dunstkreis der Vatikanstadt, nicht am Borgo und nicht in den üblichen Trattorien, die von den anderen vatikanischen Bischöfen, Kardinälen oder Prälaten frequentiert werden. Die Tische stehen dort so dicht beieinander, dass selbst uninteressierte Ohren das eine oder andere Wort aufschnappen.

Don Sergio bestellte mich deshalb in eine Bar im Straßengewirr hinter dem Justizpalast. Dort wollte er mir nun ein Stimmungsbild aus dem Vatikan geben. Es dauerte eine Weile, bis ich diese Bar gefunden hatte – und noch sehr viel länger, bis Don Sergio endlich kam. Nervös setzte er sich zu mir an einen kleinen Tisch beim Fenster. Die Bar war modern eingerichtet und von vielen Jugendlichen bevölkert. Der Geistliche in schwarzer Priesterkluft passte nicht zu dem gebürsteten Metall, den Lichteffekten und den modisch gekleideten Menschen. Er bestellte Prosecco mit Aperol. Diese Kombination kannte ich aus Frankfurter Lokalen, und wunderte mich, welch einen zeitgenössischen Trinkgeschmack dieser Mann – mit über 50 Jahren – hat.

Er kam schnell zur Sache, und was er sagte, wirkte etwas vorbereitet: »Im Vatikan sind viele enttäuscht. Johannes Paul war für uns wie ein Vater. Er war immer präsent. In den letzten Jahren wurde er zwar fast eifersüchtig von seinem Sekretär abgeschirmt, aber das warme Vaterherz der Kirche und des Vatikans schlug da oben im Palast.«

Don Sergio holte kurz Luft und fuhr dann fort: »Benedikt ist sehr fern. Er schottet sich ab und kommuniziert wenig«, klagte er. »Keiner weiß so richtig, wo es langgeht und wie alles in Zukunft funktionieren soll.«

Ich fragte, was das genau bedeutete.

»Wir wissen nicht, ob er eine richtige Reform macht oder nicht. Kein Job ist mehr sicher. Die Entscheidungen dauern, und das Abwarten macht mürbe. Das erzeugt keine gute Stimmung. Es gibt zu wenige Informationen, aus denen man ablesen könnte, wohin das Schiff der Kirche und die Geschicke des Vatikans gelenkt werden. Benedikt ist sicher ein brillanter Theologe und ein absolut kluger Kopf, doch wir vermissen das Herz. Auch wenn er draußen die Leute umarmt und Kinder küsst, wenn er die Papst-Show macht – es fehlt etwas.«

»Und Johannes Paul hatte das?«

Don Sergio brachte es auf den Punkt: »Giovanni Paolo war für uns im Vatikan wie ein Vater. Benedotto ist wie ein Generaldirektor. Typisch deutsch und kalt.«

Diese Bemerkung saß. Ich genehmigte mir einen Schluck aus

dem dickwandigen Glas. Don Sergio muss mein Erstaunen über diese starken Worte bemerkt haben. »Ich will die Deutschen nicht über einen Kamm scheren«, entschuldigte er sich. Aber Joseph Ratzinger sei eben besonders deutsch und kühl – jedenfalls kein »Papa«.

»Haben Sie sich dann nicht über die erste Enzyklika gewundert?« Benedikt hatte sich in seinem ersten öffentlichen Text für alle überraschend mit der Liebe beschäftigte.

Don Sergio räumte ein, dass es die Vorurteile entkräftet hätte. »Aber ich habe jetzt nicht über Vorurteile geredet, sondern darüber, wie man den Santo Padre jetzt in der Kirchenzentrale wahrnimmt.«

Sollte es tatsächlich eine solche Diskrepanz zwischen der inneren und der äußeren Wahrnehmung geben? Waren die Personalentscheidungen, die gelegentlich unorthodox ausfielen, Schuld an dieser Binnensicht? Oder das zögerliche Umgestalten des Personalkarussells. Oder war es tatsächlich die persönliche Ausstrahlung Benedikts, die man von außen weniger wahrnehmen konnte als von innen?

Das hätte sicher etwas mit der undurchsichtigen Personalpolitik zu tun, stimmte Don Sergio zu. »Aber auch damit, dass er sich lieber mit den Regierenden anderer Länder beschäftigt als mit seinen eigenen Leuten. Selbst als Bischof hat man kaum noch Zugang zum Heiligen Vater.« Es wirkte für Don Sergio so, als bräuchte der Papst nur sich selbst und vielleicht zwei oder drei Vertraute, während die Restlichen machen können, was sie wollen. »Die große Politik spielt sich beim Papst ab. Alles andere ist nicht so wichtig«, fasste der Geistliche zusammen.

Damit spielte er auf einen gewissen Europa-Zentrismus des Papstes an. Die Lateinamerikaner und Afrikaner hätten Sorge, dass sie wieder weniger beachtet würden. »Benedikts Konzentration gilt hauptsächlich der europäischen und vielleicht noch der asiatischen Welt«, sagte Don Sergio.

»Aber er wird doch 2007 zur Celam, der gesamtsüdamerikanischen Bischofskonferenz, fahren«, entgegnete ich, denn ich war nicht der Meinung, dass Benedikt Afrika und Amerika aus dem Blick verlieren würde.

»Da muss er auch hinfahren!«, rief Don Sergio. »Wenn er da nicht hingeht, macht er einen riesigen Fehler. Dort sitzen die meisten Katholiken, und die haben auch einige Probleme.«

Die angebliche Kühle des neuen Papstes ließ mich nicht in Ruhe, und ich hakte nach. Der Monsignore gab zu, dass das sicher nicht alle so empfinden würden wie er. Womöglich sei dies sogar nur eine kleinere Gruppe. Allerdings sei der Rest der völlig uninteressierten Kollegen demnach entsprechend groß.

Don Sergio verabschiedete sich zügig. Mit einem Schulterzucken quittierte er seine eigenen Ausführungen, als wolle er damit sagen: Was soll man machen? Es ist so, wie es ist, aber eben anders als vorher.

Nach dem Gespräch schlenderte ich über die Piazza del Risorgimento nahe den Vatikanischen Museen. Ich verstand, was Don Sergio mir mitteilen wollte, doch es stimmte mich traurig. Was könnte man dagegen tun, fragte ich mich? Wahrscheinlich nichts, denn man kann von keinem Menschen Herzlichkeit verlangen, wenn derjenige charakterlich eher nüchterner strukturiert ist. Wärme kann man nicht erzwingen. Vielleicht kann man sich auf die Suche begeben. Um die Wärme vielleicht an einer anderen Stelle zu finden. Ein Prälat aus dem Staatssekretariat hatte noch ein paar Tage zuvor mit den leuchtenden Augen eines Kindes von Benedikt als Papst geschwärmt. In den höchsten Tönen lobte er den Pontifix, weil er der beste Nachfolger eines großen Papstes sei.

Aber ich war noch immer berührt von der Deutlichkeit Don Sergios. Er hatte zwar nur mit seiner Stimme gesprochen. Allerdings waren mir ähnliche Äußerungen bekannt, auch wenn sie nicht so ausdrücklich formuliert waren. Doch meine eigenen Gedanken und Befürchtungen taten ein Übriges. Ist Benedikt eher der Papst für eine Welt, in der sich Religionen und Kulturen begegnen? Und in der sie danach suchen, wie sie besser miteinander leben können, um der Säkularisation entgegenzuwirken, um der Gottlosigkeit eine Reform entgegenzusetzen? Jürgen Habermas sagte in einem Interview gegenüber der Tageszeitung *Die Welt*: »Andersgläubige oder säkulare Bürger müssen nicht kühl auf den neuen Papst reagieren.« Zwar gebe es Tendenzen für eine Entchristianisierung Europas, aber »an dem neuen Papst würde es mit Sicherheit nicht liegen.« Seinen eigenen Namensbezug zum Heiligen Benedikt von Nursia könne man als Hinweis sehen, dass der Papst »selbst mit einer solchen Möglichkeit rechnet und die Kirche für eine Situation wetterfest machen will, in der die Christen zu einer Minderheit schrumpfen«. Schlug Benedikts Herz eher für dieses Thema, als für die vatikanischen Belange?

Vielleicht muss man die Gegensätze einfach aushalten. Und vielleicht liegt kein tiefer Graben zwischen der bescheidenen Art des Santo Padre und seiner nüchternen Wirkung, sondern eher ein fließender Übergang. Benedikt ist nun mal ein stiller und zurückhaltender Mensch. Dass diese Eigenschaften manchmal auch als kühl wahrgenommen werden, ist nachvollzichbar. Allerdings klingt die Aussage, dass dem Vatikan der »Papa« verloren gegangen sei, fast schon tragisch. Man weiß nicht, ob es nur der Vergleich zwischen dem Vorgänger und dem Nachfolger ist – oder ob es ein Bild ist, das sich im Laufe der Zeit harmonisieren wird.

Angst vor der großen Reform

Wenn sich das Personalkarussell dreht

Als ich vor kurzem in Berlin war, hatte ich noch genügend Zeit, um einen ausführlichen Spaziergang im Regierungsviertel zu machen, und habe dabei eine unglaubliche Menge an Gebäuden gesehen. Ganze Fluchten von Beton, Sandstein und Glas. Sicher habe ich neben dem Kanzleramt, den Parlamentsbauten und einigen Ministerien nur die Hälfte der Abteilungen erfassen können. Einige Ministerien sind über das Stadtgebiet verstreut. Wenn ich im Vergleich dazu auf den Papstpalast sehe und die burgartige Pracht einmal vernachlässige, dann wirkt die Residenz der Kirchenregierung schon recht klein. Gut, ich weiß, dass in Rom noch ein paar mehr Palazzi Dikasterien, Ämter und Räte der Kurie beherbergen, aber ganz so viele und große Gebäude wie bei einer normalen Staatsregierung sind es nun wirklich nicht.

Der päpstliche Apparat umfasst neun Kongregationen, zwölf päpstliche Räte, drei Büros, 25 Kommissionen und Komitees, drei Gerichtshöfe, das Governatorato als Regierung der Vatikanstadt, eine Bank – es sind genau genommen sogar zwei Banken –, ein Fernsehsender, eine Radiostation, einen Zeitungsverlag und noch so mancherlei. Und in all den Abteilungen arbeiten etwa 4500 Menschen. Das sind ungefähr so viele wie in der Zentrale des ZDF auf dem Mainzer Lerchenberg, die freien Mitarbeiter nicht mitgerechnet. Das ist ziemlich wenig, wenn man sich ein paar andere Zahlen vergegenwärtigt: Es gibt etwa 1,3 Milliarden Katholiken in allen Teilen der Erde, mehr als 100 000 Priester und Ordensleute, etwa 4200 Bischöfe und mehr als 180 Kardinäle. Das ist eine schwer vorstellbare Dimension. Am vatikanischen Segreteria del Stato kann man die Effektivität des Apparates noch viel deutlicher darstellen: Das mächtige Staatssekretariat hat einen überraschend kleinen Mitarbeiterstab. Unter der Führung von Kardinal Bertone arbeiten in der Sektion 1 für allgemeine, also innere Angelegenheiten neunzig Priester und zwölf Ordensschwestern. Und in der Sektion 2, der diplomatischen Abteilung, arbeiten gerade mal dreißig Menschen. Das alles ist quasi das Bundeskanzleramt und das Außenministerium zusammen. In Berlin arbeiten da bestimmt fünfzig Mal so viele Leute. Gut, der Vollständigkeit halber müssen der Stab des Zeremonienmeisters, die Leute, die in der Präfektur des päpstlichen Hauses arbeiten und noch so einige andere dazugezählt werden. Aber das ändert nichts an der Tatsache, dass ein unglaublich kleiner Apparat die Geschicke der Weltkirche lenkt. Aber wie kann eine so winzige Verwaltung so effektiv funktionieren?

Das Staatssekretariat gilt als die arbeitsamste Abteilung in der Kurie. Nicht alle Sektionen funktionieren so gut. Berühmt wurde in diesem Zusammenhang ein Kommentar Papst Johannes XXIII. Ein Journalist hatte ihn seinerzeit danach gefragt, wie viele Menschen im Vatikan arbeiteten. Johannes, der für seine Schlagfertigkeit bekannt war, sagte: »Ich schätze, knapp die Hälfte.« Es ist leider Realität, dass im Vatikan nicht nur die fähigsten Leute arbeiten. Aus aller Welt werden Geistliche in den Vatikan geschickt oder empfohlen. Manche bekommen den heißbegehrten Job in einer der Abteilungen der Kurie vor allem, weil sie jemanden kennen. Viele der Priester, die hier arbeiten, haben an einer der päpstlichen Universitäten Roms Theologie studiert und in einem der päpstlichen Kollegien gewohnt. In dieser Zeit betreiben viele Seminaristen sehr intensiv den Aufbau eines Netzwerkes. Die Zugehörigkeiten zu Gruppen und Seilschaften sind wie Hauptgewinne, denn sie gelten in der Regel als Eintrittskarten in den Vatikan. Meist sitzt irgendein Kardinal mit im Netzwerk, und der verfügt über genügend Macht und Einfluss, jemanden in einer Kurienabteilung unterzubringen.

Dann sind da noch jene, die von ihren Bischöfen nach Rom geschickt werden. Auch hier gilt nicht immer das Prinzip der Befähigung, das jemanden berechtigt, in der Kirchenzentrale Dienst zu tun. Manchmal möchte der entsprechende Bischof eine bestimmte Person aus seinem direkten Umfeld entfernen. Eine Variante dafür ist, ihn nach Rom wegzuloben, wenn man ihn nicht so einfach in eine kleine Pfarrei versetzen kann. Dort angekommen, sind diese Personen in ihrer Arbeit nicht selten wenig motiviert und effektiv. Es ist die gleiche Realität, die man in allen staatlichen Verwaltungsapparaten finden kann – auch in Deutschland. Eine wirkliche Karriere kann man nur machen, wenn man einen Vatikaner kennt, der schützend seine Hände über einen ausbreitet. Da kann man so begabt und fleißig sein, wie man nur will – man hat nur geringe Chancen auf ein schönes Berufsalltagsleben, wenn da nicht diese helfenden Hände sind.

Priester, die auf die Academia geschickt werden und dort ihre dreijährige, äußerst harte Ausbildung zum Diplomaten des Heiligen Stuhls machen, haben die größten Chancen, eine steile Karriere hinzulegen. Diese Monsignori finden sich meistens zu Beginn ihres Berufslebens im Staatssekretariat wieder. Das ist sicher ein wichtiger Grund für die Effektivität dieser zentralen Abteilung. Dann werden sie in die Welt hinausgeschickt, um den

Kirchenstaat als Nuntius oder Legat in den Ländern zu vertreten, zu denen der Vatikan diplomatische Beziehungen unterhält. Manche der Diplomaten kehren irgendwann in die Zentrale nach Rom zurück, steigen weiter auf und bekleiden diesen oder jenen Leitungsjob. Andere werden Bischöfe in den Diözesen ihres Heimatlandes.

Also alles in allem ist die Verwaltung des Vatikans und der Weltkirche nicht so aufgeblasen wie die Regierungsapparate anderer Staaten. Und dennoch sehen viele Änderungsbedarf. Eine Kurienreform muss her, hört man immer wieder.

Das Flüstern am Borgo Pio

In Rom traf ich einen Monsignore, um über dieses Thema zu sprechen. Wir hatten uns zum Abendessen in einer Pizzeria am östlichen Ende des Borgo Pio, einer kleinen Parallelstraße zur Via della Conciliazione, verabredet. Dort waren selten Vatikaner anzutreffen, also fühlte er sich sicher genug, um offen mit mir zu reden. Allerdings sah er sich während des Essens gelegentlich um und suchte nach bekannten Gesichtern. Zu Beginn unseres Treffens zierte er sich noch etwas, direkt zum Thema zu kommen, als wolle er sich selbst noch Mut einreden, bevor er mit unglaublichen Informationen über den Tisch kommen würde.

Er nahm einen großen Schluck aus seinem Weinglas und fragte mich, ob ich denn meinen würde, es bedürfe einer dringenden Kurienreform. Da sah ich ihn etwas erstaunt an. Sicher habe ich eine Meinung dazu, aber letzten Endes ist es nicht mein Problem, ob an der Kurie alles so weiterläuft wie bisher oder die große Aufräumaktion eingeläutet wird.

Ich stellte eine Gegenfrage: »Glauben Sie, Papst Benedikt wäre für eine solche Reform stark genug?«

Nun musste der Monsignore schmunzeln. Er hatte verstanden, dass ich die Fragen stellen wollte.

Als er nicht antwortete, versuchte ich es mit einer Mutmaßung: »Benedetto ist sicher nicht derjenige, der den eisernen Besen aus dem Schrank holt. Er macht das unaufgeregt und in kleinen Dosen. Ich denke, er weiß, wie die Kurie tickt. Schließlich kennt er sie seit mehr als zwanzig Jahren.«

»Aber er ist nicht stark genug, um mal richtig aufzuräumen«, belehrte mich mein Gesprächspartner plötzlich. Ich dachte darüber nach, ob man von einem Deutschen auf dem Stuhl Petri eine gewisse typische Geradlinigkeit, bürokratische Strenge und Ordnungsliebe automatisch erwartete. »Aber er muss etwas tun«, schob er nach.

Die Pizzen kamen auf den Tisch, und der Monsignore redete sich nun warm. Mit jedem Bissen sprudelte er mehr Ideen und Gedanken hervor. Einige Abteilungen könnten zusammengelegt werden, meinte er. Die Steuerung der Priesterausbildung müsse in die Kleruskongregation eingegliedert werden, begann er seine Reformpunkte. Denn dort gehöre sie auch hin. Bisher ist sie der Kongregation für das katholische Bildungswesen unterstellt. Das macht Sinn, dachte ich.

Und es könnten auch ein paar andere Abteilungen zusammengelegt werden, fuhr er fort. Der Rat für die Kommunikation etwa könnte sogar abgeschafft werden. Oh, da war er aber bei mir an der falschen Adresse gelandet, denn ich kenne die dortigen Mitarbeiter gut. Der Kommunikationsrat müsste eher wieder die Funktion erlangen, für die er einst geschaffen wurde, widersprach ich ihm. Nämlich zur Koordination sämtlicher Medieninstrumente des Vatikans einschließlich des Presseamtes. Letzteres hatte in den vergangenen zwei Jahrzehnten ein selbstbewusstes Eigenleben entwickelt. »Die Abteilung muss wieder kampagnenfähig werden«, sagte ich. »Der Papst muss sagen, wo es langgehen soll, und die vatikanischen Medien setzen das Vorhaben gemeinsam um.«

Der Monsignore stimmte mir nachdenklich zu. »Da macht doch jeder, was er will, ob beim Fernsehen, beim Radio oder beim Pressesamt«, sagte er. »Es ist ja schon ein Erfolg, dass Benedetto den Navarro-Valls in den Ruhestand geschickt hatte.«

Der ehemalige Presseamtschef Joaquín Navarro-Valls war über die Jahre des Pontifikats von Johannes Paul II. zu so viel Macht und Einfluss gelangt, dass sein Gebaren und das seiner Abteilung manchmal schon patriarchalische Züge angenommen hatten.

»Er war ein Selbstdarsteller«, rief der Monsignore überraschend impulsiv und sah sich sofort wieder um, ob uns jemand beim Gespräch belauschte. »Der hat gedacht, er ist der Größte. Aber der alte Papst hat es ja auch mit sich machen lassen. Und Dziwisz hat nur mit ihm rumgekungelt ... Aber jetzt ist er weg.« Genüsslich fegte er mit der flachen Hand die verbrannten Krümel der Pizza vom Tisch, als sei es für ihn ein persönlicher Erfolg, dass Navarro-Valls unter dem neuen Papst entmachtet worden war.

»Pater Lombardi hingegen ist ein feiner Mann. Der drängt sich nicht in den Vordergrund.«

Frederico Lombardi ist Jesuit und der Nachfolger von Navarro-Valls. Wird ein Jesuit auf einen hohen Posten berufen, beginnt hinter den Mauern sofort die Gerüchteküche kräftig zu brodeln. Denn ein als liberal geltender Jesuitenpater steht im Spektrum des Personaltableaus an einem Ende, während sich beispielsweise ein Mann von der als konservativ geltenden Personalprälatur Opus Dei am entgegengesetzten Ende befindet. Viele vermuteten deshalb hinter einer solchen Entscheidung sofort ein Programm. Läuft nun nach Johannes Paul, dem nicht ohne Grund eine gewisse Sympathie für das Opus Dei nachgesagt wurde, alles ein bisschen anders? Das heißt, die Elitepatres dürfen wieder ran, um etwas zu retten?

In Deutschland wird das Kürzel hinter dem Namen der Jesuiten »SJ« – »Societas Jesu« – gerne mal mit »schlaue Jungs« übersetzt. Sie hatten in den letzten Jahrzehnten im Vatikan und in der Weltkirche an Einfluss verloren. Jetzt könnte es wieder anders laufen, wenn der Papst dieser Entwicklung Einhalt gebietet. Zumindest hat er Navarro-Valls, einen Opus-Dei-Mann, durch einen Jesuiten ersetzt. Das ist Öl für das Feuer der Gerüchteküche. Und mit seinem neuen Job ist Pater Lombardi SJ nun Chef dreier Abteilungen, nämlich von Radio Vatikan, vom vatikanischen Fernsehen CTV und jetzt eben auch vom Presseamt. Damit verfügt er über relativ viel Macht innerhalb des Rates der sozialen Kommunikation. Deshalb hört man schon überall, dass es sich nur um einen Übergangskandidaten handeln könne – um ihm schon mal vorsorglich das Durchhaltevermögen abzusprechen.

Nur hat Pater Lombardi keinen glatten Start hingelegt. In einem Interview zum Dienstbeginn antwortete er auf die Frage, ob er Pläne habe, die Kooperation zwischen Radio Vatikan, dem Fernsehen und dem Presseamt zu stärken:

»Ich bin noch vollkommen neu in diesem Amt und den damit verbundenen Angelegenheiten. Ich kann noch nicht sagen, dass ich die Arbeit des Presseamts in der Tiefe kenne, und kann somit noch keine neuen Vorschläge einer Zusammenarbeit zwischen dem Presseamt und den anderen kommunizierenden Einrichtungen des Vatikans machen. Ich kenne den Pressedienst ein wenig, wie das alle Journalisten tun, die zu Pressekonferenzen gehen, die ihre Bekanntmachungen und Ankündigungen erhalten und den Pressedienst als Quelle ihrer Arbeit nutzen. Ich habe außerdem ein gutes Verhältnis mit Dr. Navarro-Valls und Vater Ciro Benedettini, dem Vize-Direktor des Presseamts, weil ich oft mit ihnen in

Kontakt stand während der Zeit in der Leitungsfunktion des Radio Vatican.« Nichtsdestotrotz sah er sich in einer momentanen Lehrphase, was das Presseamt angeht.

Sollte man seinen Start in der Öffentlichkeit nicht besser darstellen? Und erst recht, wenn man der Pressechef ist? Aber Lombardi war in all seiner Bescheidenheit immer noch besser als Navarro. Jedenfalls im Moment.

Der Mann im schwarzen Anzug mit dem weißen Priesterkragen mir gegenüber hatte sicher recht. Navarro, so nannten wir ihn immer in der Kurzform, hatte sich selbst zum Sprecher des Papstes erklärt. Und für die Pressewelt vor den Mauern war er dann einfach irgendwann der Pressesprecher des Papstes. Dabei stimmte das so gar nicht. Er war lediglich der Leiter des Pressesaales. Sprecher des Papstes ist nur der Kardinalstaatssekretär und kein anderer. Benedikt hatte bald nach der Ernennung des Presseamtleiters die Verhältnisse auch nach außen hin deutlich klargestellt. Gab es eine Erklärung, dann verkündete sie der ebenfalls neue Kardinalstaatssekretär und nicht ein anderer Mitarbeiter. Das hatte Benedikt schon mal geschafft.

Wenn man der neue Chef ist, muss man nämlich Duftmarken setzen, um seine Macht zu demonstrieren. Daran kommt auch Benedikt nicht vorbei. Die Frage ist nur, wie sanft oder brachial man es gestaltet.

Ein Jahr Schonzeit ist genug

Klar, es hatte ein ganzes Jahr gedauert, bis er den Personalumbau begonnen hatte. Aber vielleicht hat er ganz gut daran getan, alles in Ruhe, mit Bedacht und mit wenig Aufsehen zu betreiben.

Im Vatikan war man damit unzufrieden. Doch nicht etwa, weil man endlich Entscheidungen sehen wollte, sondern weil die meisten ängstlich wie das Kaninchen auf die Schlange gestarrt haben – denn es könnte ja jeden treffen. Also hieß die Devise: ruhig verhalten und abwarten. Nur macht zu langes Abwarten schnell nervös. Und genau diese Nervosität war der Grund für die Unzufriedenheit in den ersten zwölf Monaten des Pontifikats. So warteten einige Kardinäle, die seit Jahren mit der Leitung einer Abteilung der Kurie betraut waren, auf ihre Ablösung. Dieser Akt war für fünf Würdenträger schon längst überfällig, denn sie hatten die Altersgrenze von 75 Jahren bereits weit überschritten. Aber im ersten Jahr wurde lediglich der Nachfolger auf dem Stuhl der Glaubenskongregation mit einem Vertrauten des neuen Pontifex besetzt. Kardinal Levada aus den USA folgte Ratzinger nach als oberster Wächter des rechten Glaubens der katholischen Kirche. Der ehemalige Erzbischof von San Francisco, Kardinal William Joseph Levada, hat zusammen mit Ratzinger den 1992 veröffentlichten neuen Weltkatechismus erarbeitet. Levada war bereits von 1976 bis 1982 in der Glaubenskongregation tätig und ist seit 2000 deren Mitglied.

Und dann war da noch die Personalie des päpstlichen Reisemarschalls. »Ich fand die Entscheidung mit dem Reisemarschall ziemlich gut«, sagte ich zu meinem Gegenüber, der gerade mit den Resten seiner Pizza beschäftigt war.

»Den hat der Papst degradiert«, entgegnete der Monsignore, »weil er Wojtyla zu nahe gestanden hatte.«

Ich wandte ein, dass ich den Bischof kenne und daher genau wüsste, dass es sich keinesfalls um eine Degradierung gehandelt habe.

Der Bischof hatte nämlich zwei Jobs gehabt, und er wurde sehr viel dringender als Generalsekretär des Gouvernatorats gebraucht. Einen Bischof als Reiseplaner des Papstes braucht es wirklich nicht. Deshalb fand ich die Entscheidung des Heiligen Vaters sehr

weise, einen Laien, der ohnehin schon viele Jahre als Stellvertreter des Reisemarschalls gearbeitet hatte, auf diesen Posten zu setzen. Der Monsignore nickte: »Man sagt im Vatikan, er wäre degradiert worden. Vielleicht hätten viele selber gerne den Posten gehabt.«

Sie stehen alle in der Nachfolge Christi und der Apostel. Doch folgen alle Bischöfe ihrem Papst?

Ich bemerkte, dass wir bei einer Personaldiskussion angekommen waren. Dabei wollte ich doch eigentlich über eine Reform der Kurie sprechen. Natürlich würde eine Kurienreform nicht funktionieren, ohne die betroffenen Mitglieder mit im Boot zu haben. Zumindest müsste der Pontifex dazu genügend Vertraute an Bord geholt haben, sodass ein gewisses Eigeninteresse einzelner Personen dem angestrebten Ziel nicht mehr schaden könnte. Theoretisch könnte der Papst alles ganz allein machen und seine Entscheidung per Dekret mitteilen. Wenn man den Vatikan kennt, weiß man, dass eine große Kommission zur Erarbeitung einer Kurienreform eher kontraproduktiv sein könnte. Was würden nämlich diejenigen beitragen wollen, deren eigener Posten in Gefahr sein könnte? Was tun die, die gar kein Interesse an der Unterstützung dieses Projektes von Benedikt XVI. haben? Wie agieren jene, die einem befreundeten Monsignore zu einem neuerlichen Karrieresprung verhelfen wollen, weil sie eventuell in seiner Schuld stehen? Es gibt dergleichen Überlegungen und Unwägbarkeiten reichlich, und sie zeigen, wie kompliziert das Ganze ist. Nicht zu vergessen sind manche Verbundenheiten und Abhängigkeiten, jene Beziehungsverflechtungen, welche oftmals zwingender und stärker sind als der Wille und die Vernunft.

Wenn schon in vielen Details der Teufel schlummert, hat ein Papst dann überhaupt eine realistische Chance, ein Projekt so durchzuziehen, wie er es sich vorgenommen hat? Johannes XXIII. hatte 1962 die Kurie in Aufruhr versetzt, als er ohne Vorankündigung ein Konzil ausgerufen hatte. Das war ein gelungener Coup. Doch hatte er nach dem Überraschungsmoment nicht mit der Agilität mancher Kurienkardinäle gerechnet, die einiges dafür getan haben, um das Projekt entweder an die Wand zu fahren oder es zumindest in ihrem Sinne über die Bühne gehen zu lassen.

Das ist kompliziert und bitter für einen Papst. Denn mit der Annahme der Wahl hat er nicht nur den Fischerring geerbt, sondern ein ganzes System, mit dem er erst einmal leben muss. Übergangspäpste stehen immer im Verdacht, nicht viel verändern zu können, weil wenig Zeit bleibt. Johannes XXIII. galt als Übergangspapst. Allein das hohe Alter dieser Päpste spricht nicht unbedingt für Flexibilität und Tatendrang. Benedikt XVI. wurde ebenfalls von Anfang an als Übergangspapst bezeichnet. Doch könnte man mit dieser Einschätzung auch kräftig daneben liegen. Er ist zwar sicher nicht der große Personalpolitiker, sondern eher der inhaltliche Konstrukteur. Jedoch sind seine bisherigen Personalentscheidungen beachtenswert.

Auch Karrieren unterliegen der Vorsehung

Mein Gesprächspartner schob den leeren Teller von sich und griff nach der Speisekarte. Er schlug die Seite mit den Süßspeisen auf und bemerkte mit einem glucksenden Lachen: »Die Herren im Staatssekretariat sind durch die Ernennung von Kardinal Tarcisio Bertone zum Kardinalstaatssekretär völlig durcheinandergekommen.«

Bertone war zuvor Erzbischof von Genua gewesen, kam also aus der aktiven Seelsorge. Nun war er oberster Diplomat geworden – ohne jemals den Karriereweg durch das Staatssekretariat absolviert zu haben. Das warf alle gängigen Karrierestrategien der Monsignori einfach über den Haufen, was meinen Gesprächspartner offensichtlich amüsierte.

Bei der wichtigsten Personalentscheidung im Vatikan nach dem Papst spielte ebenfalls die Vertrautheit eine entscheidende Rolle. So scheint sich ein gewisses Muster abzuzeichnen: Papa Benedetto umgibt sich mit Menschen, die er schon lange kennt, deren Arbeit er schätzt und deren Loyalität er sich gewiss sein kann. Bundeskanzlerin Merkel dürfte neidisch sein, denn sie musste bei der Besetzung der Ministerstühle einem Verteilungs- und Versorgungsmuster der eigenen Partei Rechnung tragen. Und dann war da ja noch der Koalitionspartner, der ebenfalls seine Interessen hatte. Da hat es ein Papst im Prinzip leichter, denn gegen seine Entscheidungen hilft nichts, auch kein Murren. Aber Murren gehört zum Handwerk – wenn man denn Protest hinter vorgehaltener Hand als handwerkliche Leistung sehen möchte.

Nun dirigiert also der ungelernte Diplomat Kardinal Bertone

die ausgebildeten Diplomaten des vatikanischen Staatssekretariats. Es wird sich zeigen, was passiert, wenn er den ersten Fehler macht. Sicher warten einige Zeitgenossen sehnsüchtig auf einen Fehltritt, um sich mit halböffentlich vorgetragener Kritik selbst in Szene setzen zu können. Und jeder Fehler Bertones wird umgehend auf den Papst zurückfallen, denn der hatte ihn ja geholt. Der Kardinalstaatssekretär ist seit 1984 mit der ständigen Vertretung des Papstes in der weltlichen Leitung des Vatikanstaats beauftragt. Trotzdem er ist *nicht* der Stellvertreter des Papstes. Einen Stellvertreter des Papstes gibt es nämlich nicht. Allerdings liegt die administrative Regierung des Staates, also nach deutschem Verständnis eine Mischung aus Kanzleramt und Wirtschaftsministerium, in den Händen einer päpstlichen Kommission, die aus sieben Kurienkardinälen besteht. Sie wird vom Papst jeweils für fünf Jahre ernannt und ist hauptsächlich für die Finanz- und Haushaltspolitik der Vatikanstadt zuständig. Die Leitung hat der Chef des Governatorato.

Unter dem Kardinalstaatssekretär arbeitet der Substitut, auch Innenminister genannt. Er führt unter anderem die Sektion 1 des Staatssekretariats für allgemeine Angelegenheiten. Wieder darunter steht der Leiter der zweiten Sektion, des »Außenministeriums«. Dort hat der Versetzungsteufel im Jahr 2005 auch zugeschlagen. Man geht davon aus, dass der Kardinalstaatssekretär die Stelle neu besetzt haben wollte. Erzbischof Lajolo wurde von diesem Posten entfernt und zum Präsidenten der päpstlichen Kommission für die Vatikanstadt ernannt. Er ist damit gleichzeitig der Chef im Governatorato, also eine Art Ministerpräsident.

»Das ist aber eine echte Degradierung«, urteilte der Monsignore, der sich so ganz nebenbei für Ananas entschieden hatte. Als Außenminister stand Lajolo faktisch höher im Apparat. »Nun hat er zwar einen netten Job«, erklärte mein Gegenüber, »aber aus der zentralen Kirchenleitung ist er raus.« Jetzt wurde Lajolo, der auch einmal Nuntius in Deutschland war, auf diesen Posten befördert, der sich vielversprechender anhört, als er ist. Böse Zungen behaupten, der Chef im Governatorato sei eigentlich der Oberbürgermeister der Vatikanstadt, denn das Gebiet ist sehr klein, sodass man tatsächlich nur schwerlich von Regierungschef oder Ministerpräsident sprechen kann.

»Aber er bekommt automatisch den Kardinalshut. Da kann er doch zufrieden sein«, sagte der Vatikaner und grinste.

Eine Reform will gut vorbereitet sein

Es interessierte mich inzwischen brennend, was der Monsignore zu einer Kurienreform zu sagen hatte. Papst Benedikt XVI. machte im März 2006 schon einen interessanten Anfang. Er legte die Leitung des Päpstlichen Rates der Seelsorge für Migranten und Reisende und des Päpstlichen Rates für Gerechtigkeit und Frieden, »Iustitia et Pax«, zusammen. Teil zwei war die Neugliederung des Päpstlichen Rates für den interreligiösen Dialog und des Päpstlichen Rates für die Kultur. Mit dieser Maßnahme übernahm Kardinal Paul Poupard, bisher Vorsitzender des Kultur-Rates zugleich die Leitung des Dialog-Rates. Dessen früherer Präsident, Erzbischof Michael Louis Fitzgerald, war in einer ungewöhnlichen und aufsehenerregenden Personalentscheidung im Februar 2006 zum Apostolischen Nuntius in Ägypten und Delegaten bei der Arabischen Liga ernannt worden. Im Vatikan überraschte diese Personalie, denn einen Erzbischof in der Kurienleitung wieder zurück in den Rang eines Nuntius zu setzen, war ein sehr delikater Vorgang, der keinen Zweifel an der unorthodoxen wie deutlichen Entschlossenheit des neuen Santo Padre ließ. Man hörte, dass die Begründung für diese Versetzung die thematische Nähe zum

Islam gewesen sei, dass der Papst Erzbischof Fitzgerald in die Arabische Welt gesandt habe.

Ich fragte den Monsignore, ob das nicht schon der Startschuss gewesen sein könnte.

»Nooo, nooo«, rief er mit langem, sonoren »o«. »Das ist keine Reform, das ist schon längst überfällig gewesen. Diese kleinen Ställe braucht eigentlich kein Mensch. Also hat er sie zusammengelegt.«

»Einige Journalisten sehen darin aber erste Ansätze einer beginnenden Kurienreform«, entgegnete ich. »Und vom Vatikan war dazu offiziell zu lesen, dass diese Zusammenlegungen nur ›vorläufig‹ seien. Das klingt doch nach mehr!«

Der Monsignore faltete seine Hände um den leeren Teller, sodass es aussah, als wolle er ihn umarmen, sah wieder auf und sagte: »Da muss noch viel mehr passieren. Der Papst muss die Leute zum Arbeiten bewegen. Es kann ja nicht sein, dass Bischofsernennungen in der Regel mehr als ein Jahr dauern. Und das ganze überflüssige Personal! Da gibt es Abteilungen, die wissen wahrscheinlich selbst nicht, wofür sie eigentlich da sind.«

»Soll er sie denn einfach so vor die Tür setzen?«, fragte ich etwas provokant.

»Die müssen wieder dahin zurück, wo sie hergekommen sind. Die ganzen Polen zum Beispiel, die Dziwisz hergeholt hatte, die können doch wieder zurückgehen.«

Wir wussten beide, dass man die Beschäftigten in den Ämtern nicht fortschicken konnte. Diese Verträge lassen sich nicht einfach kündigen, weil priesterliche Dienste quasi auf Lebenszeit angelegt sind, ähnlich wie bei verbeamteten Lehrern, und so mancher Steigbügelhalter war noch immer zu einflussreich.

Ich wollte ihn weiter provozieren: »Wie wäre es denn, wenn man allen Mitarbeitern ab einer bestimmten Ebene nur noch

Fünfjahresverträge anbieten würde? Mit der einmaligen Möglichkeit der Verlängerung?«

Der Monsignore holte tief Luft, dass man den Eindruck haben musste, er atmet gleich die weiße Seidengardine mit ein, die am halbgeöffneten Fenster sanft im Wind hing.

»Das geht nicht«, stieß er hervor, »dann bin ich ja meinen Job auch los!« Er lachte laut. »Aber vielleicht wäre es gut, wenn man so ein System einführen würde. Es gäbe dann sicher weniger Sumpf.«

Nach einer langen Pause fuhr er fort: »Nein, die Kurie muss gestrafft werden. Die entscheidenden Abteilungen wissen nicht, wie sie ihre Arbeit bewältigen sollen, und die restlichen Abteilungen wissen nicht, was sie arbeiten sollen.«

Langsam hatte ich ihn dort, wo ich ihn haben wollte: »Und was schlagen Sie vor?«

»Man kann ein paar Abteilungen zusammenlegen und daraus eine Art Sozialministerium und noch ein Kulturministerium schaffen. Ins Sozialministerium müssen der Päpstliche Rat für die Familie, das Cor Unum, der Rat für Migranten und Reisende und den interreligiösen Dialog. Was war da noch?« Der Monsignore dachte kurz nach. »Ach ja, die Krankenpastoral. Der Laienrat könnte gleich noch die Familie schlucken. Und dann kann man die Kulturleute, den Rat für das Bildungswesen und den Kommunikationsrat zusammenfassen in einem Rat für die Kultur. Das wäre doch schon mal sehr praktisch.« Er nickte langsam und schloss dabei bedeutungsvoll die Augen, und es hätte mich nicht gewundert, wenn er noch ein »Amen« angefügt hätte, um sich selbstredend recht zu geben.

Stattdessen rief er nach dem Kellner und bestellte die Rechnung inklusive zweier Averna. Damit gab er mir das Zeichen, dass er dem nichts mehr hinzufügen wollte. Was er gesagt hatte, schien überzeugend. Der Papst war zumindest schon auf halbem Wege. Und ich war mir sicher, dass die Reform tatsächlich noch unterwegs ist und noch lange nicht beendet. Es würde auch auf die nächsten Personalentscheidungen ankommen, denn davon kann man auch bestens die Zielrichtung der Vorstellung Benedikts ablesen, wie die Zukunft der Kurie aussehen könnte.

Das heisse Eisen Zölibat

Zuletzt wäre eine dieser Entscheidungen fast lautlos über die Bühne gegangen, wenn da nicht plötzlich ein kleiner »Betriebsunfall« passiert wäre: Es wird immer viel diskutiert, wenn der Papst einen hohen Posten in der römischen Kurie besetzt. Claudio Kardinal Hummes wurde von Benedikt XVI. zum neuen Präfekten der Kleruskongregation ernannt. Gleichzeitig nahm der Papst den Rücktritt des bisherigen Präfekten Darío Castrillón Hoyos an, den dieser aus Altersgründen eingereicht hatte. Der 76-jährige Kolumbianer leitete die Kleruskongregation seit 1996. Hoyos wird allerdings vorerst weiterhin die Päpstliche Kommission »Ecclesia Dei« leiten, die sich vor allem um die Belange der Alten Messe kümmert. Hummes stammt aus Porto Alegre und war seit 1998 Erzbischof von São Paulo. Normalerweise kommt der Neue irgendwann in Rom an und sitzt dann plötzlich an seinem neuen Schreibtisch. Doch bereits Hummes' Anreise wurde zum großen Medienereignis. Der brasilianische Franziskaner Hummes aus deutschstämmiger Familie hatte noch vor dem Abflug in São Paulo eines der heißesten Themen angerührt: die Zölibatsfrage. In einem Zeitungsinterview erinnerte er daran, dass auch Apostel verheiratet gewesen waren und erst in späteren Jahrhunderten die Pflicht der Ehelosigkeit für katholische Priester eingeführt worden sei. Angesichts des teilweisen Klerusmangels, soll er gesagt haben, dass es an der Zeit sei, gründlich darüber nachzudenken. Daraufhin schrieben die italienischen Medien: »Das Zölibat ist kein Dogma«. Und schon war das Thema auf dem Tisch. Einige Wochen zuvor diskutierte man die Exkommunikation des afrikanischen Erzbischofs Milingo, der eigenmächtig verheiratete Priester zu Bischöfen geweiht hatte. Im November 2006 berief Benedikt XVI. deshalb einige Kurienmitglieder zu einer Sitzung, deren Ergebnis war, dass Wert und Tradition des Zölibats bekräftigt worden waren.

Die angeblichen Äußerungen Hummes waren deshalb delikat, weil der Chef, der für Leben und Disziplin der Priester zuständigen vatikanischen Behörde unmittelbar vor Amtsübernahme dieses Thema anspreche, kommentierte der *Corriere della Sera*. Hummes, der nun als Präfekt der Kleruskongregation für 270 000 Diözesanpriester weltweit zuständig ist, verkündete nach dem Eklat in einer offiziellen Erklärung, die Diskussion über die Ehelosigkeitspflicht für katholische Priester stehe nicht auf der Tagesordnung der Kirchenleitung. Hummes erinnerte in diesem Zusammenhang auch an die Auffassung der Mehrzahl der Teilnehmer an der Weltsynode der Bischöfe im Oktober 2005. Die Bischöfe vertraten die Meinung, dass eine Lockerung des Zölibats keine Lösung für den Priestermangel sei. Die Ursache läge vor allem in der gegenwärtigen säkularisierten Kultur, hieß es. Das zeigte auch die Erfahrung anderer christlicher Konfessionen – also zum Beispiel der Orthodoxen –, bei denen es verheiratete Priester oder Pfarrer gibt.

Mein Gegenüber, der Monsignore, meinte, die Presse habe das dem Papst eingebrockt und nicht Hummes. So zumindest sei keinem die Neubesetzung verborgen geblieben. Zudem holt der Papst mit dem Brasilianer wieder einen Lateinamerikaner in die Kurie. Nachdem man dort etwas enttäuscht darüber war, dass kein Latino auf den Stuhl Petri gewählt wurde, könnte diese Personalie eine kleine Entschädigung und Wertschätzung dieses Kulturkreises darstellen. Schließlich lebt dort ein enorm großer Teil der Katholiken. Hätte er beispielsweise einen Deutschen auf diesen Posten berufen, würde das noch ganz anders diskutiert werden. Die Erfahrungen mit den vielen Polen, die Johannes Paul in den Vatikan geholt hatte, waren immer wieder auf säuerliches Unverständnis gestoßen.

Ist Benedikt stark genug?

Als der Averna kam, prostete ich meinem Pendant zu und sagte: »Auf dass es Benedetto schafft, sich durchzusetzen.«

»Er muss schlau sein und ein guter Stratege«, erwiderte der Monsignore. »Aber ich weiß nicht, ob er ein so guter Stratege ist. Der kümmert sich doch lieber um seine Bücher als um diesen Sumpf. Um einen Sumpf trocken zu legen, braucht man mindestens sieben Jahre. Die Zeit hat er vielleicht. Aber ob er die Kraft dazu hat?«, sinnierte er, schob die Augenbrauen nach oben und runzelte dabei die Stirn.

»Ist der Papst denn zu alt?«

»Er ist alt! Und Punkt.«

Als wir die Pizzeria verlassen wollten, entdeckte er am Tisch hinter dem Windfang ein paar schwarzbefrackte Männer. Er sah mich an, verdrehte die Augen gen Himmel und gab ein leises Stöhnen von sich. Dann zischte er: »Sie sind immer und überall.«

Wir verabschiedeten uns vor der Tür, denn er nahm einen anderen Weg. Ich ging langsam und nachdenklich den Borgo Pio hinauf. Die Häuserzeilen rechts und links der Straße gaben dabei immer wieder den Blick auf den Papstpalast frei. Sollte es für Benedikt wirklich so schwer sein, ein bisschen mehr Ordnung in den Kirchenstaat zu bringen? Natürlich beschäftigt man sich in seinem Alter nicht mehr so gerne mit Personalpolitik oder Umstrukturierungen. Und sicher reichen die unmittelbaren Aufgaben aus, um vollauf beschäftigt zu sein. Außerdem kann ich mir vorstellen, dass er sich über jeden Moment freie Zeit freut, in denen er sich seinen geliebten Büchern und dem Schreiben widmen kann. Andererseits ist er der Papst, und er leitet die Geschicke des Vatikans. Also müsste er auch ein Interesse daran haben, dass alles gut läuft. Er könnte etwa eine kleine operative Abteilung schaffen, die für viele Teile der Kurie die konstruktive Arbeit in seinem Sinne und in direkter Abstimmung mit ihm leistet. Sie wäre besetzt mit einer Handvoll Vertrauter. Ein ähnliches Konstrukt gibt es beispielsweise im Bundeskanzleramt. Dort existieren Abteilungen, die sozusagen als Mini-Ministerien fungieren. Allerdings kam es auch schon zu Rangeleien zwischen einem Minister und dem Kanzler, wenn die Weichenstellungen mal wieder im Kanzleramt erfolgt zu sein schienen – und nicht im eigentlich dafür zuständigen Ministerium. Trotzdem könnte Benedikt dieses Modell auch für den Vatikan übernehmen, denn es hat den eindeutigen Vorteil der hohen Effizienz.

Wer kann ihm etwas raten? Was soll er machen? Oder soll er alles so belassen, wie es ist, und sich für seinen Lebensabend einfach etwas mehr Ruhe gönnen? Mit achtzig Jahren reißt man sicher keine Bäume mehr aus. Aber in diesem Alter hat man eine andere Stärke: Weisheit!

3 Der Pontifex und die Weltkirche

Zwischen Diskretion und Neugier

Benedikt bestimmt die Schlagzeilen

In Rom gibt es seit dem Beginn des Pontifikats von Benedikt XVI. ein Problem. Nicht der Papst selbst hat es, sondern die Journalisten. Es dringt so gut wie gar nichts mehr aus dem 3. Stock des Papstpalastes nach außen. Pardon, man müsste besser sagen: Es dringt fast nichts mehr, was nicht wirklich spruchreif ist, aus dem 3. Stock heraus. Das ärgert jene Journalisten, die Hofberichterstatter oder auch Vaticanista genannt werden.

Unter der Herrschaft von Johannes Paul II. war das anders. Es sickerte immer etwas nach draußen. Damals hatte der Papst oft selbst damit ein Problem. Denn in der Regel waren Informationen viel zu früh auf irgendwelchen Kanälen unterwegs. Oder es waren nur Halbinformationen, die das tatsächliche Bild nicht vollständig transportierten. Die heutigen Medien sind mit der Publikation sehr viel schneller, als manchem lieb ist. Deshalb kam es in der Vergangenheit gelegentlich vor, dass plötzlich auf der ganzen Welt die Nachrichtenticker wie wild ratterten, weil der Papst vermeintlich dieses gesagt hätte oder jenes vorhabe. Aber das gestaltete sich nicht als Problem der Medien. Zur Grundlage konnte und kann natürlich nur jene Information dienen, die dem Nachrichtenmarkt zur Verfügung steht. Eine Redaktion könnte zwar warten, bis die gesamte Version offiziell veröffentlicht wird, aber dann wäre sie schon im Hintertreffen beim Wettkampf der Nachrichten und deren Aktualität.

Wenn der Schaden erst einmal angerichtet ist, hilft auch ein Dementi nicht mehr viel. Man kann nicht mehr darauf hoffen, dass die eigentliche, die ursprüngliche Nachricht noch unvoreingenommen Gehör findet. Denn das Nachrichtengeschäft ist schnelllebig. Die Halbwertzeiten von Themen sind kurz. Also kann die richtige oder vollständige Version ganz leicht im Nirwana verpuffen. Als Kurienkardinal konnte sich der heutige Pontifex dieses Treiben lange Jahre anschauen. Und er musste erleben, wie gewisse Projekte buchstäblich an die Wand fuhren. Wo die undichten Stellen waren und wie die Informationskanäle verlegt waren, hat Joseph Ratzinger vielleicht weniger interessiert. Als Kardinal hatte er hingegen des Öfteren beklagt, dass die Berichterstattung nicht nur kritisch, sondern kirchenfeindlich sei. Benedikt hat vieles beobachtet und daraus seine Lehren gezogen. Deshalb haben die Journalisten jetzt ein Problem. Denn erst dann, wenn es grünes Licht von ganz oben gibt, gehen die News an alle gleichzeitig heraus.

Nicht nur das Eichhörnchen, sondern auch Journalisten ernähren sich mühsam. Nun heißt es, dass man als Journalist die Vorgänge im Vatikan genauestens beobachten muss, um dann daraus seine Schlüsse ziehen. Eine ältere Kollegin im ZDF nannte das immer »Spekulatius«, und meinte damit Spekulation. Man hat noch eine andere Möglichkeit: Eine Nachricht oder eine Story kann auch von Journalisten mutmaßlich in Umlauf gebracht werden und setzt mitunter den Vatikan so unter Druck, dass er reagieren oder dementieren muss. Zu Zeiten von Johannes Paul II. brauchte man nur in einer der meinungsführenden Zeitungen Italiens das Wort »Rücktritt« unterbringen, und das Thema war geboren. Alle anderen schrieben es ab. Wenn es erst einmal viele andere Zeitungen gedruckt hatten, meldeten es auch die Fernsehstationen. Noch effektiver funktionierte dieses Prinzip, als die Äußerung von Kardinalstaatssekretär Sodano kam. Als es Papa Wojtyla Anfang 2005 sehr schlecht ging, vermeldete Angelo Sodano: »Rücktritt ist im Moment kein Thema.« Ob von Sodano bewusst lanciert oder nicht, alle redeten nun vom Rücktritt. Das war für die Journalisten ein gefundenes Fressen.

Doch Benedikt ist sich seiner Rolle ständig bewusst, und er vermeidet es, Stoff zu liefern, der ihm und vor allem der katholischen Kirche schaden könnte. Dennoch schaffte er es im Dezember 2005 auf viele Titelseiten der Weltpresse. Damals war er mit einem eigenwilligen Hut zur Generalaudienz erschienen. Es war in der Woche vor Weihnachten, die angemeldeten Gruppen zur Generalaudienz waren so zahlreich, dass eine Veranstaltung in der großen Audienzhalle unmöglich gewesen wäre. In die Nervi-Halle passen bis zu 15000 Menschen. Seit seiner Wahl im April 2005 pilgerten jedoch immer deutlich mehr Menschen zu den Generalaudienzen am Mittwoch. Man löste das Problem, indem man die Audienzen auf dem Petersplatz abhielt. Eineinhalbstündige Veranstaltungen im Freien sind im Frühling und Sommer noch angenehm. Hingegen im Herbst oder Winter wird es auch dem Papst zu kalt. Obwohl er sich der Witterung entsprechend dick anzog, fror er. Und frieren mag Benedikt XVI. gar nicht. Er fror weniger am Körper, denn da waren unter dem roten Umhang aus Schurwolle einige Schichten an Stoff und an Gestricktem, sondern eher am Kopf. Das kleine weiße Mützchen, das Pileolus, wärmt da nicht viel, auch wenn es innen aus feinstem Ziegenleder und außen aus weißer Moiré-Seide gearbeitet ist. Selbst ein extra für ihn angefertigtes Pileolus mit kurzhaarigem Ziegenfell an der Innenseite hilft nur ein wenig weiter.

Also ließ Benedikt recherchieren: Vielleicht gab es ein paar ältere, wärmere Kopfbedeckungen, die nur lange Zeit nicht genutzt worden und deshalb in Vergessenheit geraten waren. In den großen Schränken der Kleiderkammer des Papstes hinter der Sakristei im Appartamento war zunächst nichts zu finden. Da gab es nur Mitren und kleine weiße Mützchen, aber nichts, was den Kopf und die Ohren so richtig hätte warm halten können. Seine Mitarbeiter wurden dennoch fündig, denn sie erinnerten sich an eine Kopfbedeckung, die Johannes XXIII. gelegentlich getragen hatte. Johannes war mit deutlich weniger Haaren gesegnet als Benedikt. Was sie fanden, heißt Camauro und ist eine dunkelrote samtene Kopfbedeckung mit Hermelinfellfütterung. Man kann den Camauro auf zahlreichen Porträts früherer Päpste erkennen. Seit dem späten Mittelalter war er die übliche Kopfbedeckung der Päpste, wenn sie nicht in Gottesdiensten eine Mitra oder die Tiara trugen. Im 19. Jahrhundert verschwand die heute als originell empfundene Mütze der Päpste fast völlig von der Bildfläche. Es gibt noch einzelne Aufnahmen von Pius X., auf denen er die rote Kappe trägt. Das war Anfang des 20. Jahrhunderts. Nachdem Johannes XXIII. den Camauro wieder palastfähig gemacht hatte, geriet er aber erneut in Vergessenheit.

Heute sieht der Camauro seltsam fremd aus. Wie eine rote Nikolausmütze mit weißem Fellrand, bei der die Spitze abgeschnitten wurde, schrieben die Kollegen. Die *Frankfurter Allgemeine Zeitung* fragte schelmisch: »Ist es der Papst? Oder doch der Weihnachtsmann?« Auch in den *heute*-Nachrichten des ZDF verglich man Benedikt direkt mit dem Weihnachtsmann.

Auf dem Petersplatz brandete spontan Applaus auf, als Papst Benedikt mit dem Camauro erschien. Manche Pilger lachten und

Die Kopfbedeckung, die für Furore sorgte. Der Papst und seine Camauro.

viele tuschelten. Nicht wenige der Monsignori, die um den Baldachin vor dem Petersdom auf die Ankunft des Papamobils warteten, kicherten und schwatzten aufgeregt, denn auch sie waren von der eigenwillig und unfreiwillig komisch wirkenden Kopfbedeckung überrascht. Ich habe von einem Mitarbeiter im Papstpalast gehört, dass Papst Benedikt selber den Vergleich mit einer Weihnachtsmütze heranzog, als er in die erstaunten Gesichter im Damasus-Hof blickte.

Ich war damals mit Sebastian, einem guten Freund, in Rom. Auch wir waren uns nicht sicher, was wir davon halten sollten. Während ich die bullerige Form eigenartig fand, amüsierte sich Sebastian über den witzigen Gesichtsausdruck des Heiligen Vaters. »Der Papst weiß genau, was er da tut«, sagte Sebastian, »und er nimmt es mit einer gewissen fröhlichen Gelassenheit hin.« Sicher hatte Benedikt XVI. nicht mit einem solchen enormen Presseecho gerechnet. Manche Vaticanista schrieben von der grimmigen Kälte Roms, die Anlass gebe zum Tragen einer solchen Kopfbedeckung. Aber einige wollten auch das Gespür des Papstes für Traditionen entdeckt haben. Die Orakler unter den Beobachtern sahen darin ein Zeichen: Papst Johannes XXIII. trug zuletzt eine solche Mütze und wurde sogar mit ihr in den Sarkophag gelegt. Er hatte seinerzeit das Zweite Vatikanische Konzil einberufen. Wollte Benedikt XVI. etwa an diese Tradition anknüpfen? Viele andere nahmen es hingegen nicht so ernst. Aber berichtet wurde trotzdem, denn endlich hatte man mal wieder ein nettes Thema. Schließlich wollten die Heimatredaktionen pressetechnisch gut verwertbaren Stoff. Und der Camauro war exakt dieser Stoff, aus dem die Schlagzeilen auf der ersten Seite gemacht sind.

Prada-Schuhe und coole Sonnenbrille

Die Mozetta, ein roter Schulterüberwurf, der aus den gleichen Materialien gearbeitet war wie der Camauro, hat es in der Presse nicht so weit gebracht. Dafür aber Benedikts rote Schuhe und seine Sonnenbrille. Die italienischen Vatikanexperten wollten nämlich eine neue Seite am Papst entdeckt haben: Er habe einen Faible für Mode. Edles Schuhwerk der Modemarke *Prada* und robuste Outdoor-Schuhe von *Geox* wurden an den Füßen des Papstes beobachtet. Der Chef von *Geox* hatte ein paar braune Sportschuhe in den Vatikan schicken lassen, weil er wusste, dass der neue Papst gern in den Bergen wandert. Als Benedikt bei seinem ersten Ausflug ins Val d'Aosta genau diese Schuhe trug und Fernsehbilder und Pressefotos diese zeigten, hatte der Firmenchef Polegato sein Ziel erreicht und zeigte sich sehr zufrieden.

Das US-Wirtschaftsblatt *Wallstreet Journal* vermutete gar Product-Placement, traute dem Papst allerdings keine bewusste

Werbung für irgendeinen Ausrüster oder ein Modehaus zu. Einen gewissen Werbeeffekt kann man allerdings nicht in Abrede stellen. Millionen Menschen verfolgen am Fernsehen und in der Zeitung jeden öffentlichen Schritt des Heiligen Vaters. Bei diesen Gelegenheiten fallen eben auch so zweitrangige Dinge wie Schuhe auf. Zumal wenn sie rot sind und unter dem weißen Ornat hervorleuchten. Auch mir sind die außergewöhnlichen Schuhe unter der weißen Soutane aufgefallen. Von Johannes Paul waren wir nur rotbraune, gedecktere Schuhe gewöhnt. Ob Benedikt diese Farbe selbst gewählt hatte oder ob sie ihm nur von den Zeremoniaren bereitgestellt wurden, konnte ich bisher nicht in Erfahrung bringen. Da Benedikt auch weiterhin die knallroten Slipper trägt, kann man daraus schließen, dass sie vielleicht seinem persönlichen Geschmack entsprechen und er sich durch Pressemeldungen nicht beeinflussen lässt.

Einmal hatte ich die Gelegenheit, in einen der verborgenen Räume im Vatikan zu gelangen, die normalen Besuchern gewöhnlich verschlossen bleiben. Hinter der Sixtinischen Kapelle liegen ein paar kleinere Kammern, die wie ein Labyrinth verwinkelt sind. Man muss zunächst den »Saal der Tränen« durchschreiten. Von diesem Raum führt eine unauffällige Tür in ein hellgelb gestrichenes Zimmer mit weißem Stuck. Dort stehen einige Schränke mit Glastüren, also eher Vitrinen. In den Schränken hingen alte Papstgewänder, weiße Soutanen, reichlich verzierte Chormäntel mit Kapuzen, verschiedene Schärpen, Mitren und bestickte Pantoffeln in allen Farben – allerhand Insignien also.

Ein paar der alten Gewänder waren reichlich ramponiert, aber im Laufe der Zeit wieder restauriert worden. Da hingen Soutanen von Papst Pius XII. bis zu Paul VI. Im Raum verteilt standen weitere Kunstgegenstände, die anscheinend verstorbenen Petrusnachfolgern gehörten. Es mutete an wie in einem kleinen Museum.

Dort war auch ein schmaler Tisch, etwa 50 mal 100 Zentimeter groß, bezogen mit rotem Samt und gefasst mit einer goldenen Bordüre. Auf dem Tisch befanden sich eine große rote Schreibunterlage, ein gläserner Stiftständer mit Füllhalter, ein Namensschild, das wie ein kleiner aufstellbarer Bilderrahmen aussah, zwei in Papier gefasste Rollen und zwei Mützchen – eines aus weißer Seide und eines aus roter. Es handelte es sich um zwei Exemplare eines »Pileolus«. Das ist die Verkleinerungsform des lateinischen »Pileus« und heißt so viel wie Hut, Kappe, Mütze. Der Tisch war ein historischer Konklavetisch aus der Sixtinischen Kapelle. In der Schreibmappe aus rotem Leder lag ein vergilbter Wahlzettel mit den aufgedruckten Worten »Eligo in summum pontificem ...«, und mit einem Feld, in das der Name des Kandidaten geschrieben werden sollte. In den seltsamen Rollen waren die chemischen Zusätze, die beim Verbrennen der Wahlzettel für den schwarzen oder weißen Rauch sorgen sollten. Ein kleiner Kreis in schwarz oder weiß auf der Verpackung verriet den Inhalt.

Doch sehr viel bunter war die Auswahl der Schuhe der Päpste, die sich auf den Glasböden nebeneinander aufreihten. Die Sammlung schien weit zurückzureichen, denn die Exemplare in den Glasschränken waren nicht nur abgenutzt, sondern teilweise bereits farblich verblasst. Trotzdem war ich von der Farbenvielfalt beeindruckt. Die Palette reichte von verschiedenen Grün- und Rottönen über Violett und Blau bis hin zu Silber und Gold. Es waren ja nicht nur die Farben allein, die die Angelegenheit sehr illuster machten, sondern auch die Formenvielfalt. Die Stickereien und Applikationen aus edlen Materialien erinnerten an das prächtige Schuhwerk von Elton John oder an Produkte aus dem Hause Versace. Manche Frau mit einem besonderen Modegeschmack wäre blass geworden, wenn sie die erlesenen Pantoffeln für die pontifikalen Füße hätte sehen können. Und jede Moderedakteurin würde vor Entzücken hüpfen, wenn sie diese fast schon wieder modern wirkenden Kleinodien zu Gesicht bekäme. Ob sich Benedikt hier seine Inspirationen geholt hat?

Sonnenbrillen hingegen gehören definitiv nicht zur päpstlichen Ausstattung. Bei diesem Accessoire muss auch ein Pontifex auf die handelsüblichen Modelle zurückgreifen. So geschehen gleich zu Beginn des Pontifikats, als sich Benedikt im offenen schwarzen Landaulet vor der stark blendenden Sommersonne schützte. Was er trug, war höchst modern und eine Insider-Marke: *Serengeti-Bushnell*. Spätestens als er mit einer weißen, thermogefütterten Adidas-Mütze im winterlichen Aosta-Tal gesichtet wurde, stand für alle Journalisten fest: Der Papst hat ein Faible für Mode. Dabei ist Benedikt nichts so fremd wie der Hang zu modischem Schnickschnack. Was sollen die Presse-Kollegen auch machen, wenn man nichts Festes mehr zu beißen bekommt? Dann begnügt man sich eben mit weichen Bonbons.

Allerdings ist das wiederum ein Ergebnis der neuen Informationspolitik. Jemand drückte es so aus: Es gibt nichts mehr zu spekulieren. Wenn etwas nach außen dringt, dann sagt es der Heilige Vater selbst.

Protestobjekt Papst

Deutschland ist etwas Besonderes. In keinem anderen Land der Welt wird im Zusammenhang mit dem Papst auf derart gesetztem intellektuellem Niveau immer wieder über Pille, Kondom oder vorehelichen Geschlechtsverkehr diskutiert. Sogar die Themenbereiche Frauen und Zölibat werden bei uns im Wesentlichen als Unterleibsthemen abgehandelt. In den Äußerungen des Papstes finden sich dazu allerdings immer weniger Anhaltspunkte. Höchstens zehn Prozent seiner Aussagen betreffen körperliche Liebe,

Verhütung oder Sinn und Zweck der Enthaltsamkeit. In den Medien dreht sich mehr als die Hälfte der Nachrichten und Kommentare über das Kirchenoberhaupt um die Sexualität. Geht es uns also wirklich um Neuigkeiten? Oder eher darum, eine ritualisierte Kirchenkritik zu bedienen?

Eine der größten Tageszeitungen Deutschlands titelte zum Ende des Konklaves: »Wir sind Papst.« Heute würde sicher eine große Prozentzahl von Deutschen dieser Schlagzeile zustimmen. Unmittelbar nach der Wahl war die Stimmung eher: »Oh, mein Gott!« So titelte eine andere Tageszeitung ehrlicher, wenngleich auch härter. Diese Zeitung, die bekannt ist für originelle Überschriften, beschrieb die Meinung vieler, die es für ein Unglück hielten, dass die Wahl der Kardinäle auf einen deutschen Kardinal gefallen war. »Rottweiler Gottes« nannte die Online-Ausgabe eines anderen Blattes den neuen Mann auf dem Stuhl des heiligen Petrus. Doch auch außerhalb Deutschlands hagelte es diffamierende Kritik.

»From Hitler to Papa Ratzi!« beschrieb die englische Tageszeitung *The Sun* den angeblichen Weg des neuen Papstes und beschwor damit einen Skandal herauf – weil der Mann, der jetzt Papst war, als Kind der Hitlerjugend angehörte und gegen Kriegsende als Flakhelfer dienen musste. Die deutsche Geschichte illustriert mit zwei Männern: Hitler und Ratzinger. Bleiben nur die Fragen, ob bei jenen britischen Kollegen in diesem Fall die Rationalität versagt hatte, oder ob sie eifrig der Maxime folgten, dass sich ein »Hitler«, als wunder Punkt der Deutschen, auf dem Titelblatt immer gut verkaufe.

Die türkische Presse stellte den neuen Papst Benedikt XVI. am Tag nach seiner Wahl fast einhellig als »Türkei-Gegner« vor. Als Beleg zitierten die Zeitungen Äußerungen von Joseph Kardinal Ratzinger, wonach der Platz der Türkei nicht in der Europäischen

Union, sondern in der arabischen und islamischen Welt sei. Der Deutsche sei aus Sicht der Türkei »die letzte Wahl« gewesen, schrieb die Zeitung *Radikal*. Die Zeitung *Sabah* bezeichnete Ratzinger als »ehemaligen Nazi«. Auch andere wiesen darauf hin, dass der Deutsche in jungen Jahren der Hitlerjugend angehört habe. Gern zitiert wurden die reichlich strapazierten Spitznamen wie »Panzer-Kardinal« oder »Rottweiler Gottes«.

Kritisch äußerte sich ebenfalls die linksliberale dänische Tageszeitung *Information* aus Kopenhagen: »Die Nachricht von seiner Wahl zum Papst mit Namen Benedikt XVI. kommt wie eine Bombe. Ratzinger ist genauso konservativ und doktrinär, wie es Karol Wojtyla war. Der überwiegende Teil der Katholiken in Afrika, Asien und Lateinamerika ist konservativ. Hier wird die strenge Moral von Benedikt willkommen sein. In Europa und Nordamerika dagegen kann der neue Papst unter den schrumpfenden katholischen Massen wohl kaum populär werden«, urteilte die dänische Zeitung damals blitzschnell.

Es gab aber auch Ausnahmen. Und zwar gerade dort, wo man es am wenigsten erwartet hatte. Im kommunistischen Kuba läuteten am 19. April 2005 in mehreren Städten die Kirchenglocken. Vor der Kathedrale der Hauptstadt Havanna durften sich Dutzende Touristen und Passanten versammeln, um den Namen des neuen Kirchenoberhauptes zu erfahren. Große Teile der Zeremonie wurden sogar im staatlichen kubanischen Fernsehen übertragen. Der verstorbene Johannes Paul II. hatte Kuba 1998 einen historischen Besuch abgestattet. Staatschef Fidel Castro bezeichnete den Papst daraufhin als »Freund« seines Landes. Seit einer Verfassungsänderung 1992 dürfen auch Gläubige der Kommunistischen Partei angehören. Beim Konklave 2005 war die Zensur ausnahmsweise nicht kleinlich, denn die Katholiken bekommen schließlich nicht alle zwei Wochen einen neuen Papst …

Der *Spiegel*, der in seiner Sonderausgabe zum Tode von Johannes Paul II. den Polen noch als »Jahrhundertpapst« bezeichnet hatte, fasste die Lage in seiner Onlineausgabe am 20. April treffend zusammen: Der neue Papst polarisiere. »Freude bei den konservativen Katholiken, Enttäuschung und Wut bei liberaler Gesinnten und Vertretern anderer Religionen. Die Wahl Kardinal Ratzingers zum Papst hat zu heftigen Reaktionen geführt. Noch hat sich Benedikt XVI. nicht über seinen Kurs geäußert – doch schon jetzt stehen sich die Lager unversöhnlich gegenüber.« Afrika und Lateinamerika seien enttäuscht, weil keiner ihrer Kardinäle gewählt worden sei, und in Deutschland herrsche eisige Stimmung, weil sich unter einem Joseph Ratzinger als Pontifex nichts tun werde in Sachen Zölibat, Schwangerenkonfliktberatung, Ökumene und dem Rom-Zentralismus.

Doch es kam anders. Seither haben der neue Papst und der Vatikan eine ausgesprochen gute Presse. Vergessen sind die Unkenrufe und Totengesänge. Selbst im ewig kritischen Deutschland regt sich die zarte Pflanze der Sympathie. Experten zufolge profitiere die katholische Kirche in deutschen Medien von der Diskussionsfreudigkeit des Papstes. Nach einer Untersuchung des Forschungsinstituts *Media Tenor* für die ersten zehn Monate des Jahres 2006 wirkten sich die in der Öffentlichkeit kontrovers diskutierten Äußerungen des Papstes – etwa zum Islam – unglaublicherweise vor allem positiv auf das Image der Kirche aus! Für seine Analyse hatte *Media Tenor* 17 deutsche Meinungsführer-Medien untersucht. Für die Kirche gelte wie für andere gesellschaftliche Organisationen, dass eine hohe Medienpräsenz und eine inhaltliche Vielfalt vor einem »Kippen« der Medienberichterstattung und der öffentlichen Meinung schützte.

Man darf bei dieser Analyse sicherlich davon ausgehen, dass sich spätestens seit der Bayernreise des Papstes im September 2006 das Bild noch einmal stark verändert hat und zwar weiterhin zum Guten. Der »Wir sind Papst«-Taumel, der noch vom Weltjugendtag in Köln genährt wurde, ist vorbei. Es ist auch nicht mehr der mystische Papa Wojtyla, der bis zu seinem Tod so öffentlichkeitswirksam agierte, als hätte er niemals etwas anderes gelernt. Die Zeiten der repräsentativen und effektvollen Auftritte sind einer Phase der ernsthaften Beschäftigung mit den anstehenden Themen der Gesellschaft gewichen. Mit der Regensburger Vorlesung und seinen Äußerungen zum Islam sowie zu Religion und Gewalt am 12. September 2006 habe Benedikt XVI. endgültig klargestellt, dass er »im Jahr zwei seines Pontifikats« mehr tun wolle, als zu repräsentieren und um Sympathien für die katholische Kirche zu werben, so ein Mitarbeiter von *Media Tenor*.

Fast scheint es so, als ob Benedikt die Meinungsführer-Medien davon überzeugt habe, dass die alten Ressentiments gegen Kardinal Ratzinger nicht mehr wichtig seien. Und dass von nun an die wahren Themen diskutiert würden, um die sich die Medien hätten schon längst kümmern sollen. Eines aber wird auch Benedikt XVI. nicht ändern können, selbst wenn es ihm persönlich sehr wichtig erscheint: Die Sicht auf die katholische Kirche hängt immer noch von der Sicht auf ihr Oberhaupt ab.

Zumindest hat Papa Ratzinger erreicht, dass über das diskutiert wird, worüber der Papst tatsächlich gesprochen oder geschrieben hat. Das Terrain der Spekulationen haben die Nachrichtenagenturen und Korrespondenten verlassen. Alle anderen Themen sind nur noch »modische« Accessoires, die dem einen oder anderen Journalisten die Butter auf dem Brot ermöglichen.

Geheimtreffen der Antipoden

Küng und Benedikt XVI. in Castel Gandolfo

In Rom ahnte niemand, dass noch vor dem Ende der Sommerpause etwas Spektakuläres passieren sollte. Doch ein Ereignis hatte sich bereits seit ein paar Monaten angebahnt. Benedikt weilte noch in seiner Sommerresidenz Castel Gandolfo, etwa dreißig Kilometer südwestlich vor den Toren der italienischen Hauptstadt und des Vatikanstaates. Die Journalisten in Rom rechneten auch weiterhin damit, dass der heiße Sommer für Ruhe und Melancholie sorgen würde. Bisher hatten sie ihre Reporterpflichten hinsichtlich des neuen Papstes erfüllt: Die ersten hundert Tage des Pontifikats waren in aller Ausführlichkeit kommentiert worden. Über den Weltjugendtag in Köln war ebenfalls intensiv berichtet worden, schließlich war dieser Auftritt die erste größere Aktion des neuen Pontifex. Selbst die typischen Themen des politischen Sommerlochs waren längst abgehandelt worden. Die vorgezogenen Bundestagswahlen beherrschten die Berichterstattungen in den deutschen Medien. Nur noch wirklich spektakuläre Ereignisse konnten dieses Thema von den vordersten Positionen verdrängen. Die nächsten kirchenpolitischen Themen aus Rom erwartete man frühestens im Oktober.

Der Papst genoss noch ein paar Tage jene Ruhe der Campagna Romana, die ihm das Schlösschen mitsamt Garten und Park schenken konnte. Hier ist alles etwas kleiner, vor allem der Hofstaat. Eine Handvoll Gardisten genügen für die Bewachung. Auch die Administration ist personell auf das Mindestmaß beschränkt. Wenn etwas Wichtiges ansteht, kommen die entsprechenden Mitarbeiter nach Castel Gandolfo angereist, oder man erledigt es per Telefon. Da aber im gesamten Vatikan von Ende Juli bis Anfang Oktober Betriebsferien sind, halten sich die Aktivitäten ohnehin in Grenzen.

Deshalb hatte der Papst im Sommer 2005 auch seinen Bruder dorthin eingeladen. Georg Ratzinger erlitt Anfang August jedoch einen Herzinfarkt. Das bewegte den Papst, und die Welt nahm Anteil, bis von den Ärzten wieder grünes Licht für die Gesundheit des Bruders des Papstes gegeben wurde. Über diesen privaten Gast hinaus hatte er noch von einigen anderen Personen Besuch erhalten.

Der Mann, der sich am Freitag, den 23. September 2005, per Flugzeug – aus Berlin kommend – auf den Weg nach Rom machte, war dem Papst seit langem bekannt. Professor Hans Küng und Joseph Ratzinger hatten gemeinsam an der Universität in Tübingen gelehrt, bis die Studentenunruhen Ende der sechziger Jahre Ratzinger bewegt hatten, nach Regensburg abzuwandern. Dort half der junge Dogmatikprofessor Ratzinger beim Aufbau der Universität in der Peripherie von Regensburg mit. Auch nachdem sich ihre Wege getrennt hatten, trafen sich Küng und Ratzinger gelegentlich. Küng war noch immer Theologieprofessor in Tübingen, Ratzinger kletterte währenddessen die kirchliche Karriereleiter hinauf. 1977 wurde er zum Erzbischof von München und Freising berufen und saß nur vier Jahre später auf dem Posten des obersten Glaubenswächters in Rom.

Im Jahr 1979 kam es zum Bruch zwischen Küng und dem Vatikan. Der Papst entzog dem Schweizer Küng die Lehrerlaubnis, weil dieser unter anderem die Unfehlbarkeit des Papstes angezweifelt hatte. Küng lehrte daraufhin zwar weiter in Tübingen christliche Theologie an der Eberhard-Karls-Universität, allerdings nicht mehr auf einem kirchlichen Lehrstuhl, denn das »Nihil Obstat«, die Unbedenklichkeitserklärung des Heiligen Stuhls für Lehrende in Hochschulen, war ihm entzogen. Bis zu seinem wohlverdienten Ruhestand 1996 arbeite er als Direktor des Instituts für Ökumenische Forschung weiter. Der Streit mit Rom brachte Küng einen unglaublichen Popularitätsschub ein, denn er avancierte daraufhin zu einem der prominentesten und profiliertesten Kirchenkritiker. Ging es um eine umstrittene Äußerung aus Rom, dann klingelte bei Küng das Telefon. Er wurde ein beliebter Gast in Talkshows. Bald hatte sich eine ganze Fangemeinde um ihn gesammelt, denn bei Küng fühlte man sich bei allen Reizthemen wie Frauenpriestertum, Unfehlbarkeit oder Sexualfeindlichkeit der Kirche bestens aufgehoben.

Der Kontakt zu Ratzinger war nach der großen Kontroverse abgebrochen. Sie hatten sich zwar noch einmal 1983 in München getroffen, aber da herrschte kein Friede mehr zwischen den beiden ehemaligen Kollegen. Küng war gekränkt. Jemand aus dem Vatikan berichtete mir, dass es seinerzeit im Umfeld der Ereignisse zu einem Briefwechsel zwischen Küng und dem Vatikan gekommen war, in dem Küng von seiner Seite nicht mit deutlichen Formulierungen gegeizt habe. Kardinal Ratzinger und Papst Johannes Paul II. sollen darüber nicht sehr erfreut gewesen sein. Vielleicht hatte der Papst auch allein deshalb wenig Bedürfnis, positiv auf die Gesprächsanfragen Küngs zu reagieren. Küng sagte mir am Rande einer Talkshow, dass Johannes Paul fast täglich Menschen aller Couleur zu Audienzen und Gesprächen empfangen würde, aber ihn, Hans Küng, habe er niemals eingeladen. Andererseits hatte auch Küng Gespräche mit dem Präfekten Kardinal Ratzinger glattweg abgelehnt.

Ein Kritiker wird leiser

Wie die Dinge sich manchmal entwickeln, konnte auch der aus der Schweiz stammende Professor nicht erahnen. Am Tag nach dem Tod Johannes Paul II. sagte er im persönlichen Gespräch nach der Talkshow »Sabine Christiansen«, dass eine Wahl Ratzingers das Schlimmste sei, was der Kirche passieren könnte. Daraufhin hatte ich ihm entgegnet, dass es bei der Papstwahl sehr wahrscheinlich auf den deutschen Kardinal hinauslaufen würde. Küng hatte das zu diesem Zeitpunkt noch angezweifelt.

Die Wahl Benedikts überraschte ihn entsprechend. Er fand am Wahlabend noch keine positiven Worte, sondern kritisierte die Entscheidung des Konklaves und nannte den neuen Papst öffentlich eine »Riesenenttäuschung«. Allerdings wurde Küng in den folgenden Tagen milder im Ton und ging zu seinen vergangenen Äußerungen auf vorsichtige Distanz. »Abwarten« und in der »Prognose vorsichtig« waren die neuen Parolen des intelligenten Kopfes. Nur wenige Wochen später schrieb er an das neue Kirchenoberhaupt einen Brief und äußerte darin die Hoffnung, »dass trotz aller unterschiedlichen Auffassungen ein Dialog zustande kommt«. Er wollte nicht die Rückgabe der entzogenen Lehrbefugnis einfordern. Dazu saß die Enttäuschung wohl zu tief, und die inhaltlichen Differenzen waren beiderseitig nicht ausgeräumt.

Papst Benedikt antwortet auf wichtige Post in der Regel nach wenigen Tagen. Und das tat er auch im Falle dieses Briefes. Die Antwort sei sehr freundlich ausgefallen, erzählte Küng später der Presse. Das Erstaunlichste an der Antwort des Papstes war jedoch die Einladung zu einem Gespräch nach Rom. Damit hatte Hans

Küng nicht gerechnet. Welche Korrespondenz daraufhin zwischen Rom und Tübingen ablief, kann man nur erahnen. Sicher wird es Jahrzehnte dauern, bis dieser Briefwechsel aus den geheimnisvollen und schweigsamen Archiven des Vatikans an die Öffentlichkeit gelangt. Inwieweit die Emotionen und Probleme der Vergangenheit bereits schriftlich diskutiert und gemildert wurden, wissen nur die beiden Schreiber, aber sie werden nicht frei von Ressentiments gewesen sein. Schließlich war zu viel vorgefallen. Trotzdem hatte der schriftliche Dialog eine neue Qualität erhalten. Nach jahrelanger Pause war es kein Schlagabtausch mehr, sondern ein Aufeinanderzugehen. Und in einem Punkt waren sich beide sehr einig: Kein Außenstehender sollte von diesem neuen Austausch Wind bekommen.

Also lief die Aktion im ausklingenden Sommer 2005 geheim ab. Wie in einem Agentenfilm wurde Küng am Samstagnachmittag von seiner Unterkunft per Dienst-Mercedes des vatikanischen Fuhrparks durch die Straßen Roms, vorbei an den antiken Thermen und dem alten Flughafen Ciampino, hinauf nach Castel Gandolfo gefahren. Was sowohl dem Papst als auch dem Professor in diesem Moment spitzbübische Freude bereitet haben dürfte, war die Tatsache, dass tatsächlich niemand etwas von dem Besuch merkte. Selbst die Sicherheitsbeamten am Hofe hatten nur eine verschwommene Ahnung von der Prominenz des Gastes und der Brisanz seiner Anwesenheit. Auf ausdrückliche Anordnung des Papstes wurde die »Dienstreise« Hans Küngs zu einem hochgeheimen Akt, der erst zwei Tage später in kleinen Dosen an die erstaunte Medienwelt in der *Sala Stampa* weitergegeben wurde.

Die Tore zur Residenz standen weit offen. Drei Schweizergardisten hielten Wache, einige Schritte weiter innen warteten Sicherheitsbeamte in Zivil und ein Mann vom Protokoll. Gleich links hinter dem Tor ist der Eingang, der den Gast in einem schlichten Flur nach rechts zum Aufzug führt. Auch wenn das Portal und der Innenhof des Palastes recht großzügig wirken, wird einem spätestens im Aufzug deutlich, dass man in einem Mini-Schloss angekommen ist: Es ist alles etwas kleiner gebaut und ausgestattet, als man es von den vatikanischen Palästen gewöhnt ist. Hans Küng kannte den Vatikan und die Sommerresidenz aus der Zeit, als er noch im päpstlichen Collegium Germanicum et Hungaricum wohnte und an der Gregoriana studierte. Die Gänge hier sind nicht lang und die Zimmer nicht sehr groß. Der größte und prächtigste Raum ist der Saal der Schweizer. Dort hatte Küng während seiner römischen Zeit einer Audienz bei Pius XII. beiwohnen dürfen.

Eine gewisse Schlichtheit prägt ansonsten den Stil des Hauses, das in verschiedenen Epochen ausgestaltet zu sein scheint. Teilweise lassen sich freskenartige Wandgemälde mit echtem Stuck finden, teilweise Bauernmalereien oder moderne Kunst. Jedenfalls ist im Palazzo kein durchgängiger Stil erkennbar. Die kleine Privatkapelle wirkt eher wie ein Wohnzimmer mit viel weißem Marmor und großen modernen Ölgemälden an den cremeweißen Wänden, in das man einen kleinen barocken Altar gestellt hat. Der Palast beherbergt auch eine bedeutende Sternwarte im hinteren oberen Gebäudeteil. Die Teleskopkuppeln verleihen dem ansonsten relativ schmucklosen Gebäude etwas Markantes.

Kein Disput über Lehrfragen

Papst Benedikt und Hans Küng waren sich darin einig, während dieser Begegnung nicht in eine Diskussion über jene Lehrfragen der Kirche einzutreten, die damals zum Zerwürfnis geführt hatten. Das Kirchenoberhaupt und der Theologe aus Tübingen sprachen vielmehr über die Frage des Weltethos und den Dialog der Vernunft der Naturwissenschaften mit der Vernunft des christlichen Glaubens. Das Verhältnis von Evolutionstheorie und christlicher Schöpfungslehre war ebenfalls Thema. Beiden war es wichtiger, über das Verhältnis von Glaube und Vernunft zu reden – denn das ist das Leitthema beider Theologen –, als in alte Konfliktfelder hineinzutauchen. Der Papst hatte sich mit dieser Thematik auch an Küng orientiert. Dies geschah nicht aus Freundlichkeit, sondern weil es den halben Weg zwischen beiden darstellte. Wissenschaftler müssen dazu fähig sein. Alle Konflikte – seien sie frisch oder alt, persönlich oder dienstlich – stehen dann hinter dem eigentlichen Thema zurück. Damit agierte der Papst als Brückenbauer und knüpfte diplomatisch perfekt an das große Engagement Küngs in seiner »Stiftung Weltethos« an. Ziel der Stiftung ist es, den Dialog zwischen den Religionen zu fördern und damit zum Weltfrieden beizutragen. Die beteiligten Wissenschaftler stellen sich die Frage, wie ein »Weltethos« aussehen könnte, das allen Religionen gemein ist. Und angesichts der religiös-motivierten Gewalt, die in den letzten Jahren die Welt erschütterte, sollten sich doch gerade fachverwandte und noch dazu christliche Vordenker zusammentun. Sie müssen an der Umsetzung der Aufgabe weiterarbeiten, wie die großen Religionen dazu beitragen können, dass Gewalt verhindert werde oder dass Menschen verhungern müssen. Deshalb wollten Küng und der Papst der Kraft des Christentums vertrauen und sie der Allmachtsphantasie der Menschen entgegenstellen.

Gegenüber der *Süddeutschen Zeitung* sprach Küng anschließend von einem »hoffnungsvollen Zeichen«, weil Benedikt XVI. seinem Versuch zustimmte, »die Gottesfrage in ihrer Vernünftigkeit und Notwendigkeit dem naturwissenschaftlichen Denken gegenüber zur Geltung zu bringen«. Er habe den Papst als einen aufmerksamen und offenen Gesprächspartner erlebt, und das Gespräch sei »ohne jede Polemik« verlaufen. Sie hätten nicht über Dokumente, sondern über Aufgaben und Probleme geredet. Die Themen Kirchenstruktur, Papstamt und die Frage der Unfehlbarkeit hätten sie außen vor gelassen.

In freundschaftlicher und nicht nur in freundlicher Atmosphäre hätten sie beieinander gesessen, beschrieb Küng die Stimmung im Castello. Ob Küng wohl auch beeindruckt war von den recht farbigen Wandmalereien über dem hellen Sockel im Arbeitszimmer des Papstes? Schließlich saßen sie dort ein paar Stunden. Es ist nämlich ein schönes Büro, wenn man es denn so bunt mag. Verglichen mit der Wandgestaltung des Papstpalastes im Vatikan jedenfalls wirken das Arbeitszimmer und die übrigen Räume richtig gemütlich.

Mit Sicherheit war es eine ausgezeichnete Idee von Benedikt, den Schweizer Theologen in die Albaner Berge nach Castel Gandolfo zu holen. Die Atmosphäre dort wiegt nicht so schwer wie im riesigen vatikanischen Palast. Hier hat man das Gefühl, den Papst tatsächlich privat zu treffen. So als wäre es in seiner eigentlichen Wohnung. Auch deshalb ist es sehr verständlich, dass Benedikt so oft wie möglich zur Sommerresidenz hinausfliegt. Für das kleine Städtchen hingegen ist es immer wieder aufs Neue ein Spektakel, wenn der große weiße Helikopter über dem Bergort einschwebt. Die etwa 8500 Einwohner wissen natürlich, dass sie die Berühmtheit der Stadt und die Einnahmen aus dem Tourismusgeschäft der gelegentlichen Anwesenheit des Santo Padre zu verdanken haben.

Spaziergang zwischen Sternwarte und Bauernhof

Vor rund 370 Jahren ließ Papst Urban VIII. diese Residenz bauen. Nach der Auflösung des Kirchenstaats 1870 blieben die Eigentumsverhältnisse des Vatikans zunächst ungeklärt. Erst 1929 regelte der italienische Ministerpräsident Benito Mussolini mit dem Vatikan die Hoheits- und Besitzverhältnisse in den Lateranverträgen. Für die Anerkennung Roms als Hauptstadt von Italien von Seiten des Vatikans erhielt der Heilige Stuhl politische und territoriale Autonomie über das vatikanische Staatsgebiet. Dazu gehörte auch der Sommersitz in Castel Gandolfo mit seinen Palazzi und dem Belvedere-Park.

Was immer man als Besucher der Stadt vom Anwesen auf dem Berg zu sehen bekommt, man ahnt nicht, wie groß das Gelände wirklich ist. Denn einen guten Blick hat man lediglich auf den Palast, der an der höchsten Stelle des Felsenberges steht. Mehr als die Hälfte des Geländes wird vom päpstlichen Bauernhof genutzt. Früchte, Gemüse, Wein und Oliven werden hier angebaut und verarbeitet. Mit den frischen Produkten versorgen die Mitarbeiter den Haushalt des Papstes sowie den vatikanischen Supermarkt. Frische Milch bekommt der Papst in täglicher Lieferung, denn in den Ställen und auf den Wiesen in den Albaner Bergen halten die Mitarbeiter des Hofes etwa sechzig Milchkühe. Was übrig bleibt, kann man manchmal auf dem Markt in Castel Gandolfo kaufen – päpstliche Milch und Milchprodukte. Es gibt auch einen kleinen Tierpark dort oben, der bereits vor langer Zeit aufgebaut wurde. Benedikts Vorgänger Johannes Paul war sehr froh über diese Einrichtung, denn hier hatte er die Möglichkeit, jene Tiere unterzubringen, die er häufig bei Besuchen geschenkt bekam.

Papst Benedikt zeigte seinem geheimen Gast zwar einen Teil des Gartens, aber nicht die Tierwelt von Castel Gandolfo. Stattdessen lud er ihn nach dem Gespräch zum gemeinsamen Abendessen ein. Da saßen sie nun zusammen im Esszimmer, das im Tiroler Stil eingerichtet ist – ein Papst und sein Kritiker. Beim gemeinsamen Essen kommt man sich in der Regel näher als bei einem Gespräch im Büro. So ist es zumindest in Italien Sitte: Die wichtigsten Geschäfte werden am besten beim gemeinsamen Mahl ausgehandelt. Der damalige Sprecher des vatikanischen Presseamtes, Navarro-Valls, verkündete später der staunenden Presse, sie hätten viel gelacht beim Essen. Über das, was auf den Tisch kam, erfuhren die Kollegen nichts: War es bayerische, schweizerische oder diplomatisch italienische Küche? Und auch weitere Angaben zu Inhalten, die nicht im Pressekommuniqué verzeichnet waren, blieb der Vatikan schuldig.

Staunen in der Öffentlichkeit

Die nachträglichen Kommentatoren dieser Begegnung waren sich jedoch einig: Beide waren über ihren Schatten gesprungen, denn jeder hatte bis dahin die Richtigkeit seines eigenen Standpunkts in den strittigen Fragen postuliert. Auf der einen Seite der hochintellektuelle berufene Verteidiger des Glaubens der katholischen Kirche und auf der anderen Seite der streitbare Theologe, der sich bestens darauf verstand, der Kirche und ihrer Lehre ihre Fehler und Unzulänglichkeiten aufzuzeigen. Durch diesen Sprung hatten beide gewonnen.

Jedoch wäre Hans Küng nicht er selbst, wenn er dem Papst und der Welt nicht Vorschläge unterbreiten würde, wie das Geschick der Kirche den Anforderungen der modernen Welt besser gerecht werden könnte. So hat er Benedikt XVI. nach dem Gespräch geraten, Reformen einzuleiten. Die katholische Kirche sei in einer Krise, und er hielt Benedikt für fähig genug, sie aus dieser heraus zu führen. Denn Benedikt kenne die Mechanismen der Kirche und der Kurie sowie deren Protagonisten wie kein zweiter.

Benedikt könnte auf den Gorbatschow-Effekt setzen, denn als Papst kann er leichter Neuerungen durchsetzen als jemals zuvor. Der ehemalige sowjetische Staatschef stand auch vorher nicht im

Verdacht, ein Reformer zu sein. Ein Kardinal habe zu Küng gesagt, dass Benedikt außerdem nicht im Verdacht stünde, ein progressiver Reformer zu sein, den alle anderen Vertreter von Strömungen – vor allem die Konservativen – von Anfang an bekämpfen würden. Unter Johannes Paul habe sich ein Reformstau aufgebaut, sagen viele Kritiker. Den zu lösen könnte nun die historische Chance eines Benedikt XVI. sein. Küng forderte deshalb zumindest eine offene Aussprache der strukturellen Probleme.

Sicher lässt sich der Papst von niemandem vorschreiben, wie er die Geschicke der katholischen Kirche zu lenken habe. Allerdings wird auch er die Entscheidungslast auf mehreren Schultern verteilen. Dann ist zum einen mit weniger massivem Widerspruch in den eigenen Reihen zu rechnen, und zum anderen müssen Entscheidungen ja auch umgesetzt werden – und das möglichst breit und bereitwillig. Der Professor aus Tübingen zeigte sich innovativ und lieferte sogleich Vorschläge, wie Benedikt das ihm zugedachte Reformvorhaben umsetzen könnte. Eine oder mehrere gezielt eingesetzte Bischofssynoden könnten das bewerkstelligen. Die ultimative Variante nannte er auch: ein drittes Vatikanisches Konzil. Diverse Theologen postulieren bei diesem Stichwort allerdings schnell, dass man zunächst das Zweite Vaticanum vollständig umsetzen solle, anstatt ein neues zu beginnen.

Nun stößt Küng beim Papst auf offene Ohren, wenn er die Subsidiarität und Solidarität anspricht. Die Entwicklungen in Rom zeigen, dass Benedikt Ernst macht mit seiner Ankündigung vom Beginn seines Pontifikats, die Kollegialität mit den Bischöfen zu verstärken. Also müsste er doch auf dem richtigen Weg sein. Küng hingegen ist der Meinung, der Pontifex mache nur sehr kleine Schritte. Um bei der Analogie mit Gorbatschow zu bleiben, kann man das Wort »Glasnost« benutzen, um die Forderungen Küngs nach mehr Transparenz und Offenheit zu charakterisieren. Der

Meinungsaustausch mit Bischöfen und Kardinälen in den ersten beiden Pontifikatsjahren sei ein guter Anfang, so Küng, allerdings müsste da noch mehr folgen.

In einem Artikel in der *Süddeutschen Zeitung* schrieb Hans Küng, dass der Papst die Wahl habe zwischen zwei Konstellationen für die Zukunft: einem »weiteren Rückzug« in die Vormoderne im Stil des Mittelalters oder einer »Vorwärtsstrategie« in die »nachmoderne« Welt, die ohnehin schon existiere. Das klingt nach einem typisch Küngschen Gedankengang. Denn zwischen den beiden genannten Polen scheint nichts Gültigkeit zu haben. Diese allzu menschliche Neigung, die Dinge nach dem Entweder-oder-Prinzip zuzuspitzen, bietet zwar eine vereinfachende Orientierung, trifft aber nicht die Vielschichtigkeit der Dinge.

Küng forderte aber auch längst überfällige Regelungen, die nicht nur in der progressiven Ecke der Theologie Beifall finden – etwa, dass wiederverheiratete Geschiedene nicht auf Dauer vom Kommunionempfang ausgeschlossen werden sollten. Ebenfalls nicht im Gespräch, sondern erst danach im Zeitungsartikel zu lesen, näherte er sich teilweise seinen alten von Rom kritisierten Haltungen an. So solle Benedikt, wenn er seiner Verantwortung für eine friedlichere Welt gerecht werden wolle, das Wahrheitsmonopol der Katholischen Kirche überdenken. Denn, so Küng, der Pontifex Maximus müsse bereit sein, auch von den anderen Religionen zu lernen. »Nur wenn er – nach dem Vorbild Johannes XXIII. – einen vom Evangelium her erneuerten und der Freiheit verpflichteten pastoralen Dienstprimat zu praktizieren versucht, wird er ein Garant für Freiheit und Offenheit in der Kirche sein und der Welt als moralischer Kompass dienen können«, schreibt der Theologieprofessor.

Nach den Ereignissen und den anschließenden Äußerungen habe ich mit einigen Theologen über diese Forderungen diskutiert.

Wir waren uns in einer Einschätzung schnell einig: Wenn Küng schon zum Papst geht – ob eingeladen oder nicht – und Küng dem Papst Gedanken und Vorschläge unterbreitet, dann müsse sich der Heilige Vater in Rom auch gefälligst bewegen. Sonst träte oben genannte Konstellation *eins* nämlich automatisch in Kraft: der Rückschritt. Nun, man wird sehen, was aus dem Ereignis, das die Presse anschließend mit höchster Anerkennung bedachte, werden wird. Küng berichtete in seinem Text auf jeden Fall mehr über die Themen des Abends, als man in der eilig erarbeiteten Pressemitteilung am Montagvormittag bekannt gab.

Allein die Tatsache, dass eine Begegnung bis zum Eintreffen plus fast exakt 48 Stunden geheim gehalten werden konnte, dann jedoch eine offizielle Erklärung dazu abgegeben wurde, ist in der Gesamtschau verwunderlich. Erst die Botschaft eines »freundschaftlich« parlierenden Gegensatzpaares, dann die perfekte Verschwiegenheit und zum Schluss fast ein Dokument, das dem Treffen nicht nur protokollarischen Rang, sondern annähernd institutionelle Bedeutung verlieh – das war einigen Vatikanern zu viel auf einmal. Manche rieben sich am Montagabend verwundert die Augen, als sich die Nachricht durch die Flure, Gassen und Telefondrähte verbreitete. Im Vatikan stieß das Treffen auf Überraschung, teils positive, teils auch negative. Kirchenkreise bewerteten den Schritt des Papstes als Bruch mit bisherigen diplomatischen Formen und als Zeichen für eine neue Politik auch gegenüber Kirchenkritikern.

Mit zwei anderen Audienzen hatte Benedikt bereits für Irritationen gesorgt. Er empfing den exkommunizierten Bischof Bernhard Falley, um mit dem Mitglied der erzkonservativen Bruderschaft von Erzbischof Lefèbvre über eine versöhnliche Annäherung zu sprechen. Das sorgte zunächst für einen Aufschrei in der Kirchenwelt, denn man befürchtete einen Rechtsruck. Den Gegenpol bildete ein Treffen mit der offen atheistischen Journalistin Oriana Fallaci. Sie hatte mit antiislamischen Äußerungen in Italien für Aufsehen gesorgt. Damit war die Verwirrung perfekt, denn man rätselte fortan über die neue Gangart des Santo Padre. Denn er redete mit jenen, mit denen »man« sonst nicht spricht.

Doch der Papst hat diplomatisch gepunktet und psychologisch perfekt agiert. Damit hat er den atmosphärischen Druck vom Kessel genommen, den auch der jahrzehntelange Streit zwischen der Kirche und Hans Küng mitverursacht hatte. Küng selbst sah es als ein Signal gegen »überzogenes hierarchisches Denken«, das der Papst gesetzt habe. Der Tübinger Professor hatte zur Hochzeit des Konfliktes nicht mit einem Kardinal namens Joseph Ratzinger, dem Präfekten der Glaubenskongregation, sprechen wollen, sondern nur mit Papst Johannes Paul II. Das Schicksal hat ihn nun doch mit einem Papst sprechen lassen – aber ironischerweise gerade mit Joseph Ratzinger. Er habe den Eindruck gehabt, die »gleiche Person wie in den glücklichen Tübinger Jahren wiedergetroffen zu haben«, sagte Küng nach dem Gespräch. Freundschaftliche Güte hatte das letzte Wort.

Das Zitat

Missverständnisse in Regensburg

Manche Ereignisse erscheinen – wenn man sie im Nachhinein betrachtet –, als hätte alles unter einem schlechten Stern gestanden. Die Veranstaltung an der Regensburger Universität im Rahmen der Bayernreise des Heiligen Vaters war bereits bei der Planung schwierig. Es begann mit einem Kompetenzgerangel: Der Bischof und seine Mitarbeiter hatten das Programm für die Papstreise im Bereich Regensburg erstellt. Unabhängig davon hatte die dortige Universität den Papst eingeladen. Das heißt, Papst Benedikt hatte schon vorher selbst den Wunsch geäußert, dass er seine alte Universität besuchen wolle, um dort eine Rede zu halten. Die Frage lautete nun: Ist eine Rede an der Universität ein Teil des Pastoralbesuchs oder ein Programmpunkt, der von außen dazukommt? Abgesehen davon ist Joseph Ratzinger immer noch Honorarprofessor in Regensburg. Aus dieser Sicht heraus würde es also bedeuten, dass eine Rede sozusagen eine dienstliche Angelegenheit wäre, die zunächst zwischen ihm und der Uni abgesprochen werden müsste.

Nur wo gehört sie hin, und wer hat die Planungshoheit? Das fragte man sich im bischöflichen Ordinariat. Zur Papstreise oder zum Extraprogramm, wie dem Empfang auf dem Flughafen oder

der protokollarischen Begegnung mit dem Regierungschef des Gastlandes? Der Papst besucht ein Land zwar als Staatschef, aber eine Papstreise ist in erster Linie eine Pastoralreise mit diplomatischem Rahmenprogramm. Grundsätzlich sind die einladenden Bischöfe federführend in der Organisation. Von den Regierungen kommt lediglich Hilfe, beispielsweise in Sachen Sicherheit. Dass dabei Staat und Kirche Hand in Hand arbeiten, ist selbstredend. Aus Rom regelte schließlich ein Machtwort die Angelegenheit:

Benedikt XVI. und die Regensburger Domspatzen. Jahrzehntelang war sein Bruder Leiter dieses weltbekannten Chores.

Der Papst wird an die Universität kommen und dort einen wissenschaftlichen Vortrag halten.

Es waren malerische Bilder, als Benedikt XVI. am Abend mit dem Helikopter nach Regensburg kam. In der hell erleuchteten mittelalterlichen Altstadt, die gerade frisch zum

UNESCO-Weltkulturerbe ernannt war, wurde er in Empfang genommen. Am dunklen Himmel zeichneten sich die angestrahlten Türme des gotischen Petersdomes ab. Der Bischof von Regensburg hatte einen großen Etat für diesen Teil der Reise angesetzt, vielleicht um möglichst deutlich zu präsentieren, dass die Stadt und das Bistum die Heimat des Papstes sind.

Der Professor und seine Rede

Am Nachmittag des zweiten Tages in Regensburg kommentierten wir aus dem gläsernen Studio vom Fernsehsender *Phoenix* die Fahrt des Papamobils zur Universität. »Der Ü-Wagen ist abgeraucht«, bekam ich plötzlich zu hören. Und mit ihm war das gesamte Studio ohne Strom. Also schalteten wir auf das Bild vom Bayerischen Rundfunk und sendeten so weiter. Damit hatte ich die Gelegenheit, mir die folgenden Szenen in Ruhe anzusehen, denn ich musste zunächst nicht mehr moderieren. Mit Daniel Deckers, dem Korrespondenten der *Frankfurter Allgemeinen Zeitung*, machte ich es mir vor einem Fernsehgerät bequem, und wir sahen, wie das Papamobil am Eingang der Universität ankam. Die Gebäude aus Waschbeton waren eigens für diesen Anlass herausgeputzt worden. Die akademische Jugend, die im Foyer auf die Begrüßung des hohen Gastes wartete, bestand aus Studenten verschiedener Fakultäten. Dass nur drei Vertreter der theologischen Fakultät unter ihnen waren, lag nicht an der Losverteilung, sondern daran, dass sich nicht mehr von den jungen Theologinnen und Theologen gemeldet hatten. Benedikt sprach nun mit jedem Studenten einzeln. Hinterher waren sie begeistert von ihm und berichteten von einer enormen »Ausstrahlung« des Heiligen Vaters.

Im Audimax warteten die Ehrengäste und Mitglieder des Professorenkollegiums samt einer Abordnung von Studenten – insgesamt fast 1500 Zuhörer – auf die mit Spannung erwartete Rede. Bereits im Vorfeld hieß es immer wieder, das könne ein inhaltlicher Höhepunkt der Reise werden – wenn nicht sogar der programmatischste. Doch bevor es überhaupt dazu kommen konnte, gab es erneut Unstimmigkeiten. Der Papst wollte für seine Vorlesung an einem Pult stehen, wie er es aus seiner Lehrzeit gewohnt war. Aber das hatten die Organisatoren so nicht vorgesehen.

Noch am Morgen vor seiner Rede hatte der Dekan der katholisch-theologischen Fakultät in dem vorab veröffentlichten Redemanuskript gelesen: »Es ist für mich bewegend, nochmal am Pult in der Universität zu stehen.« Von den Reiseplanern war für diese Veranstaltung jedoch ein Thronsessel vorgesehen. Nun begrüßte der Papst das Plenum sitzend mit den Worten: »Es ist für mich bewegend, nochmal in der Universität zu sein und eine Rede zu halten.« Benedikt musste sich also stillschweigend der Vorgabe beugen, obwohl er sich im Sessel sichtbar unwohl fühlte. Sicher hatten die Verantwortlichen überlegt, dass es dem älteren Herrn nicht zuzumuten sei, länger als ein paar Minuten im Stehen zu verbringen. Doch Benedikt war beim Verfassen seiner Vorlesung wie selbstverstandlich davon ausgegangen, dass ein Professor steht.

Das war natürlich kein großes Problem, aber es fügte sich ein in eine Reihe von Eigenartigkeiten. Während der Papst seine Rede hielt, lasen Daniel Deckers und ich parallel die schriftliche Fassung, die der vatikanische Pressedienst zuvor herausgegeben hatte. An einer Stelle stutzen wir beide, denn wir befürchteten, dass der betreffende Absatz falsch verstanden werden könnte. Benedikt XVI. zitierte einen historischen Dialog zwischen dem byzantinischen Kaiser Manuel II. Palaeologos und einem persischen Gelehrten aus dem späten 14. Jahrhundert. Darin hatte der Kaiser die Glaubensverbreitung durch Gewalt als widersinnig kritisiert und dem islamischen Propheten Mohammed vorgeworfen, »nur Schlechtes und Inhumanes« über die Welt gebracht zu haben.

Dem Zitat konnten wir nach der gesamten Lektüre der Rede keine besondere Bedeutung beimessen, denn es handelte sich schließlich um einen wissenschaftlichen Diskurs, in dem ein guter Gelehrter nicht nur seine Meinung kundtut, sondern verschiedene Äußerungen zu einem Ganzen zusammenführt. Wir richteten in diesem Moment unser Augenmerk vor allem auf die angesprochene Ökumene, das Miteinander der Religionen und auch der christlichen Kirchen untereinander. Da es wohl eine typische Vorlesung Ratzingers war, war sie so kompakt formuliert, dass wir sie gleich zweimal lasen, um sie inhaltlich möglichst vollständig zu erfassen. Das Zitat des byzantinischen Kaisers blieb auch beim zweiten Lesen ein wenig auffällig, aber mehr auch nicht.

Professor Christoph Dohmen, der Dekan der Theologischen Fakultät in Regensburg sagte mir später, dass weder die Studenten noch andere Zuhörer, darunter auch diverse Professoren, auf diesen Teil der Rede besonders reagiert hätten. Benedikt habe den historischen Dialog so eingebunden, dass jedem klar war, es handelte sich um ein Zitat. »In den Medien kam nur dieser eine Ausschnitt, als wenn das der Höhepunkt gewesen wäre. Aber so war es nicht! Dieses Zitat kam gleich zu Beginn der Rede, als Einstieg in das Thema. Ältere Kollegen haben mir berichtet, dass sein Stil als Professor schon immer so gewesen sei: Einstieg in ein Thema durch ein Zitat – und dann abarbeiten.«

Verspätete Empörung

Noch am Abend wurde in normalem journalistischem Umfang von dieser Rede berichtet. Auch am nächsten Tag verlief die Papstreise reibungslos, es war der private Teil des Besuches. Erst am Donnerstag, dem Tag der Abreise, zogen dunkle Wolken am Nachrichtenhimmel zusammen: Noch während der Papst in der Maschine der Lufthansa gen Rom flog, kamen die ersten bedenklichen Meldungen über den Ticker. Als Benedikt XVI. auf dem Flughafen Rom-Ciampino gelandet war, regnete es nicht nur vom italienischen Himmel, sondern es hagelte auch Protestmeldungen aus der islamischen Welt. Der Papst habe den Propheten Mohammed verunglimpft und damit den Islam angegriffen, hieß es. Von Rücktrittsforderungen bis hin zu Morddrohungen gegen den Papst reichten die Reaktionen der Muslime auf der ganzen Welt. Der Chef der Religionsbehörde in der Türkei, Ali Bardakoglu, forderte eine umgehende Entschuldigung des Heiligen Vaters. Die Reaktionen aus der Türkei zählten mit zu den heftigsten. So brachte der stellvertretende Chef der türkischen Regierungspartei AKP den Papst mit Hitler und Mussolini in Verbindung. Auch der malaysische Ministerpräsident Abdullah Ahmad Badawi forderte eine sofortige Entschuldigung. Badawi ist zudem Vorsitzender der Organisation der Islamischen Konferenz (OIC), welche die Papstäußerung verurteilte und eine Richtigstellung forderte. Das Oberhaupt der katholischen Kirche dürfe die Empörung der Muslime nicht auf die leichte Schulter nehmen, warnte Abdullah Ahmad Badawi. In Pakistan wurde der Botschafter des Vatikans zum Gespräch beim Außenminister einbestellt. Das Parlament in Islamabad hatte zuvor eine Erklärung verabschiedet, in der es die Äußerungen des Papstes zurückwies.

Benedikt XVI. war indes in Castel Gandolfo angekommen – und verstand die Welt nicht mehr. Er sollte sich für etwas entschuldigen, was er weder gesagt noch gemeint hatte. Doch die Welle der Kritik schwächte sich nicht ab. Auf der anderen Seite versuchten Kommentatoren und Experten, den Schaden möglichst gering zu halten. In der ersten moderaten Reaktion auf die Rede des Papstes äußerte sich der Generalsekretär des Zentralrats der Muslime in Deutschland, Aiman Mazyek, gegenüber der *Süddeutschen Zeitung*. Er sehe in den Worten des Papstes keinen Angriff auf Muslime, teilte Mazyek mit. Er glaube nicht, dass der Papst mit seiner Rede auf eine kriegerische Tradition des Islam abziele. Er sehe es aber vor dem Hintergrund des eigenen blutigen Sündenregisters der katholischen Kirche bei der Zwangschristianisierung oder den Kreuzzügen in der islamischen Welt »mit etwas Sorge, wenn die Kirche mit erhobenem Zeigefinger auf extremistische Umtriebe bei anderen Religionsgemeinschaften zeigt«. Der Soziologe Hans Joas vom Max-Weber-Kolleg der Universität Erfurt stieß ins gleiche Horn. Ratzingers Rede erwecke den Eindruck, sagte Joas der *Süddeutschen Zeitung*, das Christentum habe im Unterschied zum Islam immer schon darauf gesetzt, den Glauben nur durch Mittel der Überzeugung zu verbreiten. Generell freue er sich aber über Ratzingers Aussage, dass der Glaube nicht das Gegenteil von Vernunft sei. »Wenn Ratzinger nun das Christentum so mit einem angeblich immer schon hauptsächlich auf Gewalt setzenden Islam kontrastiert«, schränkte Joas ein, »gibt das ein schiefes Bild.«

Angesichts der massiven Proteste aus der islamischen Welt räumte der Generalsekretär des Zentralrats der Muslime ein, dass es im Islam einige Gruppen gebe, die den Islam mit ihrer extremen Ideologie für sich vereinnahmen und damit missbrauchen wollen. »Das dürfen wir nicht zulassen«, so Mazyek gegenüber der *Süddeutschen Zeitung*. Auf die Frage, ob der Papst aus seiner Sicht mit der Rede einen Fehler begangen habe, erklärte mir Aiman Mazyek später: »Die Rede hatte viele Ansätze für ernste Gespräche: Religion und Gewalt, Glaube und Gewalt. Aber die Art und Weise, wie er das Zitat eines Kaisers, welches apologetisch ist, in die Rede verpackt hat, das ist der Fauxpas. Das hat dazu geführt, dass die Rede falsch ausgelegt worden ist. Das Problem ist die akademische Schreibweise. Nicht das Thema selber hat zu den Wirrungen geführt.« Aus Deutschland meldete sich am Freitag der Theologe Hans Küng zu Wort. Er hielt Papst Benedikt XVI. mangelndes Wissen über den Islam vor. Mit seiner als islamkritisch aufgefassten Rede habe der Papst zwar »mit Sicherheit keine gezielte Provokation beabsichtigt«, sagte Küng am Tag nach der Deutschlandreise der Nachrichtenagentur *ddp*. Dem Papst sei aber »aus mangelnder Information über den Koran und den Islam« ein Missverständnis unterlaufen, das er hätte vermeiden können. Küng meinte weiter, hier zeigten sich »die Grenzen des Theologen Ratzinger, der sich mit anderen Religionen nicht ausreichend auseinandersetzt«. Er hielt die Vorwürfe der islamischen Welt gegen Benedikts Rede für »durchaus berechtigt«. Es sei »höchst unklug, ein historisches Dokument aus byzantinischer Zeit zu nehmen, um zu illustrieren, wie der Islam zu verstehen ist«. In diesem Zusammenhang hoffe er, dass sich Benedikt XVI. »nicht mit diesem oberflächlichen Urteil über den Islam identifiziert«.

Der Vatikan im Zugzwang

Im Vatikan war die Verwirrung groß, und jeder dort wünschte sich ein schnelles und vor allem unproblematisches Ende der Diskussion um die Rede des Papstes. Allerdings war nicht nur Solidarisches hinter den Mauern zu hören. Es sei der erste und größte Fehler in diesem Pontifikat gewesen. Benedikt selbst habe seinem Wirken damit Schaden zugefügt. Von Versagen war die Rede. Am Samstag trat der neue Kardinalstaatssekretär Tarcisio Bertone im Vatikan vor die Presse und teilte der Welt das Bedauern des Heiligen Vaters mit, dass einige Passagen der Rede als Beleidigung für gläubige Muslime klingen konnten, und dass sie in einer Weise interpretiert wurden, was keinesfalls seinen Intentionen entspreche.

Bertone verwies darauf, dass Benedikt XVI. die westliche säkularisierte Kultur vor einer »Verachtung Gottes und einem Zynismus« warnt, der die Verspottung des Heiligen als Freiheitsrecht ansehe. Es sei nicht Benedikts Ziel, den Islam zu verunglimpfen. Im Gegenteil: Die Haltung des Papstes zum Islam sei unmissverständlich diejenige, die sich im Konzilsdokument »Nostrae Aetate« findet: »Mit Hochachtung betrachtet die Kirche auch die Muslime, die den alleinigen Gott anbeten, den lebendigen und in sich seienden, barmherzigen und allmächtigen, den Schöpfer des Himmels und der Erde, der zu den Menschen gesprochen hat. Sie mühen sich, sich auch seinen verborgenen Ratschlüssen mit ganzer Seele zu unterwerfen, so wie Abraham sich Gott unterworfen hat, auf den der islamische Glaube sich gerne beruft. Jesus, den sie allerdings nicht als Gott anerkennen, verehren sie doch als Propheten, und sie ehren seine jungfräuliche Mutter Maria, die sie bisweilen auch in Frömmigkeit anrufen. Überdies erwarten sie den Tag des Gerichtes, an dem Gott alle Menschen auferweckt und ihnen vergilt. Deshalb legen sie Wert auf sittliche Lebenshaltung und verehren Gott besonders durch Gebet, Almosen und Fasten.«

Bertone unterstrich zusätzlich das unmissverständliche Eintreten Benedikts für einen interreligiösen und interkulturellen Dialog. Bei einem Treffen mit Vertretern einiger muslimischer Gemeinschaften in Köln am 20. August 2005 hatte der Papst betont, dass dieser Dialog zwischen Christen und Muslimen »nicht auf eine Zeitgeistentscheidung reduziert werden« dürfe. Und er hatte hinzugefügt: »Die Lehren der Vergangenheiten müssen uns davor bewahren, die gleichen Fehler zu wiederholen. Wir wollen Wege der Versöhnung suchen und lernen, so zu leben, dass jeder die Identität des anderen respektiert.«

Zum Kernvorwurf vor allem aus der muslimischen Welt sagte Bertone: »Was das Urteil des byzantinischen Kaisers Manuel II.

Palaeologos betrifft, das er in der Rede von Regensburg wiedergab, hat der Papst nicht beabsichtigt und beabsichtige keinesfalls, es sich zu eigen zu machen. Er hat die Worte nur als Anlass benutzt, um – in einem akademischen Kontext und wie es sich aus einer vollständigen und aufmerksamen Lektüre des Textes ergibt – einige Reflektionen zum Thema der Beziehung zwischen Religion und Gewalt im Allgemeinen zu entwickeln. Und er folgerte daraus eine klare und radikale Zurückweisung der religiösen Motivation von Gewalt, von welcher Seite sie auch immer kommen mag.« Der Kardinalstaatssekretär führte die Gedenkbotschaft Benedikts zum 20. Jahrestag des interreligiösen Friedenstreffens an, zu dem sein Vorgänger Johannes Paul II. im Oktober 1986 nach Assisi eingeladen hatte: »Die Manifestationen der Gewalt darf man nicht den Religionen als solche anlasten, sondern den kulturellen Grenzen, in denen sie im Laufe der Zeit gelebt und entwickelt wurden. (...) Tatsächlich finden sich Zeugnisse einer inneren Verbindung zwischen Gottesbeziehung und einer Ethik der Liebe in allen großen religiösen Traditionen.« Im Namen des Papstes bat Bertone anschließend, ihm zu helfen, damit seine Worte von den Muslimen richtig verstanden werden würden.

In Rom hoffte man, die klaren und dem Islam gegenüber äußerst respektvollen Worte würden ihre Wirkung zeigen. Doch die Angelegenheit war anscheinend noch immer nicht bereinigt. »Wir wollen eine persönliche Entschuldigung des Papstes. Wir empfinden, dass er einen gravierenden Fehler begangen hat, der uns betrifft, und dieser Fehler kann nur durch eine persönlich vorgebrachte Entschuldigung beseitigt werden«, sagte der Vizechef der ägyptischen Moslembruderschaft, Mohammed Habib. Das, was der Vatikan bisher verbreitet habe, sei keine persönliche Entschuldigung für Aussagen, von denen der Papst überzeugt sei.

Der wahre Kern der Rede

Benedikt zeigte sich betrübt über das Missverständnis, denn seine Rede hatte er weder daraufhin angelegt, die religiösen Gefühle der Muslime zu verletzen, noch ihren Propheten Mohammed als einen Gewaltführer darzustellen. Seinen Text hatte der Papst eigentlich an die westliche Welt gerichtet. Sie solle über den Vernunftgebrauch nachdenken. Seine Mahnung war für die Theologen und die christlichen Kirchen gedacht. So solle man nicht den Enthellenisierungswellen (Abkehr von der griechischen Philosophie) in der Weise folgen, dass man das Christentum zwar in Einklang mit der Vernunft bringe, aber »nicht indem man es von scheinbar philosophischen und theologischen Elementen wie etwa dem Glauben an die Gottheit Christi oder der Dreieinheit Gottes befreie«. Das war der eigentliche Kernpunkt der Rede. Auch der Erfurter Religionsphilosoph Stamatios Gerogiorgakis sieht hier die Hauptthese der Regensburger Rede: »Christ sein bedeutet, Freund des vernünftigen Arguments zu sein, was wiederum Abkehr von der Gewalt bedeutet. Dies erscheint vielleicht simpel, ist aber der Inbegriff dessen, was Benedikt XVI. berechtigt ›Hellenisierung‹ des christlichen Glaubens nennt.« Benedikt kenne auch die »Enthellenisierungstendenzen« des Christentums, sagt mir Gerogiorgakis. Das seien Bewegungen, die vor lauter Emotionalität und politischer Korrektheit die Vernunft aus den Augen verlören. Der Papst orte sie bei der Reformation, in der liberalen Theologie und in der gegenwärtigen Transkulturalität.

Damit wäre ein gänzlich anderes Gegenüber angesprochen worden, als die entbrannte Diskussion glauben machte. Dem stimmte auch der Vorsitzende des Rates der evangelischen Kirchen in Deutschland, Bischof Huber, zu: Er sieht *seine* Kirche in der Kritik, denn die Reformation war die erste Welle der Enthellenisierung.

Das Sola-Scriptura-Prinzip versuchte, den Glauben frei zu machen von fremdbestimmten Einflüssen – etwa der antiken griechischen Philosophie –, um das biblische Wort wieder als alleinbestimmende Grundlage des christlichen Glaubens zu konstituieren. Doch um diese Aussagen zu verstehen, müsste man den gesamten Text der Rede lesen. »Die Grundentscheidungen, die den Zusammenhang des Glaubens mit dem Suchen der menschlichen Vernunft betreffen, die gehören zu diesem Glauben selbst und sind seine ihm gemäße Entfaltung«, habe Papst Benedikt XVI. in seiner Regensburger Vorlesung zu Recht festgestellt, erklärte Huber in der *Frankfurter Allgemeinen*. Man brauche sich dabei nicht allein auf einen vorneuzeitlichen, »griechischen« Vernunftbegriff beschränken, um zu einer positiven Antwort zu kommen. Auch die neuzeitlichen Bemühungen um die Zusammengehörigkeit von Vernunft und Glauben ließen sich von hier aus verstehen. Denn der Zusammenhang des Glaubens mit dem Suchen der menschlichen Vernunft müsse immer wieder neu entfaltet und ausgelegt werden. Nur so bewahre man die Gesellschaft vor einer »glaubenslosen Vernunft ebenso wie vor einem vernunftlosen Glauben«.

Rückzieher der Kritiker

Der Wirbel, der sowohl in der Pressewelt als auch durch die Äußerungen der aufgebrachten Muslime entstanden war, wäre bei vollständiger Lektüre des Redetextes sicher weniger umfangreich ausgefallen. Ali Bardakoglu, Chef der Religionsbehörde der türkischen Regierung und gleichzeitig das von der Staatsführung bestellte Oberhaupt der Muslime in der Türkei, musste ein paar Tage später zugestehen, dass die Ansprache des Papstes mehr umfasste, als die paar Zeilen, die in der Kritik standen. Bardakoglu ist ein renommierter Theologe und Imam. Seine überhastete Kritik zeugte allerdings eher von Aktivismus als von wissenschaftlicher Umsichtigkeit. So räumte er schließlich ein, dass er die harsche Kritik zurückziehen müsse, nachdem er die Rede vollständig gelesen habe. Seine erste Kritik am Papst habe er auf der Basis von Pressemeldungen über die Äußerungen von Benedikt formuliert, sagte Bardakoglu der türkischen Presse. Er habe sich dann den vollständigen Text der Regensburger Rede aus dem Deutschen übersetzen lassen. Mehmet Yilmaz, der Korrespondent der bedeutendsten türkischen Tageszeitung *Hürriyet,* kommentierte süffisant: »Es kommt mir so vor, als ob niemand von jenen in der islamischen Welt, die den Papst wegen seiner Rede attackieren, die Papst-Rede auch gelesen hat.«

Der Glanz des Papstbesuchs in Bayern verblasste zusehends unter dem Schleier von teilweise unfairer Kritik und unsachlichen Diskussionen. War es wirklich ein schlechter Stern, unter dem die Reise stand – wenn man sich denn den Begriffen der Himmelsdynamik bedienen möchte? Unter dem islamischen Halbmond jedenfalls war die Stimmung entsprechend aufgeladen. Rücktrittsforderungen waren noch die milderen Varianten, die man in Verlautbarungen oder Presseberichten aus den islamisch geprägten Ländern hören konnte. Dass ausgerechnet der iranische Präsident Ahmadinedschad ausrichten ließ, dass doch alles halb so schlimm sei, zumal der Papst die eigentliche Absicht seiner Rede mehrere Male sehr deutlich dargelegt habe, war allerdings eine Überraschung. Es wäre die perfekte Vorlage zu einem neuerlichen und diesmal offensichtlich religiös begründeten Sturm auf die westliche Welt gewesen. Darauf zu reagieren, hätte vielen Muslimen eingeleuchtet.

Verwirrung im Vatikan

Was war nun eigentlich passiert? Die »Regensburger Rede« sollte Benedikts Abschiedsvorlesung werden. So hörte man es in den Tagen des Besuchs in Bayern, weil er zwar 1959 in Bonn eine Antrittsvorlesung, aber niemals eine richtige Abschiedsvorlesung gehalten habe. Darin liegt der Grund für den Habitus der Rede. Benedikt wollte ein letztes Mal in die Rolle des Professors schlüpfen. Er bekam die Chance, sich in einem universitären Rahmen über die Grundzüge seiner Theologie zu äußern. Noch einmal das nostalgische Gefühl, als Dozent vor einem akademischen Auditorium reden zu können. Wahrscheinlich fand er sich also beim Verfassen wie auch beim Vortrag in diesem Gefühl wieder.

Mazyek, Generalsekretär des Zentralrats der Muslime in Deutschland, brachte diesen Gedanken in unserem Gespräch auf den Punkt. Denn der Papst sei nicht nur als Schriftgelehrter in Regensburg gewesen. Er war auch der Repräsentant der Katholiken sowie oberster Staatsmann, zumindest rein protokollarisch. Zudem sei es von Seiten des Papstes kein Dialog unter Gleichgesinnten gewesen, sondern er habe im Ton eines Oberlehrers, mit erhobenem Zeigefinger gesprochen. »Ich glaube, dass war die große Irritation der muslimischen Welten.« War das der Ausgangspunkt des Missverständnisses? Dann müsste sich Benedikt XVI. diese Reaktion gefallen lassen. Er war eben auch in diesem Moment der Papst, und nicht nur Professor.

Dass die Rede eines Religionsführers – unter welchen Umständen auch immer gehalten – genauestens beäugt wird, ist ihm bewusst. Dabei folgt die Betrachtung des Gesagten nicht den Gesetzmäßigkeiten einer klassischen Vorlesung im Sinne eines Gedankendisputs, sondern leider oft genug dem Gesetz der Empfindlichkeiten und manchmal der interessengeleiteten Selektion.

Im Vatikan und anderswo wurde die Information gestreut, dass der Papst diese Rede vorher keinem zu lesen gegeben habe. Der Luzerner Theologe Edmund Arens sieht es ähnlich, wenn auch mit dem Verständnis eines Hochschullehrers. In einer Veröffentlichung der Universität Luzern sagte er: »Ich gehe davon aus, dass Benedikt es in dem Fall nicht getan hat, weil es seine ureigenste Abschiedsvorlesung sein sollte. Unterließe er es auch, wenn er als Papst spricht, so wäre er von allen guten Geistern verlassen.« Arens schätzt Joseph Ratzinger von seinem Wesen nicht als Provokateur ein, sondern als einen sanften, reflektierten und zurückhaltenden Menschen. Er hielt die Rede für »hervorragend, wenn man von diesem blöden Zitat absieht«.

Nach meinen eigenen Informationen hat der Papst die Rede einigen Mitarbeitern zum Lesen gegeben. Vielleicht war der Umfang der Rückversicherung nicht so ausführlich wie sonst. Allerdings haben bei denen, die einen Blick auf den Text geworfen haben, keine Alarmglocken geläutet. Auch von Journalistenkollegen oder kirchlichen Mitarbeitern, die den Text bereits am Vormittag in den Händen hielten, kam keine Warnung wegen der möglicherweise missverständlichen Passagen.

Bald gab es immer mehr Stimmen, die sagten, dass das Zitat unnötig gewesen wäre. Die Vorlesung hätte auch ohne die Worte des byzantinischen Kaisers zum angedachten Ergebnis geführt. Benedikt hätte andere, aus muslimischer Sicht unverfänglichere Autoritäten anführen können, statt eines Repräsentanten Ostroms, der im immer bedeutungsloser gewordenen, kleinstaatlichen Byzanz unter der Herrschaft des Osmanischen Reiches lebte. Die nicht gerade freundliche Einstellung zur Übermacht färbte die Äußerung des byzantinischen Kaisers. Benedikt hätte zudem die Möglichkeit gehabt, dem Zitat eine Art diplomatische Formel beizufügen, die sofort klarstellen würde, dass es sich um ein Zitat handelt, das weder seiner Meinung entspricht, noch eine alleingültige Aussage darstellt. In einem wissenschaftlichen Diskurs ist das nicht notwendig. Doch bei einer Rede, die zwar im universitären Rahmen gehalten, aber gleichzeitig außeruniversitär wahrgenommen wird, gelten im Zweifelsfall die Regeln beider Bereiche.

Der Münsteraner Theologe Adel-Théodore Khoury, aus dessen Buch das umstrittene Zitat stammt, hat wenig Verständnis für die Kritik. Gegenüber der *Frankfurter Allgemeinen Zeitung* sagte er: »Der Papst hat das Zitat nicht benutzt, um etwas über den Islam zu sagen. Das war gar nicht sein Thema. Er brauchte es nur, um zu seinem nächsten Gedanken überzuleiten. Etwas später kommt ja der entscheidende Satz: ›Nicht vernunftgemäß handeln ist dem Wesen Gottes zuwider.‹ Es ging ihm um die Frage des göttlichen Voluntarismus. Das ist übrigens auch in der islamischen Theologie eine große Diskussion.« Khoury, der die byzantinische Quellenedition 1966 in französischer Sprache herausgegeben hatte, fand jedoch, dass der Papst diese Stelle der Rede in der Weise hätte präzisieren können, dass er damit nur eine radikale Minderheit unter den Muslimen, die gewaltbereiten Islamisten, meint.

Eigentlich hätte die Angelegenheit an dieser Stelle bereinigt sein können. Doch es standen noch immer die Forderungen der islamischen Vertreter im Raum, wonach der Papst sich entschuldigen solle. Am Sonntag, dem ersten Tag der Folgewoche nach dem Besuch in Deutschland, richteten sich viele Augen, Mikrophone und Kameras der Welt auf das mittlere Fenster im zweiten Stock des Palazzo Apostolico in Castel Gandolfo. Papst Benedikt XVI. betete mit den Gläubigen bei strömendem Regen im Innenhof des Palastes den Angelus. Zu Beginn nutzte er die Gelegenheit, um das Missverständnis richtigzustellen. Damit folgte er den Ausführungen, die Kardinal Bertone am Tag zuvor schon veröffentlicht hatte. »Ich hoffe, dass dies dazu dient, die Gemüter zu beruhigen und die wahre Bedeutung meiner Ansprache zu verdeutlichen, die in ihrer Gesamtheit eine Einladung zum offenen und aufrichtigen Dialog in großer gegenseitiger Achtung war und ist. Dies ist der Sinn der Ansprache.« Die Welt bekam keine ausdrückliche Entschuldigung zu hören. Benedikt wollte sich nicht für etwas entschuldigen, das er nicht gesagt und gemeint hatte.

Bei der darauf folgenden Mittwochsaudienz auf dem Petersplatz reflektierte Benedikt vor 40 000 Leuten in deutscher Sprache Erinnerungen an die Stationen und Ereignisse der Pastoralreise nach Bayern. Dann kam er nicht umhin, noch einmal ausführlich auf die Absicht seiner Rede einzugehen: »Ausgehend davon, was Manuel II. im Folgenden positiv und mit sehr schönen Worten sagt über die Vernünftigkeit, die uns in der Weitergabe des Glaubens leiten muss, wollte ich erklären, dass nicht Religion und Gewalt, sondern Religion und Vernunft zusammengehören. Thema meines Vortrags war also – dem Auftrag der Universität entsprechend – das Verhältnis zwischen Glaube und Vernunft: Ich wollte zum Dialog des christlichen Glaubens mit der modernen Welt und zum Dialog aller Kulturen und Religionen einladen. Ich hoffe, dass in verschiedenen Augenblicken meines Besuchs – zum Beispiel, als ich in München unterstrichen habe, wie wichtig es ist, Ehrfurcht zu haben vor dem, was den anderen heilig ist – mein tiefer Respekt gegenüber den Weltreligionen deutlich geworden ist, besonders gegenüber den Muslimen, die ›den alleinigen Gott anbeten‹ und mit denen wir gemeinsam eintreten ›für Schutz und Förderung der sozialen Gerechtigkeit, der sittlichen Güter und nicht zuletzt des Friedens und der Freiheit für alle Menschen‹ (Nostra Aetate, 3). Ich vertraue also darauf, dass nach den Reaktionen des ersten Augenblicks meine Worte in der Universität von Regensburg Antrieb und Ermutigung zu einem positiven und auch selbstkritischen Dialog sowohl zwischen den Religionen als auch zwischen der modernen Vernunft und dem Glauben der Christen sein können.«

Aiman Mayzek zeigte sich daraufhin zufrieden: »Ich glaube, der größte Teil der Muslimen hat das so akzeptiert, dass diese Erklärung ausreicht, um auch wieder nach vorne zu schauen und den Dialog weiterzuführen. Wir als Zentralrat-Muslime haben es völlig ausreichend empfunden, dass der Vatikan sich dazu erklärt hat, und wir haben das auch öffentlich zum Ausdruck gebracht. Es gibt vielleicht manchen, der da noch mehr wollte, aber ich denke, der gehört zur Minderheit.«

Der Schritt zum konstruktiven Dialog

Am 25. September 2006 fand in Castel Gandolfo ein Treffen statt, auf das der Papst besonderen Wert legte. Seiner Einladung waren die Botschafter muslimischer Länder und Vertreter muslimischer Gemeinden in Italien gefolgt. Benedikt wollte seinen einordnenden Worten noch einmal Nachdruck verleihen und die Diskussion gleichzeitig auf eine Ebene bringen, auf der nicht mehr das Gegeneinander, sondern vielmehr das Miteinander in der Gestaltung der Zukunft entscheidend sein würde. Den im Saal der Schweizer versammelten Vertretern legte er seine Vision des Miteinanders nahe: »In einer Welt, die vom Relativismus geprägt ist und allzu oft die Transzendenz aus der Universalität der Vernunft ausschließt, bedürfen wir dringend eines echten Dialogs zwischen den Religionen und zwischen den Kulturen, der uns helfen kann, alle Spannungen in einem Geist fruchtbarer Zusammenarbeit gemeinsam zu überwinden.« Benedikt appelliert gegenüber den religiösen Autoritäten sowie politisch Verantwortlichen, dass aus den Lehren der Vergangenheit in Bezug auf manche Unstimmigkeiten und Gegnerschaften zwischen Christen und Muslimen ein konstruktiver interreligiöser und interkultureller Dialog als Basis für den weltweiten Frieden von Bedeutung sei.

Nach den Erklärungen des Heiligen Vaters kam es nun doch noch zu einem konstruktiven Dialog zwischen Muslimen und Christen – über den »Frieden im Glauben«, die zu überwindende Kluft zwischen »Glaube und Vernunft« sowie die Absage an Gewalt im Namen eines religiösen Fanatismus, ganz so wie es Benedikt mit seiner Regensburger Vorlesung anregen wollte.

Am 12. Oktober 2006 schickten 38 muslimische Gelehrte aus fast ebenso vielen Nationen einen offenen Brief an den Papst. Das Schreiben ist einzigartig in der Geschichte der interreligiösen Beziehungen, da alle acht Schulen der islamischen Lehre durch die Autoren repräsentiert wurden. Unter ihnen waren die Großmuftis von Ägypten, Russland, Bosnien, Kroatien, Kosovo, Slowenien, Usbekistan, Oman und Istanbul sowie ein schiitischer Ayatollah aus dem Iran.

Darin heißt es: »Wir loben zwar Ihre Bemühungen gegen die Vorherrschaft des Positivismus und Materialismus im menschlichen Leben, aber wir müssen Sie auf einige Irrtümer hinweisen, wenn Sie den Islam als Kontrapunkt zum richtigen Gebrauch der Vernunft anführen, sowie auf einige Fehler in den Behauptungen, die Ihre Argumentation untermauern sollen.« Auf die Ausführungen Benedikts zum Thema Vernunft und Glaube antworteten die Gelehrten: »Die Kluft zwischen ›Vernunft‹ auf der einen und ›Glaube‹ auf der anderen Seite existiert im islamischen Denken nicht in genau derselben Form. Vielmehr haben die Muslime, was die Macht und Grenzen des menschlichen Verstandes betrifft, ihre eigene Lösung gefunden, die eine Hierarchie des Wissens anerkennt, von der die Vernunft ein wesentlicher Teil ist. Es gibt zwei Extreme, welche die islamische Geistestradition im Allgemeinen zu vermeiden wusste: Das eine ist, den analytischen Verstand zum letzten Richter über die Wahrheit zu machen; das andere ist, dem menschlichen Denken überhaupt die Fähigkeit abzusprechen, sich mit den letzten Fragen zu befassen. Noch wichtiger ist es, dass die muslimische Erforschung des menschlichen Geistes in ihrer reifsten und verbreitetsten Ausprägung durch die Zeitalter einen Zusammenklang zwischen den Wahrheiten der Offenbarung des Koran und den Forderungen der menschlichen Intelligenz beibehalten hat, ohne das eines dem anderen zum Opfer fiel.«

Bundesaußenminister Frank-Walter Steinmeier wertete den Ausgang der Auseinandersetzungen um die Papstrede positiv. In einer Rede sagte Steinmeier: »Wie schnell der ›Dialog mit dem Islam‹ zu einem hochprofessionellen Gespräch unter Theologen und Religionsführern führt, zeigt sich in der spannenden Auseinandersetzung um das Verhältnis von Vernunft und Glauben, die durch die Rede des Papstes in Regensburg angestoßen wurde. Im Unterschied zum Karikaturenstreit hatte diesmal auch die Antwort von islamischer Seite argumentatives Niveau.« Steinmeier wertete es als Fortschritt, dass sich der Streit unter Religionsvertretern um das Verhältnis von Glauben und Vernunft drehe und dass alle Beteiligten das gute Verhältnis ihres Glaubens zur Philosophie betonten.

Walter Kasper, Kurienkardinal und Präsident des Päpstlichen Rats zur Förderung der Einheit der Christen, sagte der *Frankfurter Allgemeinen Zeitung*: »Die Konflikte in der globalisierten Welt zwingen die Christen, zusammenzurücken und ihre Gemeinsamkeiten gegenüber der islamischen, aber auch der säkularisierten Welt zu entdecken.«

Ist es etwa das, was die Regensburger Rede erreicht hat, dass man sich nun den grundlegenden Dingen, den Gemeinsamkeiten widmen möchte? Was hätte dieses Wohlwollen sonst auslösen können? Ein Konflikt ist zunächst kein fruchtbarer Nährboden für Einsichten. Bringt man aber die strittige Thematik von der meist aggressiven Ebene auf eine Ebene der nachvollziehbaren Argumente, des ehrlichen Interesses am Gegenüber, dann kann das zum Erfolg führen.

So scheint es im Nachhinein, als ob der schlechte Stern doch noch zu einer positiven Leuchtkraft gefunden hat. Im Rückblick erscheinen auch die anfänglichen Probleme bei der Organisation wie Marginalien. Denn das, was sich nach der Rede ereignet hatte, konnte keiner vorhersehen.

Der Regensburger Dekan, Dohmen, hat noch heute Anzeichen von Ratlosigkeit und Verzweiflung in der Stimme, wenn er von der Rede Benedikts an der Universität und den Tagen nach dem Besuch berichtet. Als Dekan hatte er die Nachwehen hautnah miterlebt: »In den 14 Tagen nach der Rede wurde ich von allen Seiten um Stellungnahmen gebeten. Die Polizei beriet uns damals sogar wegen Sicherheitsvorkehrungen. Aber es gab keine konkreten Drohungen, und niemand hat die Uni wegen der Rede haftbar machen wollen.« Aus der ganzen Welt trafen Briefe an der Universität ein, oftmals nur zur Kenntnisnahme, also als »Zweitschrift«. Die Briefe waren dann eigentlich an den Vatikan oder an die deutsche Regierung adressiert. Die Universität hat auf alle Briefe geantwortet, zumal überwiegend Desinformationen vorlagen«, sagte Dohmen. »Und deshalb haben wir allen den kompletten Text geschickt.«

Sie waren dort in Regensburg so stolz auf ihren Papst, ihren Professor. Sie hatten es fast nicht glauben wollen, dass er auf seiner Reise tatsächlich einen Abstecher an seine alte Wirkungsstätte machen würde. Und dann das! Doch die Professoren und die Studenten waren überzeugt davon, dass der wissenschaftliche Vortrag des Papstes in keiner Weise falsch oder missverständlich gewesen war. Lediglich durch die Verwendung des Zitats war es zu diesen

Verwerfungen gekommen. Also hatte die Universität Regensburg nur eine Möglichkeit: Aufklärung mit dem gesamten Text. Denn die meisten kannten nur die wenigen Worte des Zitates. Aber in den Fluten von Briefen und E-Mails aus aller Welt gab es auch andere Stimmen. »Wir erhielten viele Solidaritätsbekundungen aus allen Bevölkerungsschichten«, erinnert sich Dohmen, »sie alle standen hinter dem Papst.«

Heikle Mission in der Türkei

Brückenschlag am Bosporus

Zwanzig Minuten nach fünf ist die Nacht für mich plötzlich vorbei. Die durchdringende Stimme des Muezzins der Blauen Moschee reißt mich aus dem Schlaf. Das Gebet kann heute nicht vom scharfen Wind in die Meerenge des Bosporus verweht werden. Erreicht die Stimme dieses Muezzins einmal nicht die Mauern und Fenster der Häuser, so ist es der nächste, der von den schlanken Minaretten einer anderen Moschee ein paar dutzend Meter weiter ruft. Doch auch in Istanbul sind die Zeiten der reinen menschlichen Stimme vergangen. Scharen von trompetenförmigen Lautsprechern verstärken die Stimmen der Muezzins und beschallen die Straßen und Gassen der Millionenmetropole Istanbul. Es ist der dritte Tag der 5. Papstreise. Draußen warten tiefhängende Wolken, die eher von Regen künden als von frühwinterlichem Sonnenwetter.

Diese Papstreise ist keine gewöhnliche, weder für den Pontifex, noch für uns Journalisten. Schon im Vorfeld hörten wir Warnungen, dass es auch für uns gefährlich werden könnte, wenn wir von dort berichten. Morddrohungen an den Heiligen Vater könnten gegebenenfalls auch uns gelten. Im Vatikan hatte man alles versucht, um Benedikt XVI. von dieser Reise abzuhalten. Deshalb wird der genaue Zeitplan dieser Reise aus Sicherheitsgründen geheim gehalten. Das bereitet uns Journalisten natürlich einiges Kopfzerbrechen, denn wir können so unsere Sendezeiten nicht genau planen. Anfragen an das Begleiter-Team des Papstes blieben bisher erfolglos, denn auch dort sagt man zwar, was nacheinander folgen soll, aber nicht wann. Lediglich die Anfänge der Gottesdienste sind bekannt. Drohungen gegen den Papst, von Geheimdiensten als ernst bewertet oder solche, die im Cyberspace durch die Netze geistern, scheint der Papst entweder nicht wahrzunehmen, oder er ignoriert sie bewusst. Sicher hat er manches auch weder geahnt noch gewusst. Von dem Verkehrsinfarkt in der türkischen Metropole hat ihm wohl keiner erzählt. Mit seinem Besuch hat er das perfekte Chaos über Istanbul gebracht. »Die Galata-Brücke ist gesperrt«, gibt uns die *Spiegel*-Korrespondentin durch, als sie auf dem Weg zu uns zur Sendung ist. Die Taxifahrer fahren im Kreis und setzen ihre Gäste schließlich irgendwo entnervt ab.

Aber auch zu Fuß hat man ein Problem, denn die Sicherheitszonen sind sehr großzügig angelegt worden. Die türkische Regierung will nichts riskieren, was das Leben und die Reise des Papstes ernsthaft stören könnte. Zum Phanar des Patriarchats kommt man auch zu Fuß schon lange nicht mehr durch. Überall sind Absperrgitter, davor und dahinter unüberschaubar viele Polizisten. Nicht nur Streifenwagen können wir überall patrouillieren sehen, selbst gepanzerte Wagen und Wasserwerfer stehen in Bereitschaft. Ständig knattern Hubschrauber der Polizei und des Militärs durch die Luft. Die Nachrichtenagenturen meldeten eine Drohung der al-Qaida, den Papst in Istanbul zu töten, da dieser am zweiten Tag in der Messe am Marienwallfahrtsort Meryem Ana Evi bei Ephesus für den Frieden in Jerusalem und für alle Völker betete. Man legte ihm das als Ankündigung eines neuen Kreuzzuges aus, mit dem Benedikt die Türkei aus der Phalanx der islamischen Staaten herauslösen möchte.

Dabei hatte er bei der Ankunft am Flughafen in Ankara und beim Besuch im Atatürk-Mausoleum, wo der Gründer der türkischen Republik seine letzte Ruhestatt hat, sein Brustkreuz unter dem weißen Mantel verborgen gehalten. Das haben die Türken und vor allem die Muslime dem ungebetenen Gast aus Rom hoch angerechnet. »Ein Kreuzfahrer ohne Kreuz«, heißt es tags darauf auf der Titelseite der Zeitung *Sabah*. Also kein Kreuzzug durch die Straßen von Ankara – stattdessen versöhnliche Worte und ein bescheidener Auftritt des Papstes.

Es ist der Höhepunkt des Tages: Die Aufwartung des Papstes bei Professor Ali Bardakoglu, dem obersten Chef der staatlichen Religionsbehörde – bei dem Mann, der die Papstäußerungen über den Islam und die Gewalt im September 2006 »feindselig und provozierend« genannt hatte. Sogar von »Kreuzfahrermentalität« war damals die Rede. Einen schwerwiegenderen Vorwurf aus der islamischen Welt hatte ein Pontifex in der jüngeren Geschichte selten vernehmen müssen. Als Reaktion gibt sich der Papst in Ankara versöhnlich wie selten. »Christen und Muslime gehören zur Familie derjenigen, die an den einen Gott glauben«, sagt der Papst in seiner Rede vor dem Wächter des türkischen Islam. Noch als Kardinal und Präfekt der Glaubenskongregation war Joseph Ratzinger ein Mann, der gerade die Unterschiede zwischen den Religionen oder theologischen Strömungen herausgearbeitet hatte.

Immer wieder betont er nun die Gemeinsamkeiten zwischen Christen und Muslimen: Statt von Gewalt, die nicht einmal als Zitat in seiner Rede vorkommt, spricht er vom biblischen Urvater Abraham, von der gemeinsamen Marienverehrung bis hin zum gemeinsamen Engagement für den Frieden. Kurz: Er ist ein braver Religionsführer. Seine Worte der Regensburger Rede nahm er auch an diesem Abend nicht zurück, denn es handelte sich ja

Das Thema der Türkeireise: Frieden. Der Papst im Hof der Kathedrale von Istanbul.

lediglich um ein Zitat, das er innerhalb eines wissenschaftlichen Diskurses verwendet hatte.

Ganz anders der Chef der Religionsbehörde. Ali Bardakoglu, in der Robe eines Muftis, nimmt kein Blatt vor den Mund. Er spricht zwar auch von Dialog und Annäherung, kritisiert aber eine zunehmende »Islamophobie« in der westlichen Welt, die dem Islam einen Hang zur Gewalt unterstelle. Während es der Papst vermied, seine missverstandene Regensburger Rede auch nur zu erwähnen, geht sein Gegenüber nun noch einmal sehr deutlich auf diese ein:

»Wenn Religionsführer zusammenkommen, sollten sie sich darauf konzentrieren, die Probleme der Menschheit zu lösen, ohne zu versuchen, die Überlegenheit des eigenen Glaubens herauszustellen.« Das musste sich ein Papst schon lange nicht mehr gefallen lassen, bei einem Treffen mit einem anderen Religionsführer derart gerüffelt zu werden.

Kein Kreuzzügler aus Rom

Doch der Mann aus Rom ist kein Kreuzzügler. Das bestätigen auch die türkischen Zeitungen nach dem ersten Tag der Reise. Sie schreiben stattdessen, der oberste Religiöse des Landes habe den Papst schulmeisterlich behandelt. Anstelle des erwarteten Kreuzritters sei ein älterer weißhaariger Mann aus dem Alitalia-Flugzeug gestiegen, der leise, ja fast schon demütige Töne anschlug. Tatsächlich stand ihm die Anspannung ins Gesicht geschrieben, sein Lächeln war streng und starr. Vorsichtig und schüchtern schaute er sich um, denn er wusste, die Fernsehkameras der Welt sind in diesen Tagen auf ihn gerichtet. Nach seinen unglücklich formulierten und daher leicht misszuverstehenden Äußerungen zum Thema Islam und Gewalt steht bei der Türkeireise viel auf dem Spiel. »Ratzinger auf dem Prüfstand«, nannte es eine italienische Zeitung. Sein Gesicht sei schmal geworden, der Papst habe in den vergangenen Wochen abgenommen, berichteten die Kollegen aus Italien. Es waren sicher nicht die leichtesten Wochen für ihn, nachdem er so glücklich aus Bayern nach Rom zurückgekehrt war.

Bereits im Flugzeug auf dem Weg nach Ankara versuchte er, im Gespräch mit Journalisten die Lage zu entspannen, als er sagte, dass dies kein politischer Besuch sei. Das klang natürlich wie Wunschdenken, denn selten war eine Papstreise derart von politischem Sprengstoff durchsetzt wie diese. Kurienkardinal Kasper bezeichnete sie im Vorfeld gar als eine »Reise über ein Minenfeld«. Dagegen war das heimatliche Bayern eine paradiesische Blumenwiese gewesen.

Der Papst kommt nicht als Eroberer und Vernichter des Islam, sondern als ein Mensch, der sich um das Gespräch bemüht. Er kommt und spricht vom Frieden. Er zitiert den berühmten Atatürk-Ausspruch: »Frieden zu Hause, Frieden in der Welt«. Damit schließt er sich den Worten des Republik-Gründers an, der die Türkei als ein »Land, das Treffpunkt der Religionen und Kulturen, Brücke zwischen Asien und Europa ist«, beschreibt. Die Türken sind davon begeistert, denn mit der Erinnerung an ihren geliebten Atatürk wählte Benedikt den direkten Weg in ihre Herzen. War er zunächst mit sehr angespannt wirkenden Gesicht in das öffentliche Licht der Türkei getreten, wirkt er inzwischen so, als ob er die Reise sowie das Gelingen seines Besuches in die Hände der göttlichen Vorsehung gelegt hatte, der er auch bislang vertraute.

»Ihr Besuch hätte zu keiner besseren Zeit erfolgen können«, sagt der libanesische Botschafter dem Papst beim Empfang der Diplomaten in Ankara. Der Vize-Dekan des diplomatischen Corps, der libanesische Botschafter Georges Siam, bestätigt bei der Begrüßung in der Apostolischen Nuntiatur, dass die Türkei seit Jahrhunderten für eine Koexistenz von Menschen unterschiedlicher Ethnien, Religionen und Kulturen stehe. Auch jetzt sei die Regierung aktiv bemüht, »den immer breiteren Graben zwischen Ost und West, Christentum und Islam zu überbrücken«.

»Frieden ist mehr als die Abwesenheit des Krieges: Er kann nicht reduziert werden auf die Aufrechterhaltung eines Kräftegleichgewichts verschiedener Größen«, zitiert der Pontifex danach einen Konzilstext. Die Entwicklungen der vergangenen Jahre, das Phänomen des Terrorismus und gewisse regionale Konflikte, hätten nur noch einmal mehr die Notwendigkeit des Respekts vor den Entscheidungen internationaler Institutionen verdeutlicht. Dabei denke er ganz besonders an den »verstörenden Konflikt im Nahen Osten, der kein Zeichen der Mäßigung zeigt und schwer auf der internationalen Gemeinschaft lastet«. Dann mahnt er die religiöse Freiheit als »fundamentalen Ausdruck menschlicher Freiheit überhaupt« auch für die Türkei an, denn dieses Land gelte als Brücke zwischen Ost und West, zwischen Asien und Europa. Die »aktive Präsenz von Religionen in der Gesellschaft« nennt Benedikt XVI. »eine Quelle des Fortschritts und der Bereicherung für alle«. Das setze aber voraus, dass die Religionen keine direkte politische Machtausübung suchten. Auch müssten sie Gewalt als Ausdrucksmittel entschieden zurückweisen. Benedikt XVI. ruft alle religiösen Führer auf, nicht im Namen des Glaubens Gewalt zu sanktionieren. In der Rede vor den Diplomaten äußert Benedikt auch die Sorge über wachsende Risiken, die von mit Gewalt ausgetragenen Konflikten und dem Terrorismus ausgehen. Die jüngste Entwicklung zeige die Notwendigkeit starker und effektiver internationaler Bemühungen, wie etwa die Entsendung der Friedenstruppe in den Libanon.

Ein gelungener Auftakt

Der erste Tag ist ein Tag voller Überraschungen. Und dabei ist nicht nur der Papst selbst der Urheber. Dass Regierungschef Tayyip Recep Erdogan dem Papst bei seiner Ankunft am Flughafen doch noch seine Aufwartung macht, ist sicherlich auch der schlechten EU-Performance der Türkei geschuldet. Allerdings war in den Wochen zuvor das Schachern um die anstehende Begrüßung des türkischen Ministerpräsidenten zur Farce verkommen. Das erinnerte ein wenig an die Absage des spanischen Ministerpräsidenten, an der Papstmesse in Valencia teilzunehmen. José Luis Rodríguez Zapatero wollte damit gegen die Kritik des Vatikans in der Frage der Legalisierung der Ehe zwischen Gleichgeschlechtlichen und der Abtreibung in Spanien protestieren.

Es war eine Art Machtdemonstration, die Erdogan da vollzog, denn er wollte dem deutschen Papst deutlich machen, dass dieser zunächst in der Türkei nicht unbedingt willkommen war. Trotzdem ist die Begegnung mit Erdogan nun ein Zeichen, das in die türkische Innenpolitik hineinwirkt. Ob der Papst allerdings bei dem kurzen Gespräch explizit den EU-Beitritt seines Landes unterstützte, wird man wohl nie erfahren. Der türkische Premier gibt nach dem Gespräch der Presse bekannt, dass der Papst sich für einen Weg der Türken in die EU ausgesprochen habe. Danach herrscht Aufregung in der Presseschar. Hat das der Papst tatsächlich gesagt? Und wenn ja, wie hat er es genau formuliert? Doch grundsätzlicher Zweifel an dieser Aussage bleibt. Denn bislang hielt sich der Vatikan bei der Überlegung einer Ausweitung Europas auf Länder jenseits des christlichen Kulturkreises im Hinblick auf die Türkei deutlich zurück.

Der Vatikan verwies in diesem Zusammenhang vor allem in der Amtszeit von Papst Johannes Paul II. auf die geographischen Grenzen Europas und auf die gemeinsamen »kulturellen«, also die jüdisch-christlichen Wurzeln. Vater des Gedankens war nicht die Ablehnung von Einwanderern aus anderen Kulturen und auch nicht Fremdenfeindlichkeit, vielmehr möchten die Vertreter der katholischen Kirche innerhalb der immer größer werdenden EU möglichst christliche Werte vermittelt sehen. Und während sich der Vatikan offiziell deutlich von den Aussagen fremdenfeindlicher Politiker distanzierte, setzte er sich für ein »Menschenrecht auf Migration« ein und fordert von Andersgläubigen die Anerkennung der christlich geprägten Werte innerhalb Europas. Jedoch war von einer Öffnung Europas für den Beitritt der Türkei nichts zu hören.

Ein Pressekollege bemerkt als Gesprächsgast in einer Übertragung aus Istanbul im Fernsehsender *Phoenix*: »Erdogan hat den Papst über den Tisch gezogen.« Der türkische Premier bleibt der Öffentlichkeit auch eine genaue Nennung der Qualität des Weges in die EU schuldig: ob der Papst von Vollmitgliedschaft oder von einer privilegierten Partnerschaft gesprochen hat.

Wie soll Benedikt nach Erdogans Pressekonferenz reagieren? Ein Dementi wäre ein diplomatischer Fauxpas. Also versucht der Vatikan, das Thema herunterzuspielen. Die Türkei hingegen ist entzückt, und der erste Tag wird dem Papst gutgeschrieben. In der Zeitung *Hürriyet* heißt es: »Welch ein schöner Auftakt: Der Papst verkündet der Welt aus Ankara, dass der Islam eine Religion des Friedens ist.«

Benedikt darf in keiner der zu besprechenden Angelegenheiten Öl ins Feuer gießen. Aber dennoch will er die türkischen Defizite in Sachen Toleranz klar benennen. So lautet die Marschroute! Eine Aufgabe für einen Diplomaten, weniger für einen Kirchenlehrer. Beim Treffen mit seinem »Kollegen«, Patriarch Bartholomaios, hat Benedikt die Gelegenheit, den tatsächlichen Umgang der laizistischen, gleichwohl islamisch geprägten türkischen Republik mit der christlichen Minderheit mitzuerleben und damit öffentlich zu machen. Wenn Kirchen nicht anerkannt werden, kirchliche Gebäude ohne Gründe beschlagnahmt werden, die Priesterausbildung nicht stattfinden kann, dann kann von Religionsfreiheit keine Rede sein.

Bruderkuss vom Patriarchen

Zwanzig Minuten später hat der Muezzin aufgehört zu rufen, und auch die anderen Rufe von den benachbarten Moscheen verstummen. Der Papst verbrachte seine erste Nacht in Istanbul in der kleinen Sommerresidenz der päpstlichen Nuntiatur, die wie ein Konsulat genutzt wird. Ich frage mich, ob die Rufe auch ihn geweckt haben. Ein kleines Zimmer hat man dort für den Heiligen Vater hergerichtet und drei weitere für seine Sekretäre und den Kammerdiener. Bevor ich mich wieder meinem Schlafbedürfnis hingebe, denke ich noch über die Schlafgewohnheiten des Papstes nach und komme darauf, dass es wegen der einstündigen Zeitverschiebung in etwa die normale Zeit des Erwachens in Rom sein müsste. Der Muezzin hat also lediglich den päpstlichen Wecker ersetzt. Vermutlich wird Benedikt jetzt beten und später die heilige Messe mit seinen Sekretären und ein paar Mitarbeitern aus der Nuntiatur feiern, bevor das dicht gefügte Tagesprogramm des Pontifex beginnt.

»Papstreisen sind anstrengend«, murmelt mein *Phoenix*-Kollege Axel Sauer, der mit müdem Gesicht und Erkältung am Frühstückstisch sitzt. Während wir noch die einzige und tägliche Wurstsorte auf Baguettescheiben mit dünnem Kaffee genießen, ist Benedikt XVI. schon auf dem Weg zum Phanar, dem »Lichthaus« des Patriarchats in Istanbul. Sein Weg führt ihn in einen heruntergekommenen Stadtteil der Metropole. Dort wartet der griechisch-orthodoxe Patriarch auf den Pontifex Maximus. Benedikt hatte seinen Titel »Patriarch des Abendlandes« nach der Wahl abgelegt. Nun trifft er auf den Patriarchen des Morgenlandes. Aus Kreisen der Orthodoxie hörte man auch Unverständnis über diesen Titelverzicht, denn nun fehle ein klar definiertes Gegenüber. Der Papst hätte es nicht tun brauchen, aber es war geschehen. Denn Titel hin oder her, die Gegensätzlichkeiten liegen ohnehin klar ersichtlich auf dem Tisch. Deshalb soll die Begegnung des Papstes mit dem ökumenischen Patriarchen von Konstantinopel das »Herzstück des Besuches« werden, hieß es vorab im Vatikan: ein neuerlicher Meilenstein für die Versöhnung zerstrittener alter Kirchen, seit im Dezember 1965 in Rom und in Konstantinopel gegenseitige Bannflüche feierlich widerrufen wurden. Mit keiner der christlichen Teilkirchen ist die Ökumene weiter gediehen als mit dem Patriarchat von Konstantinopel. Im Fernseher, der vom Hotelchef auf dem Frühstückstresen installiert wurde, können wir die göttliche Liturgie des heiligen Chrysostomos verfolgen: Weihrauch, schlanke Kerzen, goldene Ikonostasen, prächtige Gewänder und nicht enden wollender griechischer Chorgesang – und mittendrin Patriarch Bartholomaios II. Jetzt sieht man auch den Heiligen Vater, den wertgeschätzten Gast aus Rom in seiner hermelingefütterten Purpur-Mozetta. Die beiden Patriarchen umarmen sich, und Bartholomaios drückt Benedikt in geübter Gestik rechts und links einen Bruderkuss auf die Wange.

Ich muss grinsen, denn eine derartige Nähe ist Benedikt sicher nicht gewöhnt. Jedenfalls wirkt er dabei verhalten. Ab und zu zeigt ihn die Kamera dann auf seinem Sessel, wie er aufmerksam das Prozedere der dreistündigen Liturgie verfolgt. Dann betet der Papst mit dem Patriarchen das christliche Glaubensbekenntnis, beide auf Griechisch. Es ist so etwas wie eine gleiche kontinentale Platte, die lediglich in Ost und West unterteilt ist. Der Patriarch steht auf der einen Seite. Er ist der letzte Statthalter eines untergegangenen Weltreiches in Istanbul. Der »Ökumenische Patriarch« ist auch Ehrenoberhaupt der Weltorthodoxie. Und der Papst in Rom befindet sich auf der anderen Seite im Westen. Als Benedikt zu reden beginnt, hören wir das Wegweisende: Weil »der Prozess der Säkularisierung die christlichen Traditionen nachhaltig schwächt«, dürfe es kein anderes Ziel ihrer gemeinsamen Bemühungen geben als die »vollkommene Gemeinschaft der Kirche von Rom mit der Kirche von Konstantinopel«. Die Trennungen, die unter den Christen existierten, seien »ein Skandal in der Welt und ein Hindernis zur Verbreitung des Evangeliums«. Die Einheit der Christen sei überlebensnotwendig für den Frieden der ganzen Welt, sagt der Papst. Über alle Kontroversen hinweg könne und müsse offen diskutiert werden.

Kardinal Kasper, der ökumenische Wegbereiter des Pontifex, hatte schon einige Tage vor dem Besuch in einem Interview gesagt, diese Begegnung stehe als »Signal« dafür, dass die »Kirchen des Ostens und des Westens sich entschieden haben, den Weg ihrer Annäherung bis hin zur vollen Gemeinschaft entschlossen weiterzugehen«. Die Konflikte in der globalisierten Welt zwängen die Christen, zusammenzurücken und ihre inneren Gemeinsamkeiten gegenüber der islamischen und der säkularisierten Welt zu entdecken. »Das Zusammenrücken der Kirchen des Ostens und des Westens kann außerdem die Integration von Ost- und Westeuropa fördern«, hatte Kasper betont.

Zeitgenossen, die sich nicht sonderlich viel mit der Geschichte der Kirche befasst haben, fragen sich vielleicht, warum sich christliche Kirchen nicht wie Brüder oder Schwestern behandeln, oder gar eins sind. Konstantinopel, das heutige Istanbul war ein Jahrtausend lang die Hauptstadt des byzantinischen Reiches unter christlichen Kaisern. Es war nach Rom das zweite Patriarchat der Christenheit. Im ersten Jahrtausend geriet es immer wieder in den Strudel byzantinischer Kirchenpolitik hinein. Schließlich entfremdeten sich der christliche Osten und Westen zusehends. Das Schisma aus dem Jahr 1054 mit den gegenseitigen Bannbullen des päpstlichen Delegaten und des Patriarchen war nur der Höhepunkt in einem langen Prozess allmählicher Trennung. Konstantinopel wäre nie gefallen, wäre die Christenheit geeint gewesen. Vergebens hatte Kaiser Konstantin XI. damals den Papst um Hilfe angefleht. Aber der lehnte ab. Zuerst müsse Byzanz seine Bedingungen erfüllen, sagte der westliche Patriarch damals.

Nach der islamischen Eroberungswelle und dem Schisma von

1054 war es vor allem der vierte Kreuzzug 1204 mit der Plünderung Konstantinopels durch die Venezianer, von dem sich Byzanz letztlich nicht wieder erholte. Die osmanische Eroberung der alten Reichshauptstadt 1453 besiegelte den kontinuierlichen Verfall. Den schwersten Aderlass erlebten die christlichen Gemeinden aber erst im vergangenen Jahrhundert: durch die Vertreibung und das Massaker an den Armeniern und durch die Bevölkerungsumsiedlung zwischen Griechenland und der Türkei nach dem Ersten Weltkrieg. Noch zu Beginn des 20. Jahrhunderts gab es auf dem Boden der heutigen Türkei rund zwei Millionen Christen, heute dürften es zwischen 100 000 und 150 000 sein. Die Zypern-Krisen, zuletzt die von 1974 – ausgelöst durch die Ausrufung der türkischen Republik Nord-Zypern und deren türkische Besetzung –, beschleunigten den Exodus der Christen aus der Ägäis weiter.

Schließlich zog der Kurdenkonflikt im Südosten der Türkei ab den siebziger Jahren eine Massenabwanderung der syrisch-orthodoxen Christen aus einem ihrer Stammlande – aus dem »Tur Abdin«, dem »Berg der Gottesknechte« – nach sich. Die Armenier bilden heute mit rund 70 000 Gläubigen in der Türkei die größte christliche Bevölkerungsgruppe. Es folgen die Katholiken, die rund 35 000 Gläubige in vier Riten zählen: die römischen Lateiner sowie die katholischen Armenier, Syrer und Chaldäer. Die verschiedenen protestantischen Kirchen haben rund 20 000 Gläubige. Die alte griechisch-orthodoxe Kirche zählt dagegen in ihrem ehemaligen Stammland noch nicht einmal mehr 5000 Gläubige. Allerdings ist Patriarch Bartholomaios auch für die orthodoxen Christen in Westeuropa, in Amerika und Australien zuständig, und als Oberhaupt des alten Patriarchatssitzes von Konstantinopel hat er einen Ehrenvorrang innerhalb der 300 Millionen orthodoxen Christen weltweit. Ihn zu besuchen, war das zentrale Anliegen der fünften Auslandsreise von Benedikt XVI. Nun feiern sie zusammen die schwermütig klingende Liturgie des heiligen Johannes Chrysostomos, dessen Gebeine in der St. Georgskirche des Patriarchats liegen und sozusagen mitfeiern.

Nach der Feier treten Benedikt und Bartholomaios auf den Balkon im Innenhof des Patriarchats. Die Fassade des Gebäudes durfte noch kurz vor dem Besuch des hohen Gastes aus Rom renoviert werden; das hatte die türkische Regierung dem alten Patriarchen vor dem großen Tag zugestanden. Nach einem Segen auf Latein und auf Griechisch reißen sie zwei siegreichen Sportlern gleich die Arme hoch, als hätten sie beide gewonnen. Und das haben sie auch. Die beiden Patriarchen und ihre Kirchen, alle haben durch dieses Treffen gewonnen. Der nächste Schritt ist getan, und ein Dokument soll sie nun daran erinnern sowie die gemeinsame Marschrichtung vorgeben. Das Papier liest sich unauffällig. Es ist klar in der gemeinsamen Absicht der brüderlichen Bewegung zueinander, aber es enthält auf den ersten Blick keinen Sekundenkleber, der die Teile sofort zusammenfügen könnte.

Benedikt XVI. meint es trotzdem ernst mit der Annäherung an die Ostkirchen. Sein Angebot an die rund 300 Millionen Orthodoxen in der Welt, sogar die »Ausübung des Papstamtes« zur Frage eines »brüderlichen Dialogs« zu erklären, ist *die* Überraschung. Theologisch trennt Rom und die Ostkirchen nichts Wesentliches. Es ist vor allem die Autorität des Papstes, die die Orthodoxen nicht anerkennen. Die vom Bischof von Rom beanspruchte rechtliche Vorrangstellung ist einer der zentralen Streitpunkte zwischen katholischer und orthodoxer Kirche. Jesus habe den Apostelbrüdern Petrus und Andreas die gleiche Aufgabe übertragen, sprach Papst Benedikt. Diese habe aber unterschiedliche Formen angenommen. Die Frage des universalen Dienstes von Petrus und seinen Nachfolgern habe »leider Meinungsverschiedenheiten entstehen lassen«, so Benedikt XVI. Er hoffe aber, sie zu überwinden,

Auf dieses Bild haben viele Christen gewartet: Demonstrative Einigkeit zwischen den Patriarchen Bartholomaios II. und Papst Benedikt XVI.

auch dank des jüngst wieder aufgenommenen theologischen Dialogs. Im September 2006 hatte nach jahrelanger Unterbrechung erstmals wieder eine gemeinsame vatikanisch-orthodoxe Theologenkommission getagt.

Eine solche Geste war nicht zu erwarten. Denn Macht aufzugeben, Positionen des Selbstbewusstseins räumen, das war man von einem Kardinal Ratzinger nicht gewöhnt. Allerdings ist dieses Angebot nicht ganz neu, auch wenn es sich bahnbrechend anhörte. Bereits 1995 hatte Johannes Paul II. in seiner Enzyklika »Ut unum sint« ein entsprechendes Angebot vorgelegt. Man könne gemeinsam darüber nachdenken, »eine Form der Primatausübung zu finden, die zwar keineswegs auf das Wesentliche ihrer Sendung verzichtet, aber sich einer neuen Situation öffnet«, hieß es in dem Sendschreiben. Das klang so, als ob Rom zu Konzessionen bereit sei. Doch die Ostkirchen haben damals den Ball nicht aufgenommen, die Gespräche wie die Ökumene dümpelten viele Jahre vor sich hin.

Diese Ansage, das gesamte Auftreten und alle Zeichen, die Papst Benedikt in der Türkei setzte, wurde in der evangelischen Kirche in Deutschland aufgenommen und thematisiert. Die hannoversche Landesbischöfin Margot Käßmann äußerte sich auf der Herbstsynode der evangelisch-lutherischen Kirche in Hannover besorgt um den ökumenischen Dialog mit der katholischen Kirche. Sie beobachte eine Tendenz der Annäherung zwischen der römisch-katholischen und der orthodoxen Kirche unter Abgrenzung vom Protestantismus, so die Bischöfin: »Warum sagt der Papst kein Wort über den notwendigen Dialog mit den evangelischen Kirchen?« Der Protestantismus werde teilweise als eine Art vorübergehende Fußnote der Geschichte angesehen und verdächtigt, sich dem Zeitgeist anzupassen, fügte Käßmann an. Die kulturelle Leistung und Fähigkeit des Protestantismus, Glaube und Vernunft sowie biblisches Zeugnis und Moderne zusammenzuhalten, werde dabei völlig unterschätzt. Bei aller Dialogbereitschaft solle die evangelische Kirche selbstbewusst und angstfrei ihre Position vertreten. Die beiden Konfessionen verbinde mehr, als sie trenne, und die evangelische Kirche wolle ebenfalls den Dialog fortsetzen.

Bei so viel Dialog und Annäherung, wie in Istanbul beschlossen wurde, liegt es nahe, dass die protestantische Kirche ihre Felle davonschwimmen sieht. Denn plötzlich redet keiner mehr über die Annäherung zwischen Protestanten und Katholiken, stattdessen rücken der Schmusekurs mit den Orthodoxen sowie die Betonung der Gemeinsamkeiten zwischen der islamischen Religion und dem Christentum in den Fokus. Vielleicht bräuchte die evangelische Kirche jemanden wie den Papst – der mit einer Stimme für die Kirche spricht und als *ein* Repräsentant nach außen tritt.

Istanbul im Sicherheitskorsett

Wir haben uns gerade auf unserer Dachterrasse des kleinen Hotels in der Altstadt zwischen der Hagia Sophia und der Blauen Moschee für die Sendung fertig gemacht, da wird es unruhig um uns herum. Der Besuch des Pontifex in den beiden Gotteshäusern steht zwar erst für den frühen Abend auf dem Programm. Von weitem können wir aber jetzt schon enorm viele Polizisten erkennen, mehr noch als zuvor. Nach der Sendung gehen wir nach unten in den verwilderten Hinterhof, der als bewachter Parkplatz dient, um zur Hagia Sophia zu gelangen. Aber da ist heute kein Durchkommen mehr. Ein weißer Panzerwagen fährt fast direkt vor unserer Nase vorbei. Ich beginne langsam, mir Sorgen zu machen. Was war passiert?

Ein paar Dutzend Demonstranten hatten versucht, von der Innenstadt her zum Stadtteil Sultanahmet, zur Hagia Sophia zu marschieren. Das Überaufgebot der Polizei verhinderte das allerdings. Der angekündigte Besuch des Papstes in der Hagia Sophia ist für Islamisten und Nationalisten in der Türkei ein rotes Tuch: Sie befürchteten, dass Benedikt das alte Gotteshaus wieder für die Christen beanspruchen könnte. Das anderthalbtausend Jahre alte Bauwerk war nämlich zuerst die christliche Hauptkirche des oströmischen Reiches, dann erst wurde sie zur Reichsmoschee der Osmanen. Heute ist die gewaltige Kuppelkirche ein Museum. Ob Benedikt in der Hagia Sophia beten werde oder nicht, war eine der am heftigsten debattierten Fragen vor dem Papstbesuch. Einer seiner Vorgänger, Paul VI., hatte bei einem Türkeibesuch in den sechziger Jahren für Aufruhr gesorgt, als er in der Hagia Sophia auf die Knie fiel.

In der Woche vor der Papstreise hatten Nationalisten die Hagia Sophia bereits schon einmal besetzt. Heute wollen die Sicherheitskräfte einen solchen Zwischenfall um jeden Preis verhindern.

Die Türkei, die der Welt das Bild eines modernen, aufgeschlossenen Staates vermitteln will, scheut keinen Aufwand, damit die Papstreise möglichst reibungslos verläuft. Heerscharen von Scharfschützen, Sprengstoffexperten, Bereitschaftspolizisten und Antiterrorexperten sicherten jede der Stationen auf Benedikts Reiseroute. Polizeihubschrauber kreisen unaufhörlich über dem jeweiligen Stadtgebiet. Marine-Kommandos auf Spezialbooten mit Maschinengewehren fahren den Bosporus und das Goldene Horn auf und ab. Wegen der erwarteten Großdemonstrationen erstellten die Behörden Listen von den Anwohnern.

Ein Antiterrorexperte der Polizei erklärte, man befürchte, dass Protestkundgebungen in Gewalt umschlagen könnten. In der Türkei sind mehrere extremistische islamische Organisationen aktiv, darunter auch Gruppen, die dem Terrornetzwerk al-Qaida zugerechnet werden. Dieses wurde für mehrere Selbstmordanschläge auf Synagogen und britische Einrichtungen verantwortlich gemacht, bei denen vor drei Jahren 58 Menschen getötet wurden. Siebzig mutmaßliche al-Qaida-Mitglieder stehen deshalb vor Gericht. Ajman al-Sawahiri, der zweite Kopf der Terrororganisation al-Qaida, hatte Benedikt vor kurzem mit Papst Urban II. verglichen, der die Christen im Jahr 1095 zum ersten Kreuzzug ins Heilige Land aufrief. Also ist alles vorstellbar.

Bevor ich nach Istanbul abreiste, telefonierte ich mit einigen Freunden und meiner Familie. Sie machten sich Sorgen angesichts der Terrorwarnungen. Natürlich war ich mir dessen bewusst und bin deshalb sehr froh, dass unser Mini-Team den Schlaf- und Arbeitsplatz in einem Hause finden konnte. Es stellt für mich auch eine gewisse Beruhigung dar, dass wir mit einem türkischen Team von Technikern und Kameraleuten zusammenarbeiten. Auch wenn die Verständigung manchmal etwas schwierig ist, glaube ich, dass sie uns vielleicht einen gewissen Schutz garantieren. Dennoch hörten wir davon, dass wir sorgfältig beobachtet werden. In einem Telefonat erfahren wir, dass die türkischen Behörden über zwei unserer Studiogäste verärgert seien. Das erinnert mich ein wenig an die ehemalige DDR und den immer gut informierten Staatssicherheitsdienst. Man traut uns, den Leuten vom deutschen Fernsehen, nicht so ganz über den Weg. Aber man lässt uns gewähren.

Das Einzige, was man uns nicht gewähren will, ist der freie Weg für unsere Gäste der Nachmittagssendung. Rund um den Besuch der Hagia Sophia und der blauen Moschee haben wir einen deutschen Türkeikenner eingeladen. Ottmar Oering ist Menschenrechtsbeauftragter von *Missio* und berät die türkische katholische Bischofskonferenz. Der türkische Staatsapparat kennt diesen Mann und ist ihm nicht sonderlich gewogen. Er weiß das, wir wissen das – und so macht Oering sich kurzerhand zu Fuß auf den Weg durch die Straßen und Gassen von Istanbul zu unserem Hotel. Ich will es kaum glauben, aber kurz bevor der Tross des Heiligen Vaters auf dem Platz vor der Hagia Sophia einfährt, steht er bei uns auf der Terrasse, und die Sendung mit dem Gast kann beginnen.

Die Dämmerung über der Bosporus-Metropole hat längst eingesetzt und die Kälte der Nacht senkt sich bereits über das Häusermeer, da sehen wir von unserem Standort auf dem Dach die blitzenden Lichter der Polizeifahrzeuge und einige schwarze und weiße Limousinen. Die Ordnungskräfte haben ganze Arbeit geleistet. Wie leergefegt sind nicht nur die Plätze vor der Hagia Sophia und der Blauen Moschee, sondern auch der Park dazwischen, das Hippodrom. Ringsherum hat die Polizei in einem breiten Streifen alle Straßen abgeriegelt. Selbst der Bus- und Straßenbahnverkehr in den betreffenden Gebieten wird für Stunden eingestellt. Es ist seltsam still um die Moscheen. Lediglich ein Polizeihubschrauber kreist um die Minarette und verjagt sogar die allgegenwärtigen Möwen, die sich sonst von der Thermik über den Kuppeln im Scheinwerferlicht treiben lassen.

Der Pontifex und der Grossmufti

Die Sicherheitskolonne hält vor dem Tor zum Hof der Hagia Sophia. Nach etwa einer Minute ist der Sicherheitskokon perfekt, und Benedikt XVI. wird in eine der berühmtesten Sehenswürdigkeiten der Welt geführt. Die Fernsehbilder zeigen einen andächtig staunenden und beeindruckten Papst. Hagia Sophia heißt aus dem Griechischen übersetzt »heilige Weisheit«. Und vielleicht verdeutlicht dieses Attribut den besonderen Zauber, der einen Professor Ratzinger so beeindruckt.

In der Spätantike galt das Bauwerk mit der riesigen Kuppel und den vier Minaretten als achtes Weltwunder. Auf dem Gelände des einstigen Gotteshauses hatten bereits zwei Kirchen gestanden, die im 5. und 6. Jahrhundert bei Aufständen durch Brände zerstört worden waren. Kurz nach seiner Machtübernahme 532 gab der byzantinische Kaiser Justinian I. den Bau einer neuen und mächtigeren Kirche in Auftrag. Fast ein Jahrtausend lang war die Hagia Sophia das größte Gotteshaus der Christenheit. Sie war Hauptkirche des byzantinischen Reiches, in der die Kaiser gekrönt wurden. Nach ihrer Eroberung des damaligen Konstantinopels 1453 wandelten die Osmanen sie in eine Moschee um und fügten als äußeres Kennzeichen vier Minarette an.

Berühmt ist die Hagia Sophia besonders wegen der rund 56 Meter hohen Kuppel, die nahezu schwerelos über dem Hauptraum des imposanten Baus zu schweben scheint. Das Innere offenbart prachtvoll mit Marmor verzierte Säulen und Wände und byzantinische Mosaiken auf goldenem Grund. Die Hagia Sophia diente als Vorbild für viele christliche und islamische Bauwerke.

Seit 1934 ist die einstige christliche Kirche und Moschee ein Museum. Benedikt nimmt sich viel Zeit für die Führung durch den beeindruckenden Kuppelbau. Während er sich die architektonischen Besonderheiten und die künstlerischen Kleinodien erklären lässt, bereitete man sich etwa 300 Meter weiter in der Blauen Moschee auf den hohen Gast vor. Es soll der zweite Besuch eines Papstes in einem islamischen Gotteshaus sein, den der Großmufti von Istanbul erwartet. Eigens für diesen historischen Augenblick hat der muslimische Geistliche die Lichterketten an den sechs Minaretten einschalten lassen. Üblicherweise brennen diese Lampen, die sich wie Sternenkränze um die hohen Säulen legen, nur im Fastenmonat Ramadan. Heute strahlen sie für Benedikt XVI.

Der Papst erwidert die Ehrerbietung mit einer ungewöhnlichen Geste, als er in der Moschee mit Großmufti Mustafa Cagrici vor der Gebetsnische in Richtung Mekka plötzlich im Gebet innehält. Alle Beobachter sind überwältigt: Der Papst betet einträchtig mit dem muslimischen Geistlichen. »Das ist *das* Bild dieser Papstreise!«, entfährt es mir, als ich sehe, wie Benedikt die Arme vor der Brust verschränkt und seine Augen Richtung Himmel richtet. Die Nachrichtenagenturen überschlagen sich kurz darauf förmlich mit den Eilmeldungen. Sie tickern im Sekundentakt, der Papst habe Richtung Mekka gebetet.

»Dieses gemeinsame Gebet von Papst und Mufti in der Sultan-Ahmet-Moschee wird in die Geschichte eingehen als Symbol für die Verständigung zwischen den Religionen«, heißt es in den türkischen Abendnachrichten.

Vatikansprecher Federico Lombardi stellt wenige Minuten nach dem Ereignis vor der Presse klar, Benedikt XVI. habe »in der Meditation inne gehalten und dabei seine Gedanken sicher an Gott gerichtet«. Vielleicht ist ihm nicht ganz geheuer, was der

Dieses Bild geht um die Welt: Großmufti Mustafa Cagrici und Papst Benedikt verharren gemeinsam vor der Gebetsnische in der Blauen Moschee von Istanbul.

Papst dort getan hat und wie die Wirkung in der Welt sein würde. War es nun Meditation oder Gebet? Diese Frage wird binnen Minuten heiß diskutiert auf dem Pressemarkt. Mein Studiogast und ich sind jedoch einhellig der Meinung, dass wir gerade den eigentlichen Höhepunkt der Reise erlebt haben.

Die meisten Istanbuler wissen zu diesem Zeitpunkt noch nichts vom aufsehenerregenden Geschehen in der Blauen Moschee, denn sie werden hinter Absperrgittern von der Polizei auf Distanz gehalten. Wer mit seinem Auto in einem der riesigen Verkehrsstaus festsitzt, hat es vielleicht schon im Autoradio erfahren. Doch noch viel stärker als die Beschreibung ist das Bild der beiden betenden Männer in weißen Gewändern.

Später hören wir, dass das in der Türkei mit allgemeiner Begeisterung aufgenommene Gebet von Papst Benedikt XVI. in der Blauen Moschee – laut des Großmuftis von Istanbul – im Voraus mit dem Vatikan abgesprochen gewesen sei. Die Stelle und die Dauer von »30 bis 40 Sekunden« habe er dem Papst vorgeschlagen, so der Mufti. Wie der Papst beten würde, darauf habe er keinen Einfluss genommen, sagt Cagrici am Tag darauf dem türkischen Nachrichtensender NTV. »Ich hatte mein Gebet beendet«, erzählt der Großmufti in dem Interview, »aber der Papst muss in dem Moment so glücklich gewesen sein, dass er das Gebet ein wenig verlängert hat.«

»Eine Schwalbe macht noch keinen Sommer, aber viele Schwalben werden folgen«, sagt ein deutlich zufriedener Mufti direkt nach dem gemeinsamen Besuch der Blauen Moschee. Dass Benedikt XVI. die gleiche Haltung wie Muslime beim Gebet eingenommen hatte, war für den islamischen Geistlichen eine besondere Geste: »Ich möchte unserem Gast dafür danken.«

Zeichen der Verständigung

Benedikt XVI. gelingt es offenbar, die Menschen zu überzeugen – ohne dabei seine Forderung nach Religionsfreiheit zu vergessen. »Der Papst erobert Herzen und Köpfe«, schreibt die Zeitung *Turkish Daily News* am Freitag. »Der Friede von Istanbul«, titelt die liberale *Milliyet*. Auch die islamisch orientierte Zeitung *Yeni Safak* beschreibt das Zeichen der Versöhnung und des Respekts gegenüber dem Islam als einen »Moment, in dem Geschichte geschrieben wurde«. Selbst Ali Bardakoglu spricht von einem »sehr positiven Schritt«.

Ein ketzerischer Gedanke sei an dieser Stelle erlaubt: Hätte Benedikt XVI. den Großteil dieser Gesten der islamischen Welt gegenüber auch vollführt, wenn es die Probleme nach der Vorlesung in Regensburg nicht gegeben hätte? Johannes Paul II. war ein Papst der Gesten. Benedikt stand bisher nicht im Verdacht, außerhalb des gesprochenen Wortes großartige Zeichen zu setzen. Aber der Gebrauch der Vernunft macht aus dem denkenden Brückenbauer mit göttlichem Auftrag einen Arbeiter, der auch mal anpacken muss, wenn ein Brückenbau begonnen werden soll.

Der Vorsitzende der Deutschen Bischofskonferenz, Karl Kardinal Lehmann, sah anschließend die Hoffnung bestätigt, dass diese Reise eine Brückenfunktion und ein Zeichen der Verständigung zwischen den Kulturen, zwischen Christentum und Islam darstelle. Es gebe allerdings noch Reibungspunkte, sagte er in einem Zeitungsinterview: »Kein Zweifel: Offene Worte sind notwendig.« Dies gelte insbesondere für die Religionsfreiheit, die man sich gegenseitig gewähren müsse. Diese Aussage ging vor allem an die Adresse der muslimisch geprägten Länder, in denen das Christentum nicht überall freie Religiosität ausleben kann. »Ich hätte nichts dagegen, wenn in Rom eine Moschee gebaut wird – aber ich möchte nicht verhaftet werden, wenn ich in Saudi-Arabien eine Messe halte«, sagte der deutsche Kardinal.

Ob Benedikt für die Christen in der Türkei erreicht hat, dass ihr religiöses Leben und die Organisation der Kirchen nicht mehr der Willkür des Staates unterworfen sein werden, wird die Zukunft zeigen. Jedoch rechnen die katholischen wie die orthodoxen Christen nicht mit einer vollständigen staatlichen Anerkennung.

Es war tatsächlich keine gewöhnliche Reise, wenn man denn bei Papstreisen überhaupt von einer Regel ausgehen kann. In Köln, in Valencia, in Polen und in Bayern waren die Pastoralbesuche eher Jubelveranstaltungen. Benedikt hatte sich erstaunlich volksnah gezeigt. Das verwirrte die Presse und die Kritiker. Die Menschen, die seinen Weg säumten, waren beeindruckt, wie mild und umgänglich der Professor aus Rom geworden war. Ganz anders als zuvor, als er noch der Glaubensbehörde vorgestanden hatte, sei er nun, schrieben und kommentierten die Journalisten. Ähnlich, aber doch mit einem anderen Tenor schallte es nun während des Türkei-Besuchs und auch danach aus den Lautsprechern der Fernsehgeräte und Radios. Keine Frage, Benedikt hatte die schwierige Mission erfüllt. Doch es hätte so vieles danebengehen können. »Es war ein Ritt auf der Rasierklinge. Doch der Papst hat seine Reise in die Türkei unverletzt überstanden. Ja, mehr als dies. Es gelang ihm ganz offensichtlich, die durch seine Regensburger Rede entstandene Wut der Muslime in eine von Respekt, man möchte fast sagen Zuneigung, geprägte Haltung umzuwandeln. Hut ab vor dem diplomatischen und psychologischen Geschick Benedikts XVI.«, war etwa in der *Nordwest-Zeitung* aus Oldenburg zu lesen. Eine Überwindung der Kirchenspaltung sei aber in absehbarer Zeit genauso unrealistisch wie auf politischer Ebene die rasche Aufnahme der Türkei in die Europäische Union. Daran könne auch der Papst nichts ändern.

Wir Journalisten sind wieder einmal überrascht, wie sich die Dinge dann doch zum Guten wenden können. Klar ist, dass der Sonderzustand während der Reise einen sehr viel höheren Aufmerksamkeitspegel genießt als der graue Alltag danach. Der Muezzin jedenfalls lässt nicht lange auf sich warten. Benedikt ist gerade in der Sicherheitslimousine davongebraust, da schallt es wieder ohrenbetäubend von den Minaretten hinein in die eiskalte Nacht über dem Goldenen Horn.

4 Benedikt XVI. und sein Privatleben

Alltag im Papstpalast

Kein Tag wie jeder andere

Von den Theologiestudenten, die ihr Dasein in einem Priesterseminar fristen und der Weihe entgegenstreben, träumen manche innigst davon, irgendwann die violette Bauchbinde eines Prälaten oder gar das violette Pileolus eines Bischofs tragen zu dürfen. Denn dann hätte man es geschafft. Mit viel Glück und ein bisschen Engagement könnte sogar noch der Kardinalshut winken. Bis dahin reichen manche Tagträume. Doch darüber hinaus denkt niemand, denn Papst werden zu wollen, ist nicht nur vermessen, sondern komplett illusorisch.

Den Job wollte ich nicht machen müssen, sage ich immer, wenn andere meinen, der Papst habe es doch gut – der lebt wie in einem Museum, bekommt alles vor die Füße getragen und muss sich um nichts Sorgen machen. Er kann den ganzen Tag durch die vatikanischen Gärten spazieren, sich von Orchestern und Künstlern unterhalten lassen, hier und da mal eine Messe feiern und zwischendurch immer wieder an königlich gedeckten Tafeln speisen. Sicher stellen sich manche auch vor, dass es täglich Gelage mit teuersten Weinen und edelsten Spirituosen gibt, bei denen sich das Oberhaupt der katholischen Kirche und die Kardinäle am Kamin gemütlich die Zeit vertreiben. Die privaten Sekretäre des Papstes kümmern sich einstweilen um das Büro. Und die fleißigen Arbeitsbienen im Staatssekretariat gibt es ja schließlich auch noch.

Dann die Privataudienzen mit Regierenden und Regenten. Das möchte doch jeder von uns gern einmal erleben. Am besten, wenn sogar die Mächtigen der Welt mit Erfurcht vor dem hohen geistlichen Amt den Rücken beugen. Tritt man als Papst vor die Tür oder ans Fenster, wird man umjubelt wie ein Popstar. Jeden Mittwoch um elf Uhr ist Generalaudienz mit mehr als zehntausend Leuten, die stundenlang applaudieren. Das bringt Adrenalin pur. Am Sonntag um Punkt zwölf Uhr, zum Angelus-Gebet, ein kleiner Auftritt am Fenster des Arbeitszimmers. Schon allein der Blick aus dem erhabenen Papstpalast auf die Tausenden Gläubigen und Schaulustigen auf dem Petersplatz muss einen Menschen doch glücklich stimmen.

Was braucht man dann noch? Reisen! Na gut, die Papstreisen sind vielleicht nicht wirklich erholsam. Aber dafür kommt man viel in der Welt herum und sieht eine ganze Menge. Und wenn der Pontifex mal entspannt Urlaub machen will, dann fährt er eben auf sein kleines Schlösschen mit Garten, See, Sternwarte und Pool in Castel Gandolfo. Er braucht weder selbst Koffer zu packen noch Vorräte einzukaufen, das machen seine Diener. So ganz abgeschieden kann er dort zwar auch nicht seinen Urlaub genießen. Aber vom Albaner See her kommt so saubere und guttuende Luft nach oben zum Papstpalast geweht, dass man den Smog und die drückende Hitze des Sommers in der Großstadt Rom schnell vergessen kann.

Der Papstpalast mit den Gärten und Parks in Castel Gandolfo sind eine Oase für die Seele. Benedikt mag es, dort zu sein, weil die Zimmerfluchten und Flure nicht so riesig sind, die Ausstattung nicht zu prunkvoll, die Bemalungen der Wände weniger heroisch und die Decken im Wohnbereich nicht himmlisch hoch, sondern etwas niedriger, wie in einem normalen Haus. Selbst die Türen haben relativ normale Maße. Und außerdem braucht er keine organisatorischen Verrenkungen anzustellen, wenn er in den Garten gehen möchte. Er geht einfach raus und ist inmitten der gepflegten Parkanlage mit Blick auf den Albaner See. Wenn er Lust hat, kann er auch den kleinen Tierpark besuchen oder den päpstlichen Bauernhof.

Dann ist da noch das Ferienhaus des Heiligen Vaters bei Les Combes im Aostatal. Zugegeben, es ist nicht wirklich luxuriös. Das Chalet ist eher einfach, und das besonders für die Entourage, die in einigen Kammern teilweise in Doppelstockbetten schlafen muss. Aber die romantische Almstimmung mit Blick auf den Mont

Dienstkleidung auch im Urlaub. Benedikt XVI. in Val d'Aosta.

Blanc und den Monte Rosa entschädigt für eine bescheidene Unterkunft. Entspannung, frische Luft, wenig Büro und beste Verpflegung garantieren einen Urlaub par excellence. Im Sommer 2006 tauchte plötzlich das Gerücht auf, es sei ein neues Feriendomizil in den Abruzzen gekauft und bereits für die nächsten Ausflüge hergerichtet worden. Das ist bislang noch ein gut gehütetes Geheimnis.

Es ist doch wahrlich schön, das Leben eines Pontifex – *la dolce vita vaticana*. Schöner noch als in einem Priesterseminar. Wenn da nicht der Koffer aus dem Staatssekretariat wäre, der mindestens einmal pro Tag nach oben gebracht wird. Darin befindet sich Post: Papiere, Dokumente, Entscheidungen, die getroffen werden müssen, Approbationen, die auf die päpstliche Unterschrift warten. Und die beiden Sekretäre geben keine Ruhe. Sie schaffen Mappe für Mappe herüber auf den Schreibtisch des Santo Padre. Wenn die Sekretäre die Post nicht bereits vorsortieren würden, hätte der Heilige Vater wahrscheinlich den ganzen Tag zu tun, um die angekommenen Briefe nur zu sichten. Zu mehr würde er schon gar nicht mehr kommen.

Natürlich, das Kirchenoberhaupt wird ja auch bezahlt, und dafür kann er schließlich ein bisschen was tun … Der Papst bekommt in der Tat ein monatliches Salär. Doch die Höhe des Entgeldes ist ein Geheimnis. Und ebenso, ob er ein dreizehntes Monatsgehalt oder Urlaubsgeld bekommt. Wahrscheinlich nicht, denn im Vatikan gibt es keine gewerkschaftlich ausgehandelten Tariflöhne. Vielleicht weiß der Heilige Vater noch nicht einmal selbst, was er verdient. Das Gehalt wird ihn wie jedem anderen angestellten Vatikanmitarbeiter, auf ein Konto überwiesen. Allerdings braucht der Papst kaum eigenes Geld, denn er muss nicht einkaufen gehen oder tanken oder Schuhe zu Reparatur bringen. Er braucht auch keine Autos zu kaufen, denn die werden ihm in der Regel geschenkt. Das päpstliche Appartement verfügt über einen Etat, und der deckt in der Regel alle Ausgaben des privaten Haushaltes ab. Schließlich kann der Papst die offiziellen Essen und Empfänge nicht aus eigener Tasche bezahlen. Das tut der Bundeskanzler ja auch nicht. Und wenn der Pontifex einen besonderen Wunsch hat, äußert er ihn einfach und dann wird das Entsprechende besorgt. Es bleibt allerdings ein Geheimnis, wer ihm zum Beispiel seine Leibwäsche besorgt, denn der Vorrat aus Kardinalszeiten dürfte auch irgendwann aufgebraucht und verschlissen sein.

Der Frühaufsteher in der ewigen Stadt

Aber so schön sich das alles anhört, ich meine trotzdem, dass der Posten des Pontifex Maximus der katholischen Kirche einer der härtesten Jobs der Welt ist. Johannes Paul II. soll dieses Amt – seinem Testament zufolge – sogar als »Bürde« empfunden haben.

Benedikt XVI. steht um fünf Uhr in der Frühe auf. Nach der Morgentoilette und einem Morgentrunk, den ihm die Schwestern bereiten, findet man ihn schon bei seinen Büchern. In seinem Appartement wurde im Sommer 2005 zwischen dem Badezimmer und einem kleinen Salon eine Bibliothek eingerichtet. Früher war an dieser Stelle ein Raum für medizinische Behandlungen und für Zahnpflege. Jenes Zimmer ist in einen der drei »kleineren« Räume in den Flügel zum Damasus-Hof hin verlegt worden. Durch diesen Umbau hat Benedikt also ein kleines »Wohnzimmer«, das er direkt vom Schlafzimmer durch die Verbindungstüren aufsuchen kann, ohne auf den Korridor treten zu müssen. Dort steht auch ein neues Trimmrad, das ihm sein Päpstlicher Leibarzt Dr. Renato Buzzonetti verordnet hat, und sein Klavier.

Etwa ab sechs Uhr findet man ihn schräg gegenüber dem

Schlafzimmer in der kleinen Privatkapelle seines Appartements. Dort verrichtet er stilles Gebet, Matutin und Laudes, die Morgengebete aus dem Stundenbuch der Priester. An seiner Seite sind seine Sekretäre und die Ordensschwestern, die ihm den Haushalt führen. Eine der Schwestern bereitet unterdessen die Messgewänder in der angrenzenden Sakristei vor. Um sieben Uhr beginnt dann pünktlich die Heilige Messe, die der Papst in der Regel mit seinen Sekretären feiert. Gäste, wie sie bei Johannes Paul schon zu dieser frühen Morgenstunde üblich waren, werden nicht mehr empfangen. Benedikt hat diese Tradition mit Beginn seines Pontifikats abgeschafft und damit für Unverständnis in der Öffentlichkeit gesorgt.

Die Heilige Messe in der Privatkapelle ist nun wieder so gut wie privat. Einladungen nach außen gibt es fast nicht mehr. Es sei denn, Benedikts Bruder oder ein wichtiger Freund ist in Rom. Ab und zu lädt er Bischöfe oder Kardinäle ein, die Heilige Messe mit ihm dort zu feiern. Doch auch das passiert selten. Der Gottesdienst dauerte etwa eine halbe Stunde, und anschließend lässt er sich noch einmal zum stillen Gebet nieder, bevor das päpstliche Protokoll auf dem Plan steht. Gegen acht Uhr gibt es Frühstück, das die Schwestern schon vor der Messe vorbereitet haben. Der neue Kammerdiener Gabriele, ein recht junger Italiener, bedient Benedikt am Tisch. Der Papst frühstückt zusammen mit seinen Sekretären. Gleich danach sieht er sie im Arbeitszimmer wieder. Sie übergeben ihm Unterlagen und erläutern ihm anstehende Vorgänge. Man bespricht die Post, die wichtigsten Pressemeldungen und die anstehenden Termine des Tages. Im Staatssekretariat gehen unaufhörlich Unmengen von Vorschlägen, Wünschen, Anträgen und Bittgesuchen ein. Laufend wird der Papst zu aktuellen Terroranschlägen, Naturkatastrophen oder einer diplomatischen Verwicklung um Stellungnahme gebeten. Alles das wird vorsortiert und dann nach oben in die Papstwohnung gereicht. Zusammen mit den Sekretären geht der Papst hiernach die Liste der Audienzgäste durch. Zu jedem Gast gibt es ein Dossier. Sollte es einmal eine thematisch umfangreichere Audienz sein, dann erfolgt das Briefing natürlich schon in den Tagen davor.

Gegen neun Uhr findet man Benedikt schließlich allein in seinem Arbeitszimmer beim Aktenstudium, Redenschreiben und Beantworten seiner Korrespondenz. Dort steht auch das silberne, auf Hochglanz polierte Papsttelefon mit dem schmückenden päpstlichen Wappen auf dem Gehäuse. Wenn dieses Telefon läutet, wartet immer ein wichtiger Gesprächspartner in der Leitung.

Das Arbeitszimmer ist jener Raum, von dessen Fenster aus die Päpste seit Jahrzehnten den Angelus beten. Der Angelus ist ein kurzes Gebet und handelt davon, dass ein Engel Maria die Botschaft überbrachte, dass sie den Sohn Gottes gebären werde. In kirchlichen Häusern kommen alle Mitarbeiter täglich um 12 Uhr am Mittag zusammen, um dieses Gebet gemeinsam zu beten. Der Papst nutzt diesen allsonntäglichen Auftritt vor der Öffentlichkeit, der auch von einigen Fernsehanstalten live übertragen wird, um noch ein paar Worte an die Menschen zu richten. Manchmal ist es aber auch der Zeitpunkt, an dem der Pontifex Mitteilungen verkündet, die über normale Grüße hinausgehen, so etwa Kardinalsernennungen. Die Namensliste neuer Purpurträger wird mittlerweile traditionell zum Angelus verlesen. In der Regel passiert das im späten Frühjahr. Viele Fernsehstationen schicken deshalb ihre Kamerateams vorsorglich am Sonntagmittag zum Petersplatz, denn man kann ja nie wissen, ob man etwas verpasst. Nach der Papstreise durch Bayern im September 2006 und der über Benedikt hereingebrochenen Diskussion seiner »Regensburger Rede« hatte er zum Angelus die erste reguläre Möglichkeit, seine Gedanken öffentlich zu erläutern. Dieser Termin und die wöchentliche

Generalaudienz auf dem Petersplatz sind zwei reguläre Möglichkeiten der öffentlichen Verlautbarung. Mancher Staatschef würde sich solche regelmäßigen und fast schon institutionellen Termine für eine wöchentliche kurze Rede zum Volk wünschen.

Die Utensilien für diesen Auftritt sind eigens an die baulichen Gegebenheiten angepasst worden: Vor dem Fenster befindet sich ein Podest, damit der Heilige Vater etwas höher vor der Fenster-

Blick aus dem bekanntesten Fenster der Welt. Benedikt XVI. beim Angelus-Gebet.

brüstung steht und vom Petersplatz aus besser gesehen werden kann. Die kugelsichere halbrunde Plexiglasscheibe wird in speziell hierfür eingelassene Stutzen gesteckt. Drei Halterungen im Fensterrahmen nehmen die Schlaufen des roten teppichartigen Samtbehangs auf, der mit Papstwappen und Zierstreifen bestickt unterhalb des Fensters an der Fassade hängt. Das Mikrophon hat eine direkte Verbindung zur Beschallungsanlage des Platzes sowie zu den Sendezentralen von Radio Vatikan und dem vatikanischen Fernsehen. Es muss nur rasch in eine Buchse eingestöpselt werden, und dann kann es losgehen.

Den Raum neben dem Arbeitszimmer des Papstes teilen sich seine beiden Sekretäre. Auch dort haben sie nach dem Frühstück und der morgendlichen Besprechung zwei Stunden Zeit für die Büroarbeit: Sie erledigen Telefonate, bearbeiten Reden und Briefe, leiten Informationen weiter, gehen erneut die Liste der anstehenden Audienzen durch und klären eben noch ein paar Details zu einem Vorgang, einer Gruppe oder einer Person, die bald auf dem Damasus-Hof vorfahren werden. Monsignore Gänswein, einer der beiden Sekretäre, geht schon etwas früher als der Papst nach unten in den zweiten Stock in den Bereich der Anticamera und bereitet dort die Audienzen vor. Mit »Anticamera« bezeichnen die Vatikaner den Bereich der Vorräume zur Bibliothek des Papstes. In einem in sattem grün ausgestalteten Kabinett, das in einer Zimmerflucht zum Sixtushof hin entlang der Audienzsäle gelegen ist, kann er noch Besprechungsgäste empfangen. Einen Raum weiter hat er ein zusätzliches kleines Büro. Ein paar Türen weiter, im Katharinensaal, bespricht er mit dem Präfekten des päpstlichen Hauses die vorbereiteten Empfänge.

Um Punkt elf Uhr beginnt der offizielle Teil des Tages: die privaten Audienzen. Dazu kommt eine ganze Reihe von Bediensteten. Der Präfekt des päpstlichen Hauses, Erzbischof James Michael Harvey und ein paar seiner Mitarbeiter. Einige Schweizer Gardisten eskortieren sowohl den Ehrengast und seine Begleitung als auch den Heiligen Vater selbst. Dabei gilt der Grundsatz: je höher der Gast, desto mehr Eskorte. Außerdem sind da noch eine Handvoll Sediari, prächtig gekleidete Kammerdiener, die sich um den Ablauf und die Wegführung des Audienzzuges kümmern, sowie Mitarbeiter aus dem Staatssekretariat oder der Kurie.

Die Audienzen des heiligen Vaters

Ein Papst führt seine Regierungsgeschäfte großteils über Audienzen, zu denen er Politiker und gekrönte Häupter, aber auch Geistliche aus aller Welt empfängt. Im Turnus von etwa fünf Jahren kommen beispielsweise alle Bischöfe eines Landes zum Ad-Limina-Besuch nach Rom und leisten Rapport. Und es gibt auch »normale« Menschen, die der Papst in Privataudienz empfängt, allerdings muss hier ein Grund vorhanden sein, den auch der Präfekt des Palazzo Apostolico für triftig genug hält. Das Audienzprogramm hat Benedikt XVI. insgesamt kräftig zusammengestrichen. Unter Johannes Paul II. waren an manchen Tagen gleich mehrere der dreizehn zur Verfügung stehenden Säle von Gruppen oder Gästen belegt, die alle gleichzeitig auf eine Begegnung mit dem Heiligen Vater warteten. Da fanden sich Oberhäupter anderer Religionen im Ambrosiussaal ein, und nebenan in der Sala Clementina wartete bereits eine Pilgergruppe aus Polen auf ihren Papst. Johannes Paul wechselte dann einfach schnell von Saal zu Saal. In der Bibliothek, dem eigentlichen Audienzraum, traf er einen Regierungschef zum Vier-Augen-Gespräch, während die nächsten Gäste und Gruppen schon wieder in die Säle geschleust wurden. Benedikt hingegen beschränkt sich auf die normale Form der Audienzen, die nacheinander in der Bibliothek abgehalten werden. Nur beim Empfang größerer Gruppen, etwa einer Parlamentarierdelegation oder einer Bischofskonferenz, werden größere Räume genutzt. Und davon gibt es im zweiten und dritten Stock mehr als genug. Aus der Präfektur, die für die Vorbereitung und Durchführung der Audienzen zuständig ist, hörte ich, dass es zwar insgesamt weniger Gäste seien, jedoch habe sich die Zahl der hochrangigen Audienzen, etwa mit Regierungsvertretern und Staatsoberhäuptern, deutlich erhöht. Die Gäste werden im Damasus-Hof vom Präfekten in Empfang genommen, per Treppe oder Lift zwei Etagen höher gebracht und dann von der Sala Clementina aus durch die Räume zum Papst geführt. Um dreizehn Uhr enden die Audienzen. Mittwochs wartet die vielleicht erholsamste Abwechslung auf den Heiligen Vater, denn an diesem Tag ist traditionell entweder auf der Piazza San Pietro oder in der großen Audienzhalle Generalaudienz. Der Papst fährt dann mit dem Papamobil auf den Petersplatz.

Um 13.30 Uhr gibt es Mittagessen. Johannes Paul hatte die Angewohnheit, immer wieder Gäste aus dem zweiten Stock, aus der Audienzetage, ein Stockwerk höher zum Essen in seine Wohnung mitzubringen, und so wurde oft ein Arbeitsessen daraus. Benedikt speist gern im kleinen Kreis – mit seinen Sekretären, den Schwestern oder mit ganz privaten Gästen. Ausgedehnte Mittagessen mag er nicht. Alles, was länger als eine Stunde dauert, geht von der Ruhezeit des Heiligen Vaters ab. Eine richtige italienische Siesta dauert normalerweise drei Stunden. Aber so viel Zeit bleibt dem Papst nicht. Für gewöhnlich geht er nach dem Essen oder am Ende der Siesta mit Monsignore Gänswein spazieren. Wenn Georg Ratzinger, der Bruder des Heiligen Vaters, zu Besuch im Vatikan ist, geht er mit beiden. Meistens beten sie dabei den Rosenkranz. Manchmal im Dachgarten über seiner Wohnung, manchmal auch im vatikanischen Garten. Immer dann, wenn sich Benedikt für die grüne Variante im Garten entscheidet, geht von zwei Uhr an für eine gute Stunde auf dem Gelände des Vatikans gar nichts mehr. Denn dann ist die Zone hinter dem Palast und dem Petersdom absoluter Sicherheitsbereich.

Kleine Fluchten aus dem Vatikan

Benedikt besteht auf seine Ruhezeit zwischen vierzehn und siebzehn Uhr. Er ist nicht mehr der Jüngste, und er bemüht sich, in seinen kräftezehrenden Tagesablauf Oasen der Ruhe und Erholung einzubauen. Freunde, die es gut mit ihm meinen, haben ihn in der Vergangenheit auch immer wieder dazu ermuntert. Manchmal verlässt er sogar den Vatikan. Dann fährt er in einem abgedunkelten Mercedes mit römischem Kennzeichen durch das Sankt-Anna-Tor die knapp dreißig Meter hinüber zu seiner alten Wohnung. Was er dort drei Stunden lang macht, bleibt sein Geheimnis. Aber man kann sich denken, dass er sich vielleicht Zeit für einen Mittagsschlaf nimmt oder in seiner etwa 20 000 Bücher umfassenden Bibliothek und Korrespondenzsammlung schmökert. Die Wohnung ist groß, aber bescheiden eingerichtet. Passend eben zur Art von Joseph Ratzinger, sagen diejenigen, die ihn und seine Wohnung kennen. Der Transfer dorthin und wieder zurück verläuft völlig unauffällig. Einmal war ich unfreiwilliger Zeuge dieses nachmittäglichen Ausflugs. Als ich zufällig an dem Eisengittertor vorbeiging, wunderte ich mich über eine weiße Gestalt, die flugs im Fond des dunklen Wagens verschwand. Zwei unauffällig gekleidete Männer standen im Hof und auf der Straße. Dann schoss der Mercedes auch schon an mir vorbei auf das Anna-Tor zu. Im Wagen sah ich wegen der getönten und leicht verspiegelten Scheiben nur schemenhaft eine hell gekleidete Person und einen hellen Kopf. Das konnte nur der Papst sein. Denn die Schweizer Gardisten verhielten sich ungewöhnlich, als der Wagen das Tor passierte. Autos mit einem vatikanischen Kennzeichen werden von ihnen sofort durchgewunken. Bei allen anderen halten sie die Fahrzeuge an und kontrollieren deren Insassen. In diesem Falle gingen sie automatisch zur Seite, ließen den Wagen mit dem römischen Kennzeichen passieren, aber salutierten nicht. Weder so wie bei einem Bischof oder Kardinal, der mit einem größeren Wagen chauffiert wird, noch so aufwendig wie es beim Santo Padre üblich ist. Das interessierte mich. Und nachdem ich mich umgehört hatte, erhielt ich die Bestätigung für die gelegentlichen Ausflüge des Papstes. Eine solche nachmittägliche »Flucht« aus dem Vatikan fand ich schon bemerkenswert. Ich habe oft gehört, dass er sich die Ruhe nimmt, die er benötigt. Keiner wird sie ihm missgönnen. Er muss sich schließlich schonen, denn auch seine Kraft ist endlich. Dass er jedoch die Inkognito-Variante wählt, um seine Ruhe zu haben und in seiner alten Wohnung Erinnerungen zu genießen, hätte ich nicht geglaubt.

Am späten Nachmittag geht es dann oben im Palast in die zweite Runde. Um 17.30 Uhr treffen sich die Sekretäre wieder mit dem Chef, um weiterzuarbeiten. Das gleiche Prozedere wie am Morgen läuft ab: Post, Akten, Briefings und Zeitpläne. Danach zieht sich der Papst wieder allein in sein privates Arbeitszimmer zurück. Manchmal empfängt er in dieser Zeit hochrangige Mitarbeiter der Kurie zu speziellen Arbeitsgesprächen. Papst Johannes Paul II. hat selten jemanden in sein Arbeitszimmer kommen lassen. Er nutzte eher den kleineren Saal vor den Büros für Treffen solcher Art. Benedikt mag das Gespräch in der kleinen Sitzgruppe am Schreibtisch.

Der Substitut des Staatssekretariates, Erzbischof Leonardo Sandri, kommt täglich, denn er ist der engste kuriale Mitarbeiter des Pontifex, sozusagen der Innenminister des Vatikans. Der Kardinalstaatssekretär wird fast genauso oft empfangen, und mindestens einmal pro Woche sitzen die Präfekten der Glaubenskongregation und der Kongregation für die Bischöfe mit dem Pontifex zusammen. Am Dienstagnachmittag versammeln sie sich alle, denn dann findet so etwas Ähnliches wie eine Kabinettsitzung statt. Der Heilige Vater besucht sooft er kann die Versammlung der Kurienpräfekten. Irgendwann müssen schließlich anstehende Probleme und Vorhaben besprochen, Bischöfe ernannt, Entscheidungen gefällt und Dokumente unterzeichnet werden. Pünktlich um sieben Uhr schließlich versucht der Papst die Vesper zu beten.

Gegen 19.30 Uhr beginnt im Esszimmer an der Ostseite des Papstpalastes das Abendessen. Die Schwestern, die sich um alle hauswirtschaftlichen Belange kümmern und auch sonst für die verschiedensten Dinge verantwortlich sind, bereiten dem Papst und den Sekretären das Essen. Italienisch und deutsch kochen sie für Benedikt, der gern Strudel und Bratkartoffeln mag. Doch auch die italienischen Spezialitäten schätzt er, denn er kennt sie ja schließlich seit einem Vierteljahrhundert. Es ist sicherlich keine Haute Cuisine, die sie in ihrer relativ geräumigen Küche in der rechten hinteren Ecke des Appartements auf die Platten und in die Schüsseln zaubern. Aber das Essen dürfte schmackhaft und bekömmlich sein. »Nicht zu fett, bitte!«, soll sie der Papst um möglichst gesunde Kost gebeten haben. Die vier italienischen Schwestern der Gemeinschaft Comunione e Liberazione essen meistens mit dem Heiligen Vater und den Sekretären. Nach dem Abendessen stehen die Nachrichten im Fernsehen auf dem Programm. Alles hat seine Zeit und seine Zeitplanung. Benedikt hat es sehr gern gut strukturiert und hält sich peinlich genau an die Zeitabläufe. Essen, Nachrichten und weiter geht's.

Klavierspiel zur Entspannung

Nach dem Abendessen beginnt die dritte Arbeitsphase, die unterschiedlich verläuft. Je nachdem was ansteht, setzt sich der Heilige Vater wieder an seinen Schreibtisch und macht da weiter, wo er am frühen Abend aufgehört hatte. Meist geht er in seine neue Bibliothek und liest oder spielt kurz Klavier. Noten von Mozarts »Veilchen« habe er auf dem Notenständer des hellen Klaviers gesehen, erzählt Kardinal Meisner von seinem letzten Besuch. Als seine Haushälterin Ingrid Stampa noch in der Wohnung war, soll sie ihm manchmal nach dem Abendessen zur Entspannung auf dem Klavier vorgespielt haben. Benedikt liebt klassische Musik.

Es gibt eine ungefähre Regel, dass Benedikt sich ab neun Uhr zurückzieht. Bis zehn oder halb elf Uhr arbeitet er gerne allein, um Ansprachen zu schreiben oder zu überarbeiten, die vorliegenden Dossiers für die Audienzen des nächsten Tages durchzugehen oder um offizielle päpstliche Schreiben zu verfassen. Das ist auch der Zeitraum, in dem er an seinem neuen Buch arbeiten kann, denn dann klingelt das Telefon kaum noch. Wer ruft schon abends beim Papst an, wenn sich sonst alle im Feierabend befinden und das Leben genießen? Bestensfalls sein Bruder, aber den ruft Benedikt von Rom aus selbst an.

Seine Sekretäre sind in ihrem Büro, bis die Arbeit des Tages erledigt ist. Zeit, um durch die Straßen Roms zu schlendern, bleibt da wohl kaum. Allenfalls offizielle Termine können sie wahrnehmen. Aber davon gibt es genügend, und ebenso reichlich bekommen sie Einladungen, denn einen Papstsekretär empfangen zu dürfen, gilt in vornehmen Kreisen möglicherweise noch mehr, als einen Kardinal als Gast zu haben. Wenn der Papst schon nicht persönlich kommen kann, dann ist mit einem dieser beiden Monsignori zumindest ein Hauch des Papsttums präsent. Papst Benedikt lässt es sich jedoch nicht nehmen, ab und zu ein Konzert oder eine Feier zu besuchen. Musikkonzerte wegen seiner Liebe zur Musik und Feiern, zum Beispiel wenn die Nonnen eines Klosters ein Jubiläum haben und er ihnen schon lange persönlich verbunden ist.

Wollte er jedoch nur einen vertretbaren Teil der Einladungen annehmen, die ihn immerfort erreichen, erzählte mir ein Kardinal, dann könnte er permanent entweder im Petersdom, auf dem Petersplatz oder irgendwo anders sein. Das alles natürlich zeitgleich, versteht sich.

Jeder Römer kann sehen, wann sich der Papst schlafen legt. Wenn das Licht im zweiten Fenster von links an der Ostseite des Palastes gegen 22.30 Uhr erlischt, dann geht der Santo Padre ins Bett. Von rauschenden Festen im dritten Stock also keine Spur, wenn sich langsam Stille über die Stadt senkt und die Römer wie die Touristen in den Restaurants und Bars einen wunderschönen Tag in der Ewigen Stadt ausklingen lassen.

Sicherheitszone unter Palmen

Wenn der Papst beten will

Es ist ein sonniger Tag im April. Klarer blauer Himmel, aber noch zu kühl, um sich sommerlich anzuziehen. Denn wenn man sich längere Zeit im Schatten aufhält, beginnt man zu frieren. Der kalte Wind tut dann ein Übriges. Im Frühjahr ist Rom zwar tückisch, doch dem Charme und Reiz dieser Metropole scheint trotzdem kein Zeitalter und auch keine Jahreszeit etwas anhaben zu können. Nichts schockt die »ewige Stadt«, die getrieben ist von so allerhand Motoren, die den Atem der alten Zeit noch immer in den tiefen Lungen hält, die die modernen Nomadenströme der Touristen mit Melancholie und Gelassenheit erträgt. Den Reiz und die Schönheit dieser Stadt macht auch der Vatikan aus. Nicht umsonst heißt es: Rom sehen und sterben. Manche träumen sogar davon, auf dem Camposanto Teutonico, dem deutschen Friedhof am Stiftskolleg auf dem Gelände des Vatikans beerdigt zu werden. Denn man sagt, man könne in der Idylle aus Marmor, Travertin und Pflanzen bestattet werden, wenn man als Deutscher im Vatikan stirbt. Man müsse lediglich über ein angemessenes »Zeitgefühl« verfügen, um sich diesen Wunsch erfüllen zu können.

Der Weg in den Vatikan, den ich dieses Mal nehmen muss, ist etwas beschwerlicher, weil mir bereits Hunderte Menschen entgegenkommen, die gerade aus der Papstkrypta über einen Seitenausgang vom Petersdom auf den Platz geleitet werden. Aber ich schaffe es, mich gegen den Strom bis zu den Posten der Schweizergarde am Arco delle Campane, vorzuarbeiten. »Ich habe einen Termin im Governatorato«, sage ich, und die beiden Schweizer lassen mich passieren. Wenn man überzeugend auftritt, ist das Überschreiten der Staatsgrenze zum Vatikan relativ problemlos. Ein paar Meter weiter gelange ich in den tunnelartigen Durchgang. Plötzlich taucht ein vatikanischer Polizist in königsblauer Uniform direkt vor mir auf. Es ist, als hätte er um die Ecke auf mich gelauert, um mir mit seinem blitzschnellen Aufkreuzen Furcht einzujagen – und dem Sicherheitsbezirk des Vatikans eine noch abschreckendere Wirkung zu verleihen.

Normalerweise muss man sich durch den Vatikan immer mit der größten Selbstverständlichkeit bewegen, dann geht man zumindest einigermaßen sicher, nicht alle zwanzig Meter angehalten und nach dem Ziel gefragt zu werden. Ich habe es auch schon einige Male geschafft, den Weg zum Rat für die soziale Kommunikation im Palazzo San Carlo ohne irgendeinen Passierschein zurückzulegen. Ob das allein an meinem forschen Auftreten lag, weiß ich allerdings auch nicht. Vielleicht war es eher die Tatsache, dass die Polizisten der Vigilanza keine Lust hatten, sich mit irgendwelchen Leuten zu befassen, die sie wahrscheinlich nicht effektvoll zurückschicken konnten. Diesmal steht der Uniformierte aber direkt vor mir. Sein langes Gesicht und das mächtige Kinn beeindrucken mich. Das energische Auftreten verfehlt seine Wirkung bei mir nicht: Ich bin eingeschüchtert.

Er schickt mich in das Büro zur Linken, wo ich mir einen Passierschein besorgen soll, denn er will mich nicht einfach so meiner Wege gehen lassen. Ohne diesen gelben quadratischen Wisch ist zur Zeit nichts möglich. Also gehe ich die Treppen in den fensterlosen Raum im Fundament des Petersdomes hinunter, setze mich an den langen Tisch und fülle einen Passierschein aus. Am Schalter hinter der Glasscheibe erwartet mich ein grauhaariger dicker Mann um die sechzig. Er liest meinen Zettel durch. »Passaporto, per favore!«, sagt er, ohne mich anzusehen. Ich greife in die Taschen meines Mantels, doch ich habe meinen Reisepass vergessen. Das kann problematisch werden. Ich erkläre ihm, dass ich keinen Ausweis dabeihätte, er aber gern bei dem Bischof anrufen könne, um zu fragen, ob mein Besuch in Ordnung gehen würde.

Der Schalterbeamte sieht mich eine kleine Ewigkeit wortlos an, als wolle er die Standhaftigkeit meines Blickes testen. Dann zieht er die Augenbrauen nach oben und holt widerwillig das vatikanische Telefonbuch heran, um umständlich nach der Telefonnummer zu suchen. Schließlich hackt er die Nummern in das blasse Telefon. Er nennt meinen Namen und sagt, dass ich angeblich ein Treffen mit dem Bischof hätte. Dann legt er auf. Nun ja, das wird's dann gewesen sein, denke ich. Sicher hatte er irgendjemanden im Governatorato angerufen und derjenige wusste nichts von mir. Aber nein: Er füllt den gelben Passierschein weiter aus, stempelt ihn und gibt ihn mir wortlos herüber. Ich verabschiede mich freundlich und verschwinde schleunigst.

Nach insgesamt drei Kontrollen meines Passierscheins und einigen hundert Metern immer stärker ansteigender Straßen, Wege und hochstufiger Treppen auf den vatikanischen Hügel hinauf erreiche ich den Palazzo. Langsamen Schrittes studiere ich die fast weiße Fassade aus Travertin im Stil der Monumentalarchitektur der Mussolini-Ära. Am Fuß des Treppenaufgangs bemerke ich zum ersten Mal zwei Wachpostenhäuschen, die ebenfalls vollständig aus hellem Stein errichtet wurden. Das sind die Zeugen jener alten Zeiten, als noch mehr Gardisten ihren Dienst verrichteten, um dieses steinerne Ungetüm von Palast zu bewachen. Ich gelange durch das Eingangsportal in ein recht kühl wirkendes Foyer. Mittelgrauer Marmor auf dem Boden mit leichtem Grünstich gibt dem Innenleben eine ungewöhnliche Kälte. Wie eine kommunale Behörde sieht es hier aus, denke ich und besinne mich, dass ich sozusagen im Hause des Ministerpräsidenten der Vatikanstadt bin. Das kann also nur eine Behörde sein. Hier wird alles geregelt, was technischer, administrativer und bürokratischer Natur ist. Vom Toilettenpapier bis zur vatikanischen Polizei, vom Gärtner bis zum Fuhrpark, vom Gehalt für die Angestellten bis zur Bautruppe, alles läuft hier zusammen, alles was eine richtige Stadtverwaltung eben auch bewerkstelligen muss, damit der Betrieb läuft. Der Pförtner im Aluminiumverschlag schickt mich einen langen Gang nach links und eine Etage höher. Dort wartet schon ein junger freundlicher Mann in dunkelblauem Anzug und modischer Frisur auf mich. Er fragt, ob ich Stephano sei und weist mir die Richtung zu einem Wartezimmer. In diesem Bereich hatten die kalten Fliesen einem warmen dunklen Parkett weichen müssen, die nun sogar etwas Wohnlichkeit verbreiten. Drinnen riecht es wie in einem alten Museum nach Bohnerwachs.

Ich setze mich auf einen mit moosgrünem Samt bezogenen Barocksessel und sehe mich um. Die Einrichtung wirkt etwas zusammengewürfelt. Die Stuhlmöbel passen nicht zum restlichen klassizistischen Ambiente. Das kleine Tischchen zwischen Sofa und Sesseln sieht so aus, als würde es nur mühsam die schweren Bildbände tragen, die für den wartenden Gast bereitliegen. Als hätte der Vatikan selbst nichts Bezauberndes zu präsentieren, werben die großen Bücher für die eindrucksvolle Natur auf anderen Kontinenten. Ein riesiger verglaster Schrank beherbergt zehn Zentner Bücher mit grünen Kunstledereinbänden. Über der Tür sehe ich in eine Kamera, die mich beobachtet. Habe ich gerade etwas gemacht, das den Beobachter am Kontrollbildschirm vielleicht beunruhigt oder erheitert hat? Ich hatte den Teppich auf dem glattgebohnerten Parkett etwas verrückt und überlege kurz, ob ich ihn unter dem wachsamen Auge der Kamera nun wieder zurechtrücken soll, aber entscheide mich dagegen.

Dann sehe ich mich weiter um und zähle die Bilder in diesem Raum. Es sind zwölf. Alle haben einen anderen Malstil und hängen in unterschiedlichen Rahmen. Manche sind ganz annehmbar, aber ein Gemälde erregt meine Aufmerksamkeit. Es ist schon auf den ersten Blick ausgesprochen gewöhnungsbedürftig. Das Bild stellt eine Pieta dar, eine Maria mit ihrem toten Sohn Jesus auf dem Schoß, die mit blassen Wasserfarben auf Papier gekleckst worden war. Es wirkt wie die Arbeit eines kunstpädagogisch wenig geförderten Schülers in der sechsten Klasse. Die Proportionen des menschlichen Körpers erschienen dem Künstler sicherlich als nebensächlich, denn bei der abgebildeten Person stimmt gar nichts. Besonders der Hals hat eindeutig etwas Giraffenartiges. Die Bilder hier sind sicher allesamt aus dem Geschenkfundus der Päpste. Irgendwann werden sie dann nämlich auf die vatikanischen Büros verteilt.

Ich seufze und schaue an die Decke, die allerdings ein wahres Kleinod der Kunsttischlerei ist. Wunderschön verzierte Holz-Kassetten, in Blau und Gold gefasst, erzählen von einer vergangenen Pracht, als sicher auch noch das Mobiliar zur Architektur des Raumes gepasst hatte. Ich weiß wohl, dass es im vatikanischen Möbelarchiv Einrichtungsgegenstände jeglicher Art und Ausführung gibt. Innerhalb kürzester Zeit könnten die Mitarbeiter dieser Abteilung ein Zimmer in jedem beliebigen Stil ausstatten. Aber es bleibt wohl manchmal bei einem lieblosen Bestücken.

Bevor ich mich ausführlich dem Traum hingeben kann, wie die phantastische Kassettendecke wohl in meinem Wohnzimmer wirken würde, kommt der Bischof zur Tür herein. Er begrüßt mich herzlich, und ich folge ihm in sein Büro, in dem bereits sein Telefon läutet. Mit einem kleinen Hechtsprung erreicht er den Schreibtisch, und ich werde Zeuge einer nicht enden wollenden Serie von »Si«, die er jeweils sehr langsam und bedächtig mit tiefer Stimme in die Muschel spricht. Er zieht ab und zu die rechte Augenbraue hoch, wenn sich unsere Blicke treffen. Als er aufgelegt hat, eilt er aus seinem Büro ins Nebenzimmer. Von dort höre ich ihn mit mehreren Personen reden. Dann kommt er zurück und sagt, dass er noch ein paar Minuten Zeit bräuchte, bevor wir zum Mittagessen gehen könnten.

Ora et labora

Wir unterhalten uns eine Weile und immer wieder unterbricht das Telefon unser Gespräch. Nach einem sehr kurzen Telefonat sagt er schließlich: »Jetzt können wir starten. Der Papst geht beten, und wir gehen essen.«

Ich bin erstaunt: »Der Papst geht beten? Wohin denn?«

»In den Garten.«

»Kann ich das sehen?«

»Nicht von hier aus.« Er sieht mich fragend an.

Ich wollte wissen, ob ich den Papst von irgendwo sehen dürfte, wenn er betend durch die Gärten wandert.

Der Bischof kneift die Augen leicht zusammen. »Willst du das wirklich sehen? Er geht doch nur Rosenkranz beten.«

Ich nicke, und der Bischof meint schließlich, dass es gehen könnte. Mit ihm zusammen wäre das möglich.

Mir ist sehr wohl bekannt, dass der Vatikanische Garten für den allgemeinen Verkehr gesperrt wird, wenn der Papst zwischen

Oase im vatikanischen Garten. Benedikt entspannt am Teich.

kunstvoll geschnittenen Hecken, unter Bäumen und Palmen, vorbei an Brunnen und Denkmälern in der frischen Luft spazieren will. Der Heilige Vater muss sich dazu sogar fast eine Genehmigung einholen, denn ganz so einfach ist die Sperrung des Sicherheitsbezirks nicht immer möglich. Auch wenn er der Chef ist – der Vatikan ist auch ein Areal, in dem gearbeitet wird und in dem sich die Leute bewegen müssen, ob nun per pedes oder per Auto. Jetzt ist es zwanzig Minuten nach zwei Uhr, also hat der Großteil der vatikanischen Angestellten das Areal bereits verlassen. Zum Feierabend um 14 Uhr schießen in Windeseile aus allen möglichen Gassen und Garagen Autos und Motorräder gen Ausfahrt. Nach einer Viertelstunde ist das Brausen vorbei, und eine idyllische Ruhe senkt sich über die Vatikanstadt. Dann ist es auch für den Heiligen Vater leichter, das Gebiet der Gärten für sich zu beanspruchen. Heute ist also wieder einmal solch ein Tag, an dem es Benedikt nicht mehr in den heiligen Hallen des Palazzo Apostolico aushält.

Mein Begleiter packt ein paar Sachen zusammen, nimmt seine Tasche und verabschiedet sich von seinen Mitarbeitern im Büro nebenan. Dann gehen wir los.

»Aber nur kurz!«, sagt er, denn für gewöhnlich verschwindet der Bischof um diese Zeit zum Mittagstisch. Und im Kloster, ein paar Straßen weiter, warten die Schwestern mit dem warmen Essen.

»Ja, klar«, antwortete ich. »Ich will nur einen schnellen Blick auf ihn werfen, wenn das geht.«

»Das geht.«

Draußen auf der sonnigen Piazza vor dem Governatorato spricht er mit einem vatikanischen Polizisten, der kurz per Funkgerät etwas nachfragt und uns dann die Richtung weist. Es sind erstaunlich viele Polizisten der Vigilanza unterwegs. Und ich erkenne auch einige in Zivil. Der Bischof erklärt mir, dass der Bereich, in dem der Papst herumwandern möchte, jetzt hermetisch abgeriegelt sei. »Da kommt keiner mehr herein und auch keiner mehr durch.«

Dieses Prozedere kenne ich bereits. Und ich weiß auch, dass man tatsächlich keine Chance mehr hat, eine der Straßen oder einen der Wege zu nehmen, um von einem Gebäude zum anderen zu kommen, sobald der Papst im Garten ist oder der Wagen des heiligen Vaters vorfährt. Ob man zu tun hat oder nicht, ob man vatikanischer Angestellter ist oder nur Gast, das ist alles ganz egal. Da lassen die Vigilanzen nicht mit sich reden. Will man also vom Palazzo San Carlo, der an der südlichen Mauer neben dem Gästehaus Santa Marta liegt, zum Papstpalast hinauf, so muss man den Weg über den Petersplatz nehmen. Oder gar über die Porta di Sant'Anna wieder in den Vatikan hineingehen, wenn man den Bereich um die vatikanischen Museen erreichen will.

Während wir gehen, erzählt mir der Bischof eine Anekdote von Papst Pius XII. Der sei gern durch die Parkanlagen der Sommerresidenz Castel Gandolfo spaziert. Allerdings kehrte der arme Mann nach seinen beliebten frühabendlichen Ausflügen in die Natur immer grauenvoll zerstochen zurück. In den Teichen und Seen um das Castello muss es in den Sommermonaten immer sehr viele Stechmücken gegeben haben. Und den Papst schienen sie wohl besonders zu mögen. Schließlich schickte man eine Viertelstunde vor jedem Spaziergang ein Pferd im schnellen Galopp durch den Park. Das schwitzende Tier zog den Großteil der Mücken auf sich und ersparte somit dem Papst so manche Pustel. »In Rom haben wir dieses Problem nicht«, schließt der Bischof lachend.

Das grünes Paradies in Rom

Vielleicht fragen Sie sich, warum ich unbedingt den Papst bei seinem Spaziergang sehen wollte. Was soll ich sagen: Ich war einfach neugierig! Wie wird er die blühenden Korridore durchlaufen? Gehetzt oder gemütlich schlendernd? Wird er hier und da einmal mit dem Brunnenwasser spielen oder an Blumen riechen, weil er sich unbeobachtet fühlt? Im Vatikanischen Garten gibt es viel zu sehen. Bizarre und seltene Bäume, ganze Meere von Blumen, Palmen jeder Art und vor allem wundervoll angelegte Rabatten und kunstvoll beschnittene Buchsbaumhecken, die zu wahren Meisterwerken veredelt sind oder eines der vielen Monumente einrahmen. Die Wege durch die einzelnen Areale sind selten gerade. Meistens steigen sie steil an, um nach einem erhöhten Sattel in engen Kurven wieder abzufallen und den Spaziergänger schließlich an das Bassin eines riesigen Brunnens zu geleiten.

Das Eigenartige an diesem riesigen Park ist, dass auf den herrlichen Wiesen keine Menschen in der Sonne liegen oder picknicken – Kinder spielen in dieser Idylle auch nicht. Hier herrscht fast absolute Ruhe. Ich hatte mich immer gefragt, was so besonders, so anders, an diesem Garten ist: Sicher zählt auch das dazu.

Das Gebiet zwischen der leoninischen Mauer am Bahnhof und dem Governatorato ist das ursprünglichste der Gärten. Dort stehen kleine Wälder aus Palmen, Laub- und Nadelbäumen. Die verschiedenen Teile der Gärten sind von einem umfangreichen Netz aus Wegen und Straßen durchzogen, das mehr als zehn Kilometer lang ist. Die Vatikanischen Gärten sind innerhalb der dicht bebauten Stadt Rom auch ein natürliches Biotop und Rückzugsgebiet für viele Tierarten, vor allem für Kleintiere und Vögel. Da gibt es neben extrem vielen Katzen viele Arten von Nagetieren und Reptilien wie Eidechsen und Schlangen. Ein großer Teil der Gärten ist seit Jahrhunderten von Menschenhand gestaltet. Die weitreichenden Rasenflächen und die kunstvollen Beetanlagen, die vor allem während der Renaissance dem Repräsentationsbedürfnis der Päpste entsprechen mussten, sind über die nachfolgenden Epochen – vor allem im Barock – ständig umgestaltet worden.

Die Gärten auf dem Vatikanischen Hügel gehen auf die Zeit von Papst Nikolaus III. zurück. Gegen Ende des 13. Jahrhunderts züchtete man dort Heilkräuter, aber auch Obst und Gemüse. Um die zahlreichen Brunnen und Wasserspiele mit ausreichendem und vor allem frischem Wasser versorgen zu können, wurde im 17. Jahrhundert eine Wasserleitung bis zum vierzig Kilometer entfernten Braccianosee gebaut. Seit dem 17. Jahrhundert wurden die Grünflächen mehr und mehr zu botanischen Zwecken genutzt.

Papst Clemens XI. hatte ein Herz für seltene Pflanzen und ließ botanische Raritäten aus subtropischen Gebieten holen. Noch heute kann man an manchen Stellen frische Bananen von den Stauden pflücken.

Glücklicherweise ist das Gebiet der Gärten nur spärlich bebaut. Neben ein paar kleinen Kirchen, Klöstern und Türmen, dem Governatorato, dem alten Gebäude von Radio Vatikan und ein paar anderen Häusern findet man an jeder Ecke einen Brunnen, eine Figur, ein Kunstwerk.

Kein Apparatschik, sondern Seelsorger

Fast von überall eröffnet sich ein phantastischer Blick auf die Kuppel des Petersdoms. Je höher man den vatikanischen Hügel hinaufsteigt, desto mehr kommt man auf das Höhenniveau der Kuppel. Oben beim alten Palazzo von Radio Vatikan angelangt, hat man das Gefühl, die gewaltige Kuppel würde gleich hinter dem Rasen zwischen Rosenbögen in die Höhe ragen. Der eigentliche Korpus der Basilika ist von dieser Stelle aus völlig den Blicken entzogen. Dort stehen der Bischof und ich nun.

Ich bereue, noch meinen Mantel zu tragen, denn die Kombination aus Mittagssonne und Bergbesteigung hat mich zum Schwitzen gebracht. Zudem ist von hier oben nirgends ein Mann in weißer Soutane auszumachen. Wir gehen weiter nach links in Richtung der alten Akademie der Wissenschaften. Dahinter erstrecken sich die Gebäude der Vatikanischen Museen in den Flügeln des Belvedere. Als mich der Bischof am Arm festhält, sehe ich im gleichen Augenblick einen zivilen Sicherheitsbeamten. Jetzt kann der Papst nicht mehr weit sein! Wir bleiben an dieser Stelle stehen, und ich frage mich, ob ich den Bischof vielleicht in eine für ihn unangenehme Situation gebracht habe. Doch schon zeigt mir der Würdenträger mit einer Kopfbewegung die Richtung an, in die ich schauen soll. Dort ist das weiße Haupt des Papstes hinter einer Buchsbaumhecke zu sehen. Daneben erkenne ich Monsignore Gänswein, der den Papst um einen Kopf überragt. Sie gehen langsam. Benedikt hat den Kopf erhoben geradeaus gerichtet, ohne ihn viel zu bewegen. Seine Lippen bewegen sich, und es wirkt auch so, als würden seine Augen hin und her schauen. Doch er unterhält sich nicht mit seinem Sekretär. Also werden sie beten, denke ich.

Ein paar Augenblicke später gibt die maßgeschneiderte Hecke den Blick auf die beiden Männer frei, und ich erkenne in den Händen von Georg Gänswein einen Rosenkranz. Das ist ein schönes Bild, denn die beiden Betenden wirken sehr einträchtig und vertieft. Ich hatte Papst Johannes Paul II. schon einmal einige Minuten ganz nah beim Beten erleben oder besser gesagt beobachten können. Das war ein sehr intimer Moment, den ich damals in der Privatkapelle des Papstes erleben durfte. Johannes Paul ist oft vor und nach dem Essen in die Kapelle in seinem Appartement gegangen, um zu beten. Manchmal, so erzählte man in seinem Umfeld, habe er sogar während der Arbeit oder zwischen Besprechungen seinen Herrn in der Kapelle aufgesucht, um eine Entscheidung im Gebet zu bedenken. Benedikt ist etwas seltener in der Kapelle zu finden, sagte mir ein Kardinal.

Nun sehe ich aber einen betenden und meditierenden Benedikt im vatikanischen Garten. Nicht allein, sondern mit seinem vertrauten Sekretär beim Spaziergang. Das Bild birgt einige Aussagen: ein Chef, der mit seinem engsten Mitarbeiter etwas sehr Privates wie das Gebet teilt. Ein Oberhaupt, das sich auch seiner Rolle als *Servus Servorum Dei* bewusst ist und in der Dienerschaft der Diener Gottes für seine Kirche betet. Kein bloßer Apparatschik, der nur das Geschäft leitet und sich nicht um die Seele oder das Beseelende des weltweit operierenden »Unternehmens« katholische Kirche kümmert.

Seinen Blick, den ich nun aus der Distanz von vielleicht fünfzig Metern sehe, kenne ich aus einigen Szenen, die ich bei Fernsehübertragungen erlebt habe. So etwa beim Gebet in der neuen Sakramentskapelle in Altötting. Als er an dem Betschemel niederkniete und sein starrer, ehrfürchtiger Blick auf dem Allerheiligsten auf dem Altar vor ihm verweilte. Da wirkte er wie der kleine Joseph, der als Kind öfter mit seiner Familie dorthin gepilgert ist – wie ein von der heiligen Stimmung der Liturgie ergriffener Messdiener. Und er war doch der Papst. Einen solchen Blick meine ich auch jetzt zu erkennen. Tief versunken im Gebet und doch wach in seinem Habitus. Sie gehen weiter.

Nur Monsignore Gänswein schaut ab und zu nach rechts und links. Er rückt dem Papst den rechten Flügel seiner Mozetta zurecht, den der Wind über die Schulter geweht hat. Sie laufen langsam den Hügel abwärts, der Weg ist gesäumt von Lorbeerhecken. Ich gehe ebenfalls ein paar Schritte in diese Richtung, um ihnen noch länger nachsehen zu können, dem einen in der weißen Soutane und dem anderen in der schwarzen. Vielleicht sehen das jetzt auch manche der Hofschranzen und verstehen, dass zwischen dem Heiligen Vater und seinem Sekretär keine Distanz, sondern große Vertrautheit herrscht. Ich erinnere mich an einen Moment, als meine Tante im Kloster mit mir in den Ferien einen Ausflug unternahm. Wir saßen in einer kleinen kühlen Kapelle inmitten von Getreidefeldern und beteten den Rosenkranz. Draußen lag die Gluthitze des Nachmittags über dem Land. Als Kind fand ich diese Aneinanderreihung von Gebeten eigentlich langweilig. Mit meiner Tante allerdings war es jedoch gar nicht so. Es war ein sehr schöner Moment, und weil wir zwei allein waren, hatte es auch etwas Familiäres. Ja, vielleicht war es eine ähnlich innige

Vertrautheit, wie diese, die ich gerade in den vatikanischen Gärten beobachtete.

Wie viele andere mögen wohl aus dem Fenster gesehen haben, als die beiden Männer betend durch Grün und Blüten gingen? Vielleicht werden dabei einige daran erinnert, dass das Gebet auch zu ihrem Dienst gehört, selbst wenn es nirgends ausdrücklich als Pflicht niedergeschrieben ist. Ein betender Papst ist wie ein Violinist, der die Bespannung seines Bogens pflegt, damit er seinem Instrument die Töne klarer entlocken kann. Oder wie ein Architekt, der ferne Länder bereist, um sich anzusehen und zu studieren, wie sie dort bauen und gebaut haben, anstatt nur in seinem Atelier zu brüten.

Natürlich kann man das Gebet nicht mit der Werkzeugpflege eines Handwerkers oder Musikers vergleichen, nicht mit der Ideeninspiration bildender Künstler oder Architekten. Bei allen jedoch gehört das gewisse Etwas dazu. Vielleicht verstehen Sie, dass es mich irgendwie beruhigt hat, Papst Benedikt XVI. beten zu sehen. Auch wenn mir bewusst ist, dass er viel betet – ich wollte es mit eigenen Augen sehen.

Ich frage den Bischof, ob wir vielleicht ebenfalls den Rosenkranz beten sollten, auch wenn ich nicht sein Privatsekretär sei. Er lächelt: »Das ist eine gute Idee.«

Papstsein macht einsam

Ein Gefangener im goldenen Palast

Über das Privatleben eines Pontifex Maximus weiß man wenig. Über Johannes Paul II. war zwar relativ viel bekannt, weil sich ständig Gäste im Appartement aufhielten und immer wieder Erzählungen nach draußen gedrungen waren. Manche gaben sogar an, zu wissen, dass unter seinem Bett eine Tür zu einem geheimen Archiv sei. Allerlei Fakten und Geschichten waren und sind im Umlauf. Doch kaum jemand weiß tatsächlich, was ein Papst denkt, wenn er die Zimmertür hinter sich schließt. Und egal, wie viel die Welt außerhalb des Palastes davon ahnt oder weiß: Es ist kein leichtes Leben, Gefangener im goldenen Palast zu sein. Noch im Jahr 2000 sagte Joseph Kardinal Ratzinger in einem Interview, dass der Papstjob eine Berufung sei, die sich kaum leben lasse. Es klang fast so, als wollte er sagen, dass es für einen Papst zu wenig Privates gäbe.

Ich erinnere mich noch gut an ein Gespräch mit Monsignore Jehle, einem Schweizer, der bis vor kurzem Kaplan der Schweizergarde war und heute in der Glaubenskongregation arbeitet. Es war am Wochenende vor der Papstwahl. Damals sagte er, dass es auf jeden Fall Joseph Ratzinger sein werde, den die Kardinäle zum Papst wählen würden. Sie wären dumm, wenn sie nicht den

Besten wählten, und Ratzinger sei der Beste. »Der muss rein in den Palast«, sagte er damals, »der muss rein und dort leiden.« Das klang im ersten Moment sehr martialisch. Doch nach längerem Nachdenken verstand ich, was er meinte. Das Schicksal oder das Ansinnen der göttlichen Vorsehung wollte diesen zierlichen Deutschen zum Pontifex machen und ihn den Qualen eines Papsttums aussetzen. Nicht als Strafe, nicht unbedingt als schmerzlicher oder blutiger Kreuzweg, sondern als bereitwilliger Aufopferungsdienst.

Was hat es mit dem Leiden, mit dem Opfer oder der Selbstlosigkeit auf sich? Dass er in einem Palast wohnt? Dass er ein autonomer und autokratischer Herrscher ist? Dass seine Reputation in der Öffentlichkeit kaum überboten werden kann? Rund 1,1 Milliarden Menschen gehören weltweit der römisch-katholischen Kirche an. Für diese Menschen ist er der (religiöse) Chef. Das Netzwerk, dem er vorsteht, ist das umfassendste der Welt. Gebietsleiter – in der Funktion eines Bischofs – ernennt letzten Endes der Papst selbst. Er muss zwar mit denen leben, die bereits vor Beginn seines Pontifikats in Amt und Würden waren, aber bei allen Neuernennungen stellt er die Weichen. Er hat den Vorsitz eines relativ gut funktionierenden und überschaubaren Regierungsapparates. Und außerdem ist die Vatikanstadt nicht die schlechteste Adresse. Diese Gefilde sind nicht so mondän wie Washington D.C., aber der Vatikanhügel gibt ein beeindruckenderes Fotomotiv ab. Der Palazzo Apostolico ist zwar riesig, aber er muss sich mit ein paar privaten Zimmern begnügen, die Büro und Wohnraum in einem sind. Das Weiße Haus in Washington ist kleiner als der Palast, ebenso wie Downing Street 10 in London oder andere Quartiere der Mächtigen. Aber kein bedeutender Machthaber dieser Welt begnügt sich mit so einem bescheidenen Interieur wie der Papst. Zwar könnte er Freunde zum Abendessen in den prunkvollen Königssaal einladen und einen Champagnerempfang im angrenzenden Fürstensaal veranstalten. Aber mit französischem Perlwein hat es Benedikt nicht sonderlich. Auch nicht mit sonstigen Alkoholika. Die Ausnahme ist bestenfalls »a guades Weißbia«. Aber Königs- und Fürstensaal sind nicht sein Stil. Auch wenn ihm goldene Gewänder ganz gut stehen. Einem Edeldinner mit Kaviar, Hummerschaumsüppchen und Froschschenkelragout würde der Bayer immer eine echte Brotzeit vorziehen.

Wie gerne würde er doch manchmal noch einfach so in seiner Küche stehen und vielleicht mit seinem Bruder Georg Bratkartoffeln oder Spiegeleier in der Pfanne brutzeln. Wie früher, als sie beide noch junge Priester waren. Zuhause hatte zumeist ihre Mutter gekocht. Manchmal durfte auch der Vater an den Herd, allerdings nahm der immer nur die guten Zutaten. Und das ging selbst im Haushalt eines königlich-bayerischen Gendarmen nicht oft. Nur die Buben hatten es nicht gelernt, deshalb brannte das Ei damals natürlich an. Aber der Spaß des Moments, als die Küche im dichten Rauchnebel stand, der ist es, der die Würze des Alltags ausmacht. »Es war wie bei Salomon«, erinnert sich Georg Ratzinger: »Nun war der Tempel mit Rauch erfüllt.« Ein Papst hat sicher kein »Bratkartoffelverhältnis« nötig, auch wenn ihn jeder im Vatikan zu solch einer Kocheinlage einladen würde. Allerdings braucht auch ein Papst etwas Privatleben.

Manchmal hat er Gäste, die ihn nicht nur bei der Audienz, sondern oben in seinem Appartamento besuchen. Er nimmt sie dann mit in sein Wohnzimmer, denn das ist wahrscheinlich der einzige Raum, der für die Zeit des Pontifikats nur ihm gehört. Die Möbel und die Raumgestaltung sind jetzt zwar in der gesamten Wohnung etwas feiner als die Einrichtung seines alten Appartements: Aber wenn er gekonnt hätte, wäre er am liebsten in seinen gewohnten vier Wänden geblieben.

Stattdessen sitzt er jetzt auf einer Art Präsentierteller, auf dem man sich nur mit viel Mühe ein verstecktes privates Eckchen einrichten kann. Sein Leben spielt sich mehr denn je in der Öffentlichkeit ab. Allerdings hat er von Johannes Paul gelernt. Dessen Leben spielte sich quasi immer vor der Tür ab. Benedikt hat sich darauf eingerichtet, sich abzugrenzen, sich seine Nischen zu suchen, die von den Massen und Interessen nicht eingenommen werden können. Wenn er Öffentlichkeit haben möchte, bekommt er meistens mehr davon, als einem Menschen lieb sein kann, der eher ruhiger veranlagt ist.

Benedikt hat sich in dieses Schicksal gefügt. Was soll er auch machen, wenn er zur großen Generalaudienz per Papamobil durch die Korridore inmitten von bis zu 70 000 Menschen gefahren wird? Bei Gottesdiensten wird es schnell mal eine halbe Million. Ein Meer von Händen, Fahnen und Tüchern umgibt ihn – ein Ausblick, der wahrscheinlich jeden Menschen schwindelig macht. Als würde er wie Moses mit seinem Streitwagen und den nachfolgenden Truppen auf dem Grund des Roten Meeres fahren. Entlang der Wegstrecke stehen Wasserwände von Menschen zu beiden Seiten, deren Wogen von Gesichtern und Körperteilen am Horizont verschwimmen. Winken rechts und lächeln. Winken links und wieder lächeln. Ein Kreuz zum Segen. Und auf das nächste »Bendedetto« wieder ein Segen und ein Lächeln.

Der Freund in der Menge

Sicher würde er gerne öfter aus dem blank gewienerten Papamobil aussteigen, um diesem oder jenem Menschen, dessen Gesicht er erkennt, persönlich »Grüß Gott« zu sagen. Wie etwa damals seinem alten Studienfreund Georg Lohmeier, den er mitten zwischen 30 000 Menschen auf dem Petersplatz entdeckt hatte. Dabei möchte man meinen, dass seine Augen bei dieser optischen Überreizung kaum noch in der Lage sein sollten, ein einzelnes Gesicht auszumachen. Er hatte ihn aber erkannt und ließ das Papamobil anhalten, ging die kleine Treppe am Heck des Autos hinunter und begrüßte seinen alten Freund aus der Studienzeit an der Ludwig-Maximilians-Universität in München, als Joseph Ratzinger und Georg Lohmeier noch Seminaristen im Gregorianum war.

Lohmeier war kurz vor der Priesterweihe ausgeschieden und wählte den Weg als Theaterwissenschaftler und Autor, während sich Joseph Ratzinger mehr den Schriften von Augustinus widmete. Nie hatte Lohmeier trotz des eigenen Erfolgs als Theater- und Filmautor den Respekt vor dem Intellekt seines Freundes verloren. Deshalb nannte er den Mann, den er dann ab und zu in Rom traf, »Eminenz«. Ratzinger hingegen hatte darauf bestanden, dass er doch Joseph sagen sollte. »Aber er ist ja nun mal Papst, da hält man Distanz«, so Lohmeiers Bedenken.

Man kann ahnen, welche Gedanken durch Benedikts Kopf gingen. Früher konnten sie noch gemeinsam in einem Ristorante speisen. Heute geht das weder in Rom auf eine Pasta mit Fanta – die trinkt Benedikt sehr gern – und auch nicht in München auf eine deftig bayerische Mahlzeit mit Weißbier. Joseph ist eben jetzt Papst – damit wird die Distanz zwar größer, aber die Freundschaft und der Respekt bleiben. Für ihn war Benedikt auch bereit, das Papamobil zu stoppen. »Schorsch, das freut mich, dass du da bist. Schreibst du immer noch Stücke?«, fragte Benedikt. »Dann segne ich dich und deine Stücke«, schloss er und kletterte wieder in sein Papamobil. Das würde er gern öfter machen, wenn er dann nicht wieder einmal das Protokoll über den Haufen werfen würde. Das Protokoll des Präfekten des päpstlichen Hauses enthält leider nicht nur Programmfolgen, sondern auch Zeiten, auf deren Einhaltung akribisch Wert gelegt wird.

In den beiden letzten Tagen seiner Bayernreise war dem Papst aber selbst das Nervenkostüm seiner Protokollanten und des Reisemarschalls egal. Er nahm sich die Zeit, die er brauchte, um bei den Menschen zu sein. Benedikt wollte sie begrüßen, ihre Hände schütteln, sich festhalten lassen und manches Wort wechseln. Er wollte auch das Baby auf den Arm nehmen, es drücken und segnen, auch wenn er nicht ahnte, dass die Eltern des Kleinkindes die Windel später in ein Papstmuseum geben würden. Egal. Nun konnte er es haben, das fast Private, und nun wollte er es auch genießen.

Doch im Allgemeinen ist ein Pontifex gefangen im Protokoll und im Palast. Er kann nicht einfach so in den Garten seiner Vatikanstadt gehen. Können zwar schon, doch auch Benedikt weiß, was er seinen Leuten damit antun würde. Der Garten und der Bereich um den Palast müssen ja dann abgesperrt werden. Das allein bindet eine ganze Reihe von Sicherheitskräften. Deshalb spaziert er eben oft im Dachgarten über seiner Wohnung in den sandfarbenen Schluchten der Aufbauten und Mauern zwischen Kübelpflanzen und auf Marmorpflaster, statt unter Bäumen, auf Gras oder Kieswegen. Manchmal geht er auch nur durch die Flure seines Palastes. Vor allem wenn sein Bruder zu Gast ist, dann ist der Verdauungsspaziergang auch dort ein Erlebnis. Nicht wegen der wunderschönen Wandmalereien in den Stanzen Raffaels oder Loggiengängen, sondern wegen des familiären Moments, das ihm der Vatikan nicht geben kann. Die großen gemalten Landkarten, die von der Lamperie einige Meter hoch bis an die Gesimse der Decke reichen, werden dabei nicht von großem Interesse sein, denn Georg Ratzinger kann nicht mehr so gut sehen, also zählt nur eines: miteinander reden.

Dann ist Benedikt nicht mehr Benedikt, sondern Josepherl. Wie damals, als sie noch in ihrem strengen Elternhaus lebten. Als sie vor Weihnachten mit der Mutter Moos und Tuffsteine für die Weihnachtskrippe suchten. Wie damals, als der kleine Joseph so respektvoll auf das Buch »liber usualis« schaute, das sein drei Jahre älterer Bruder unter dem Christbaum gefunden hatte. Nicht dass es ein Buch war, hatte den wissbegierigen Joseph so wach und sehnsüchtig schauen lassen, sondern die Tatsache, dass es ein Buch ganz in lateinischer Sprache war. Dem jüngeren Bruder hat es damals mächtig imponiert, dass der Große ein Buch bekommen hatte, in dem nicht ein einziges deutsches Wort stand.

Wie lang ist das her und wie viel des Privaten und Familiären ist seitdem weggefallen? Wie wäre ein Weihnachtsfest, wenn es noch etwas mehr dieses warmen Nestgefühls von damals haben könnte? Bei Kerzenschein säßen sie beieinander, statt bei harter heller Neonbeleuchtung, wie sie im Papstpalast mit jedem Lichtschalter nebst aufgesetztem Papstwappen verbunden ist. Einen Christbaum liefert man Benedikt in sein Appartement, einen riesigen für den Petersplatz und ein paar für den Dachgarten, allerdings keinen, den die Mutter am Heiligen Abend geschmückt hat.

An Weihnachten wurde auch zusammen musiziert. Der strenge Vater spielte Zither, und das Mädel, die beiden Buben und die Mutter sangen dazu »Oh du fröhliche«, »Stille Nacht« und »Alle Jahre wieder«. Als Georg etwas größer war, hat er selbst Stücke komponiert, die sie gemeinsam am Christbaum gesungen haben. Damals zeichnete sich schon die überdurchschnittliche musikalische Begabung des großen Bruders ab, der schließlich bis vor 13 Jahren Leiter der weltberühmten Regensburger Domspatzen war.

Die Ratzingers waren ein musikalischer Haushalt. Alle Kinder haben Klavierspielen gelernt. Der Vater kaufte ein gebrauchtes Klavier und bezahlte den Lehrer. Maria, die ältere Schwester, die dann später Josephs Haushälterin wurde, konnte nicht so gut Klavier spielen, aber das lag an der Hausarbeit, da sie die Älteste war und früh aus dem Haus ging, erklärte Georg Ratzinger. Die Buben lernten außerdem noch Geigespielen. Obschon sie wenig Geld hatten, lag den Eltern die musische Förderung ihrer Kinder am Herzen. Dafür musste manch anderer Wunsch der Familie zurückstehen.

Georg Ratzinger erzählt gern von damals, als sie noch kleine Jungs waren. Sie lebten mit der Familie noch in Marktl am Inn, erinnert er sich, da war ein netter kleiner Teddybär im Weihnachtsfenster vom Kaufhaus Lechner. »Der hat meinem Bruder so gut gefallen, dass wir immer wieder hingegangen sind und ihn uns angeschaut haben. Als zwei Tage vor Weihnachten das Bärle plötzlich verschwunden war, hat der Joseph ganz bitterlich geweint. Am Heiligen Abend aber, da saß das kleine Teddybärle bei uns im Wohnzimmer, und dann war alles wieder gut.«

Im letzten Jahr waren die beiden Brüder an Weihnachten wieder nicht zusammen. Erst nach den Festtagen besuchte Georg Ratzinger seinen Bruder und blieb bis ins neue Jahr bei ihm. Würden sie es anders machen, wenn Joseph nicht der Papst wäre, wenn sie keine eigenen Angehörigen hätten und sie zudem die Letzten ihrer gemeinsamen Familie wären? Sie sind verschieden, was das anbetrifft. Georg machte seit der Papstwahl keinen Hehl daraus, dass er traurig sei, seinen Bruder nun noch weniger sehen zu können. Joseph schien das etwas weniger zu berühren, da er ohnehin ein Einzelgänger ist. Allerdings freut er sich riesig, wenn dann doch ein lebendiges Stück Heimat um ihn herum ist. Georg hingegen hat sich nicht an sein Alleinsein gewöhnen können, schließlich war er jahrzehntelang von den vielen Domspatzen umgeben.

Er hat zwar eine Haushälterin und ein paar Assistenten, die ihm helfen oder aus Büchern vorlesen. Aber das ist keine Familie, wie er sie im Domspatzenkonvikt erleben konnte.

Sie telefonieren nicht ständig miteinander, sagt Georg Ratzinger. Selbst wenn sie es könnten, sie tun es nicht, weil sie noch immer sparsame Menschen sind. Wenn der Papst wollte, könnte

Ingrid Stampa und Georg Ratzinger. Diese zwei Menschen machen das Privatleben Benedikts aus.

er jeden Tag zu Hause anrufen, schließlich ist er der Chef. Er gönnt sich aber nur wenige Male pro Woche ein Heimatgespräch. Wenn man Georg Ratzinger erlebt hat, kann man sich vorstellen, dass aus dem Telefonat ein wunderschöner Ratsch wird. Zumindest nennt ihn sein Bruder nicht Heiligkeit, Sua Santita, Heiliger

Vater, Santo Padre oder Papa Benedetto. Für ihn ist er noch immer der Joseph.

Doch wie halten es seine Freunde von früher, das heißt jene, die ihn schon als Kardinal, Bischof oder Professor mit »Joseph« angeredet haben? Kardinal Meisner erzählte mir, dass er bei der ersten privaten Begegnung in seiner Wohnung vor genau diesem Problem stand. Um nicht distanzlos zu sein, wählte er »Heiliger Vater« und »du«. Doch da fasste ihn Benedikt am Arm und sagte, er solle doch nicht Heiliger Vater sagen, sondern beim Joseph bleiben. Doch Meisner fand das nicht gut und bat darum, beim »Heiligen Vater« bleiben zu dürfen. Der Kardinal wollte den neuen Papst auch weiterhin so nennen, damit sich Benedikt XVI. immer bewusst darüber bliebe, wer er ist und was seine Aufgabe ist.

Auf keinem seiner Bücher, die jetzt in neuen Auflagen mit veränderten Einbänden erschienen sind, steht einfach nur sein Name. Er wird jetzt zumindest kombiniert mit Papst Benedikt XVI. Seine neuen Bücher, wie etwa das zweibändige Jesus-Werk, werden selbstverständlich den Autorennamen Benedikt XVI. tragen.

In diesem Alter einen neuen Namen zu bekommen und seine Unterschrift noch einmal ändern zu müssen, ist sicher – außerhalb von Geheimdienstkreisen – eine eigenartige Angelegenheit. Auf seinem Grabstein wird ebenfalls weder etwas von Ratzinger noch von Joseph stehen. Aber er hat mit dem Namen auch sein Leben eingetauscht. Nichts ist mehr, wie es einmal war.

Die Frau im Papstpalast

Für seine ehemalige Haushälterin ist auch nichts mehr so, wie sich das Leben mit Joseph Ratzinger vor der Papstwahl darstellte. Als sie mit mir über den Papst sprach, nannte sie Benedikt nur »ihn«. Vielleicht fällt es ihr schwer, seinen neuen Titel zu sagen, weil er distanziert klingt und ihrer Verbindung, oder wie sie sagt, ihrer Freundschaft, nicht gerecht wird. Der Begriff »Haushälterin« wäre auch zu wenig, um ihre damaligen zahlreichen Tätigkeiten für den heutigen Papst zu beschreiben. Sie arbeitete für ihn als Sekretärin, Übersetzerin, Vertraute und Beraterin.

Bevor sie zum ihm kam, hatte sie ihr Leben als Künstlerin und Dozentin an der Hamburger Musikhochschule aufgegeben. Der Viola da Gamba, einem Vorläuferinstrument des heutigen Cello galt ihre Liebe bis dahin. Mit 38 Jahren ging sie 1988 nach Rom und pflegte einen alten Kardinal, bis dieser starb. Gott wollte sie dienen, wo immer er es wollte. Und so rief sie der Leibarzt des Papstes 1991 zu Kardinal Ratzinger, der sich gerade von einer Krankheit erholen musste. Er war in einer Notsituation, denn seine Schwester Maria, die ihm bis dahin den Haushalt geführt hatte, war gerade verstorben. Ingrid Stampa kam und blieb – bis zum *Habemus Papam*. Von da an wurde alles anders. Plötzlich sprach man im Vatikan von einem Problem. Da sei eine Frau im Appartement des Papstes, keine Ordensschwester. Sie sei seine Haushälterin, hätte aber selbst von freundschaftlicher Verbindung zwischen ihr und dem Papst gesprochen. Das gab Stoff für Spekulationen. Eine einzige Aktion brachte unnötige Schärfe in die unterschwellig geführte Diskussion: Frau Stampa war es, die von den Kameras der internationalen Fotoreporter aufgenommen wurde, als sie die großen Fensterläden des päpstlichen Appartements aufstieß, die seit dem Tod von Johannes Paul geschlossen waren. Keine Geistliche – eine Zivilistin. Eine Frau!

Es dauerte nur ein paar Wochen, und die vier Schwestern eines Laienordens waren in die Wohnung Benedikts eingezogen. Ingrid Stampa erhielt daraufhin eine Teilzeitbeschäftigung im Staatssekretariat. In der deutschsprachigen Sektion arbeitet sie weiter als Übersetzerin und bearbeitet Post für den Heiligen Vater. War mit ihr auch ein Stück Privates aus dem Leben Benedikts gewichen?

Als ich mit ihr sprach, sagte sie mir, dass in der Presse sehr viel über sie geschrieben wurde. »Die Frau hinter dem Papst« wurde sie genannt. Es wurden auch noch sehr viel delikatere Zeilen geschrieben. »Es ist gewaltig, was Journalisten sich ausgedacht haben«, beklagte sie sich. Dabei hatte sie nur ein einziges Interview gegeben; und zwar noch bevor Joseph Ratzinger Papst wurde. Als ich sie nach ihrem Verhältnis zum Papst fragte, verwies sie mich auf jenen Artikel.

Der Augsburger Kirchenzeitung hatte Frau Stampa erzählt, dass der Kardinal sie sehr respektvoll behandelt habe. Bei den gemeinsamen Mahlzeiten kam es zu Gesprächen, die sie als »interessanten geistigen Austausch« bezeichnete. Auch wenn sie nicht in allen Punkten derselben Ansicht seien, könne man durchaus von einem »freundschaftlichen Verhältnis« reden, von einer »Begegnung auf geistiger Ebene«. Kardinal Ratzinger ließ auch andere Meinungen gelten und respektiere ihre innere Freiheit. Er sei ein zurückgezogener, bescheidener Mensch, der viel am Schreibtisch arbeite und keine repräsentativen Ansprüche habe. Abends halte er sich ein wenig in dem schönen Dachgarten auf, den Frau Stampa für ihn und alle Bewohner des Hauses angelegt habe und pflege … Darüber hinaus war dem Interview nichts zu entnehmen.

Sie lachte liebevoll verschmitzt, als ich sie danach fragte, wie sich das Verhältnis heute darstellt. »Ich kann Ihnen dazu sagen, dass sich im Grunde genommen in unserem Verhältnis nichts geändert hat. Ich möchte bewusst jetzt nicht ins Einzelne gehen. Aber wenn ich Ihnen sage, eben in unserem Verhältnis hat sich nichts geändert, dann ist das eigentlich schon viel.« Nun lachte sie wieder, die schlanke Frau mit der dunklen Schüttelfrisur, deren Gesicht ich niemals unfreundlich wirkend gesehen habe, wenn sie mir in Rom auf ihrem Fahrrad begegnete. »Er ist derselbe Mensch geblieben und ich bin derselbe Mensch geblieben, und wir beide haben eben von unserer Grundkonzeption her, glaube ich, einfach den Charakter, dass sich jeder von uns in seiner Weise treu bleibt und wir uns nicht von äußeren Möglichkeiten irgendwie aus der Bahn bringen lassen.«

Auf die Frage, wie sie jetzt mit der Situation umgeht, dass ein Miteinander in der ehemals gewohnten Art nicht mehr möglich ist, beruhigte sie mich: »Ich weiß nicht, ob Sie solche echten Freundschaften kennen. Sie können Jahre überdauern, auch wenn man sich gar nicht mehr sieht. Und wenn man sich dann mal wieder hört, dann sagt man, es ist, als wenn man sich gestern gerade erst gesehen hätte.«

Ein Plausch mit den Gardisten

Die Zeiten, in denen Frau Stampa dem Kardinal und dann für ein paar Wochen dem Papst mit zwei klassischen Stücken auf dem Klavier oder mit einer kleinen Unterhaltung die wenigen privaten Momente im geschäftigen Alltag freundlich und angenehm gestaltet hat, sind also vorbei. Da es diese Möglichkeit jetzt nur noch eher selten gibt, überlegt man: Was macht ein Pontifex Maximus, wenn ihm langweilig ist?

Die Frage mag eigenartig klingen, denn jeder weiß, dass der Papst jede Menge zu tun hat. Aber auch der Heilige Vater benötigt ab und an einen Moment Pause, um den Kopf für die nächsten Dinge freizubekommen. Der Papst könnte auf den Loggiengang hinausgehen und mit dem Gardisten sprechen, der gerade vor seiner Tür Wache schiebt. Johannes Paul II. hat wenig mit den Schweizern gesprochen. Benedikt dagegen redet oft mit ihnen, wenn er auf sie trifft – ob auf Deutsch oder auf Französisch. Das hat etwas von Nachbarschaftsgefühl. Man redet eben mit den Leuten, die nebenan sind, auch wenn diese nur gerade per Dienstplan in der Nähe weilen. Das mag für manchen Gardisten eine willkommene Abwechslung sein, denn bestimmte Dienste sind sicher eher langweilig. So etwa die Wache im Königssaal, der Sicherheitsgrenze zwischen der Sixtinischen Kapelle und dem Papstpalast. Dort steht ein Gardist stundenlang allein auf einsamem Posten, und nur ganz selten kommt jemand vorbei. Oder wenn des Nachts alle im Palast schlafen, hält ein einsamer Schweizer vor der Tür des Appartements des Santo Padre Wache.

Wenn man keine echten Nachbarn hat, dann sucht man sie sich eben. Aber Benedikt ist nicht der gesellige Typ, der dringend Abwechslung benötigt. Er konnte schon immer sehr gut allein sein. Allein mit sich und seinen Büchern. Allerdings liebt er so manche Abwechslung außerhalb der Amtsgeschäfte, wenn sie sich ergibt. Dann müssen ihm aber nicht seine Sekretäre Gesellschaft leisten, denn die stehen ja ohnehin den ganzen Tag zur Verfügung. Da macht der Plausch mit einem Gardisten schon mehr Spaß, denn bei dem geht es mit Sicherheit nicht darum, dass noch eine Unterschriftenmappe wartet, die bei dieser Gelegenheit noch einmal geflissentliche Erwähnung findet.

Papst Johannes XXIII., der kleine rundliche Papa Roncalli, liebte Exkurse solcher Art, bei denen er die Chance witterte, auf »normale« Menschen zu treffen. Eines Tages hatte er sich über den Aufzug bei der Küche heimlich aus dem Palast geschlichen und war nach einiger Wegstrecke in der Tischlerei gelandet. Nach längerer und umfangreicher Suche fand man den Papst dann, wie er bei einem Gläschen Wein inmitten von Maschinen und Holz bei den überraschten Tischlern saß. Sich so weit wegzubewegen, würde Benedikt XVI. sicherlich nicht einfallen – jedenfalls nicht ohne Zeitplan und ohne das Wissen seiner Sekretäre. Wie oft mag er wohl aus einem der Fenster an der Ostseite des Palazzo Apostolico hinuntersehen auf die Terrasse seines damaligen Wohnhauses, das er bewohnte, als er noch Kardinal war? Wie oft mag er wohl morgens daran denken, wie schön es noch war, als er die knapp 500 Meter zu Fuß hinüber zum Büro in der Glaubenskongregation gegangen ist? Wie schön war doch die Zeit, als er am frühen Nachmittag zurückgehen konnte und jedes Mal sein privates Leben begann.

Er könnte sich auch heute eine schwarze Soutane anziehen, ein Barett und eine Sonnenbrille. Die roten Schuhe müsste er natürlich austauschen, ebenso wie die weißen Strümpfe. Dann würde ihn vielleicht so schnell keiner erkennen. Doch wo sollte er hingehen, nachdem er das Sankt Anna Tor durchquert hätte? Spätestens beim Nächsten, der ihm länger ins Gesicht schauen könnte, wäre der ganze Zauber vorüber. Es würde nicht lange dauern und der Massenauflauf wäre perfekt. Natürlich würde sich ein Benedikt XVI. nicht sonderlich viel aus den ernsten Mienen seiner Mitarbeiter am nächsten Tag machen, denn auch er hat mittlerweile verstanden, dass er der Chef ist. Allerdings weiß er auch, dass sie alle nur ihre Arbeit tun, und dass diese auch darin besteht, den Papst zu schützen. Johannes Paul hat dem Kommandanten der Schweizergarde einmal gesagt, dass er sich bei öffentlichen Auftritten keine Sorgen über seine Sicherheit mache. Er vertraue da auf die göttliche Vorsehung. Daraufhin erwiderte der Kommandant, dass die Schweizergarde ihrerseits genau jenes Instrument der göttlichen Vorsehung sei, das dafür Sorge trage, dass dem Papst tatsächlich nichts passiere.

Freiräume für den Bruder

Benedikt ist diszipliniert. Er taucht nicht einfach irgendwo auf, ohne dass sein Sekretär das nicht vorher geplant hätte. Selbst die Treffen mit seinem Bruder haben ihre zeitliche Ordnung, wenn er zu Gast ist. Schließlich kann auch ein Verwandter nicht den Arbeitsrhythmus des Tages durcheinanderbringen. Monsignore Georg Ratzinger kann sich im Vatikan frei bewegen, ist jedoch jetzt etwas vorsichtiger geworden, weil seine Sehkraft nachgelassen hat. Vor ein paar Jahren ist er in Rom gestürzt und hat sich das Handgelenk gebrochen. Deshalb holt ihn sein Bruder, der Papst, auch meistens persönlich in seinem Gästeappartement über der Papstetage ab, etwa zur gemeinsamen Heiligen Messe in der Frühe, die sie mit den beiden Sekretären Don Georg und Don Mietek sowie den vier Schwestern, »Memoris« genannt, feiern. Sogar das Breviergebet betet ihm sein jüngerer Bruder vor, weil Georg nicht mehr lesen kann.

Zum Frühstück sitzen sie dann wieder alle beisammen an einem großen langen Tisch, der gut und gerne die Abendmahlsszene aufnehmen könnte. Beim Essen wird ein Gemisch aus Deutsch und Italienisch gesprochen. Die vier Schwestern sind nämlich Italienerinnen und verstehen kaum die deutsche Sprache. Georg Ratzinger wiederum spricht kein Italienisch. Also wartet er, bis der italienische Schwall vorüber ist und sich der deutsche »Heimvorteil« einstellt. Zumindest kann er dann essen, wenn die anderen reden.

Doch wenn der Papst wieder arbeiten muss, wird nicht mehr geratscht. Dann zieht sich der Bruder nach oben in sein Zimmer zurück. Wie schade, dass er den phantastischen Ausblick von dort nicht mehr genießen kann, wenn einem beim Blick aus den Palastfenstern die Stadt Rom und die ganze Welt zu Füßen zu liegen scheint. Er kann den traumhaften Ausblick nur schemenhaft bewundern. Stattdessen muss er sich selbst beschäftigen, ein wenig Musik hören oder telefonieren. Erst zum Mittagessen sehen sich die Brüder dann wieder. Und da beiden Bewegung guttut, gibt es meistens nach der Mahlzeit einen Spaziergang auf den Fluren. Danach freuen sich alle auf die Siesta, die wiederum mit einem Spaziergang ihr Ende findet. Im Winter im Palazzo oder auf dem Dachgarten, im Sommer gern in den Vatikanischen Gärten.

Der Abend läuft dann in ähnlicher Weise ab wie der ganze Tag mit seinen Segmenten: Vespergebet, Abendessen, Nachrichten und Spaziergang. Erst danach kann es so richtig privat werden, denn ab 21 Uhr beginnt die »Zeit zur persönlichen Verfügung«. Und die sieht so aus, dass natürlich die musikalischen Begabungen des Bruders gefragt sind, wenn dieser gerade zu Besuch ist. Das heißt, Georg und Joseph sitzen zusammen im Wohnzimmer. Der Papst im Sessel, der Musikerbruder am Klavier. Und so spielt Georg seinem berühmten Bruder so lange auf dem Instrument vor, bis es Zeit ist, gemeinsam die Komplet, das Nachtgebet aus dem Brevier, zu beten.

Wenn Georg in Rom ist, hat er mehr von seinem Bruder als beispielsweise während des Papstbesuchs in Deutschland. Auch wenn er mit ihm zusammen im Hubschrauber von Altötting nach Regensburg fliegen durfte – das ist lange nicht so privat wie ein Besuch im Palast in Rom oder in Castel Gandolfo. Georg Ratzinger hat lernen müssen, dass sein Bruder ansonsten der Öffentlichkeit gehört. Ob die beiden beim Ratschen auch über manche Probleme sprechen? Über diesen und jenen scharfen Wind, der dem Pontifex um die Ohren weht? Wohl nicht, denn das macht Benedikt XVI. eher mit sich selbst aus. In diesen Momenten ist es ihm wichtiger, über die Heimat zu reden, damit er möglichst viel davon in seinen Gedanken behalten kann, wenn ihn sein Bruder die meiste Zeit des Jahres im großen Palast allein lässt.

Allein in den Sälen, die viel zu groß und viel zu hoch sind. Deren Beleuchtung eher an ein Fernsehstudio erinnert als an ein Zuhause. Allein auf sich gestellt, wenn die Aktenberge fast schon in den Himmel zu ragen scheinen. Vielleicht denkt er dann daran, dass er in seinem hohen Alter eigentlich gar nicht mehr hätte arbeiten müssen. Wenn Eminenzen, Exzellenzen und Monsignori ihn mit viel Arbeit beschäftigen oder die Probleme nicht aufhören, deren er sich annehmen muss, dann muss er leiden. Nicht für sich, sondern für die Kirche Gottes, denn er ist ihr *Papa*.

Zu Gast beim Professor

Die Ratzinger-Schüler

Weihbischof Hans-Jochen Jaschke erlebte Professor Ratzinger 1965 am Ende seines Theologiestudiums in Münster. Er war beeindruckt von dem klargeistigen Theologen Ratzinger und fragte an, ob er bei ihm promovieren könne. Der Professor nahm ihn dann 1970 als Doktorand an der Universität in Regensburg an. Das Thema Jaschkes lautete: »Der Heilige Geist im Bekenntnis der Kirche. Eine Studie zur Pneumatologie bei Irenäus von Lyon im Ausgang vom altchristlichen Glaubensbekenntnis«. Die Promotion zog sich in die Länge, denn wegen seines priesterlichen Dienstes konnte Jaschke sie erst 1994 abschließen. Ratzinger sei kein strenger und harter Doktorvater gewesen, erinnert sich der heutige Weihbischof von Hamburg: »Er ließ mir sehr viel Freiheit und hat erst ganz zum Schluss eine kleine Veränderung angemahnt.«

Damals traf sich ein Promovendenkreis von etwa dreißig Theologen aus der ganzen Welt einmal im Monat für einen Samstagvormittag mit ihrem Professor. Zuerst feierten sie zusammen die Heilige Messe, danach hatte ein Promovend die Aufgabe, über seine Arbeit zu referieren. Bischof Jaschke berichtet, dass er nach seiner erfolgreichen Promotion an der Reihe war. Ausgerechnet am Abend zuvor hatte er bereits seine Kollegen zu einer ausführlichen

Feier eingeladen. Nach Jahren des Schweißes sollten nun auch mal andere Flüssigkeiten vergossen werden, erinnert sich Jaschke lächelnd. Der Herr Professor selber konnte nicht kommen. »Trotzdem haben wir mächtig gefeiert.« Jaschke erwachte am nächsten Tag, und da war es geschehen: »Als ich am Samstagmorgen aufwachte und auf die Uhr schaute, war es zwölf Uhr mittags.« Der Termin beim Professor und den Doktoranden war natürlich längst verpasst. »Die mir äußerst peinliche Sache hat Joseph Ratzinger wie immer elegant mit einem milden verständnisvollen Lächeln gelöst. ›Ja, lieber Herr Doktor, eine Promotion muss halt gefeiert werden!‹, hat er nur gesagt.« Dass ausgerechnet ein Mann, der selbst kaum alkoholische Getränke trinkt, Verständnis für einen alkoholbedingten Schlaf entwickelt, ist bemerkenswert. Können doch seine sonst so gütig blickenden Augen auch blitzschnell stechend scharf werden, wenn die Situation ihn herausfordert.

Aus dieser Gruppe, zu der in den Jahren immer wieder neue Mitglieder stießen, wurde eine kleine Institution. Erst hieß sie »Schülerkreis Professor Ratzinger«, dann »Schülerkreis Kardinal Ratzinger«, und schließlich wurde der Titel durch Ratzingers letzte berufliche Veränderung in »Schülerkreis Benedikt XVI.« geändert, wie der Weihbischof ein wenig stolz berichtet. Er zählt schließlich zu den Doktoranden des Heiligen Vaters.

Wer möchte nicht auch unter solch einem Titel arbeiten und in diese Gruppe integriert sein? Allerdings hat zu diesem elitären Club nur Zugang, wer sich tatsächlich unter der lehrväterlichen Ägide von Joseph Ratzinger mit hochtheologischen Themen im Rahmen seiner Doktorarbeit beschäftigt hat. Sie trafen sich später in der Regel an Orten wie den Klöstern Steinfeld, Adelholzen oder Spindelhof, aber auch am Comer See und in Rom.

Klassentreffen in Castel Gandolfo

Seitdem Benedikt xvi. Papst ist, kommen nun alle Ratzinger-Schüler nach Rom. Tatsächlich lud sie der neue Papst 2005 und 2006 nach Castel Gandolfo ein. Bischof Jaschke verrät, dass auch für 2007 ein Treffen in Aussicht gestellt ist. Das Thema steht bereits fest. Es wird »Evolution und Schöpfung« lauten. Natürlich ist für die Herren des Kreises die Begegnung mit dem Heiligen Vater etwas Besonderes. Schließlich möchten sehr viele Menschen von ihm empfangen werden oder mit ihm sprechen. Benedikt jedoch folgt dem Motto: Qualität ersetzt Quantität. Demzufolge sind die Besucher und Gäste sorgfältig ausgesucht. Dieses Privilegs sind sich seine ehemaligen Promovenden sehr bewusst.

Allerdings treffen sie ihren alten Doktorvater nicht nur zum lockeren Gespräch. Vielmehr wird hart gearbeitet – fast wie damals, als sie noch Studenten waren. In den Tagen des Arbeitskreises sind sie bei den Fokolaren im *Centro Mariapoli* in Castel Gandolfo untergebracht und nutzen das Konferenzzentrum, das vormals eine Audienzhalle war. Die ehemaligen Doktoranden tagen zunächst unter sich und vereinbaren, entsprechend den Möglichkeiten des Heiligen Vaters, gemeinsame Zeiten am Vormittag und am Nachmittag. 2005 war das Thema der Gespräche »Die Islamische Auffassung von Gott und die daraus rührenden Konsequenzen für die nichtkirchliche Gesellschaft«. Das Treffen in Castel Gandolfo ist eine illustre Runde, aber kein Geheimbund. Ein anderer Teilnehmer des Kreises, der amerikanische Jesuitenpater Joseph Fessio, berichtet freimütig über das, was der Heilige Vater während dieses Treffens gesagt habe. Sein Standpunkt sei im Grundsatz derselbe, den er auch an anderer Stelle vertreten habe. Was er über den Islam denke, sei allgemein bekannt: Es ist für die Muslime notwendig, Freiheit und Gegenseitigkeit sicher-

Ein Nachmittag in der Sonne. Benedikt XVI. arbeitet im Park von Castel Gandolfo.

zustellen – für die Freiheit der Christen in ihren Gesellschaften und um in den westlichen Gesellschaften willkommen zu sein.

Beim Treffen 2006 ging es erneut um die theologischen Fragen zum Islam, aber auch um Fragen des Glaubens und der modernen Naturwissenschaften. »Es läuft alles sehr diszipliniert wissenschaftlich ab«, berichtet Bischof Jaschke. Am Anfang jeder Runde steht ein ausführlicher Vortrag von einem der Ratzinger-Schüler und anschließend werde darüber diskutiert. »Der Papst übernimmt quasi die Rolle des Seminarleiters. Er ist ganz der Wissenschaftler geblieben, der die *universitas* des Wissens wahrnehmen will.« Deshalb dulde er natürlich auch andere Meinungen, denn das gehöre ja zu einem echten wissenschaftlichen Diskurs. Dabei gibt sich Benedikt genauso wie in den »alten« Zeiten, als er seine Studenten noch im Professorenbüro empfangen hat – und nicht, wie heutzutage, in Castel Gandolfo:

»Ich habe ihn immer als den großmütigen, liberalen Professor vor Augen«, sagt der Hamburger Weihbischof. »Er bleibt ein treuer Freund seiner Schüler.«

Für den Papst bedeuten die Konferenzen wohl auch eine kleine Auszeit, bei der er selber Luft und geistige Atmosphäre schöpfen kann, vermutet der Bischof. Joseph Ratzingers Instrumente seien neben seinem Verstand ein schmaler Kugelschreiber und ein simpler Papierblock. Er ist also der Alte geblieben – prunkvolle Auftritte im Kreise seiner Eleven erspart er sich und den anderen, denn seine Bescheidenheit lässt dies nicht zu.

Es sind Arbeitstreffen, deren Gespräche sich im wissenschaftlichen Rahmen bewegen. Das ist die geistige Nahrung, die Benedikt braucht und liebt. Im Gegensatz zur Beschäftigung mit seinen Büchern stehen hier lebendige Intellekte vor ihm. Sicher macht das den Diskurs für ihn attraktiver als die Lektüre im stillen Kämmerlein. Wenn der Papst spricht, entfließen ihm die Worte in druckreifen Sätzen. Ihn sprechen zu sehen, ist aber auch ein Erlebnis für die Augen. Zwar ist Benedikt kein Liebhaber aufwendiger Mimik, aber nach längerem Zuhören und Zusehen fällt etwas auf. Sein Kopf scheint in drei arbeitende Bereiche aufgeteilt zu sein. Er spricht recht schnell, und dabei bewegen sich sein Mund und sein Unterkiefer als wären sie eine eigene Abteilung. Natürlich spricht der Papst nie, ohne sein Hirn zu benutzen – und das ausgiebig. Der obere Teil des Kopfes bewegt sich beim Reden so gut wie gar nicht. Es herrscht absolute Ruhe und Konzentration im »Oberstübchen«. Man glaubt erahnen zu können, wie sich dieses hochintellektuelle Denkorgan austobt, während eine Etage weiter unten der Mund dem sprachliche Form verleiht, was oben produziert wird.

Alle seine Sätze, seien sie auch noch so lang, enden perfekt. Man muss ihm manchmal schon sehr konzentriert zuhören, wenn er in den theologischen oder philosophischen Welten unterwegs ist, um sich am Ende des Satzes noch an den Anfang zu erinnern. Eines ist sicher: Benedikt weiß ihn noch. Die dritte Zone bilden die Augen. Sie führen ein Eigenleben. Meistens bleiben sie relativ lange nach unten gerichtet. Es scheint so, als würde er einen unsichtbaren Punkt fixieren. Ab und zu reißt er sich dann los und schaut sein Gegenüber mit wachem Blick an. Fast wirkt er ein bisschen scheu, wenn er spricht. Als hätte er am englischen Königshof Konversation und Benimm gelernt.

Christoph Dohmen, Dekan der theologischen Fakultät der Universität Regensburg, hat Benedikt im Promovendenkreis und als Vorsitzenden der päpstlichen Bibelkommission erlebt, bei der sich regelmäßig zwanzig Wissenschaftler aus aller Welt treffen. Der Papst ist immer dabei, und wenn es seine Zeit zulässt – sogar den ganzen Tag. Er diskutiert sehr gerne und zeigt sich offen. »Er hat seine Meinung«, sagt Dohmen, »vertritt sie auch, aber stellt sie nicht autoritär über andere Ansichten. Er mag gerne Diskurse, er fühlt sich wohl in Diskussionen.« Das gilt wohl in gleicher Weise für den Schülerkreis. Bei diesem Treffen geht es dem Papst vor allem um die Behandlung des anberaumten Themas. Er sieht seine Promovendengruppe sicher nicht als Ratgebereinheit mit Relevanz für seine päpstliche Politik, denn der Heilige Vater hält sein Amt und die anderen Dinge sorgfältig auseinander.

Pranzo mit dem Papst

Für die ehemaligen Promovenden sind die Tage in Castel Gandolfo wie ein Geschenk, denn sie haben auch ein wenig Urlaubscharakter. Urlaub vom Alltag in den Diözesen und Universitäten. Für manchen Bischof ist die Beschäftigung mit reinen theologischen Fragen eine willkommene Abwechslung zum Termindruck und den Funktionsanforderungen im betreffenden Bistum. Sie können die Umgebung von Castel Gandolfo ausgiebig für Wanderungen nutzen. Oder auf der Piazza vor dem Palazzo Ponteficio in einem der Straßencafés einen ordentlichen Cappuccino trinken und vielleicht abends Wein von den Albaner Weinbergen. Vielleicht genießen sie auch einfach den Vorzug einer geregelten italienischen Siesta. Apropos Siesta: Essen gehört natürlich auch dazu. Denn Italien wäre nicht Italien, wenn die Siesta nicht einem ausgiebigen Essen folgte. So lädt der Heilige Vater seine Schüler an einem der Tage zu einem feierlichen Mahl im Park von Castel Gandolfo ein. Na, wenn das nichts ist …

Wie viele werden neidisch bei dem Gedanken, mit dem Papst essen zu dürfen? Und wenn es dann ein Pranzo gegen halb zwei im Garten von Castel Gandolfo ist, kann man schwerlich etwas Besseres finden. Das Personal des Palazzo stellt mehrere runde Tische auf und deckt sie festlich. Die Herren Theologen versammeln sich mit ihrem *Papa* zum Mittagessen unter blauem Himmel im Schatten der alten Gemäuer. Es gibt nicht nur die Lieblingsspeisen des Papstes, Süßspeisen, sondern es ist für jeden Geschmack etwas dabei, berichtet Bischof Jaschke. Und natürlich werden den Glücklichen auch verschiedene Sorten erlesener Weine gereicht, denen die Schüler ordentlich zugesprochen haben, wie sich Jaschke erinnert. Allerdings gilt auch in Castel Gandolfo eine Regel, die ich selbst noch aus Priesterseminarzeiten kenne: Beim Essen wird niemals über Fachthemen gesprochen. Auch in dieser Runde bleibt man lieber bei schönen Geschichten. Weihbischof Jaschke erinnert sich an eine lockere Unterhaltung. Benedikt ist zwar nicht der große Plauderer und Entertainer bei Tisch, aber er interessiert sich für sein Gegenüber. Er nimmt sie alle sehr persönlich wahr, auch wenn er dabei die für ihn typische Zurückhaltung übt. Jedoch erzählt er in freundschaftlicher Runde gerne Anekdoten, erinnert sich sein Schüler Professor Vinzenz Pfnür aus Münster. Joseph Ratzinger habe einen hintergründigen Humor; gewitzt und von Karl Valentin geprägt. Die wortakrobatischen Stücke jenes bayerischen Komikers hatte er gern von der Schallplatte gehört.

Die ehemaligen Schüler erlebten einen vertrauten Menschen, der nun Papst ist, aber in seiner neuen Aufgabe nicht fremdelnd wirkt. »Er ist so wie immer«, hört man von denen, die ihn lange kennen. Und der Eindruck des Hamburger Weihbischofs ist: »Der Papst lebt ganz mit seiner Aufgabe, er geht in ihr auf und erlebt sie nicht nur als Last. Und er wirkt immer wieder gelöst.«

5 Dem Santo Padre ganz nahe

Der Privatsekretär des Papstes

Die vielfältigen Aufgaben des »Don Giorgio«

Der sonnendurchflutete Innenhof des Palastes hatte heute eine Leichtigkeit, die so gar nicht zu ihm passte. Es war der Palast der Glaubenskongregation. Jahrhunderte der Inquisition schienen hier an anderen Tagen noch zu atmen. Hinter zwei mächtigen hölzernen Türen sollte ich einen Priester treffen: Don Giorgio, den Privatsekretär von Kardinal Ratzinger. Ich erwartete einen dicklichen Mann in Soutane mit starker Brille und erweitertem Gesichtskreis – einen grauen, weichlichen Typen, parfümiert mit »Old Spice«. Vor lachsfarbenen Seidentapeten stand Don Giorgio, Dr. Georg Gänswein – und er war völlig anders: sportliche Figur in schlichter schwarzer Soutane, forsche blaugraue Augen in einem jugendlichen Gesicht, die Haare dynamisch gestylt, tough im Auftritt und im Gespräch. Und statt nach vatikantypischem »Old Spice« roch es nach »Boss«.

Zweieinhalb Jahre später rollt das Papamobil aus dem Arco delle Campane auf den Petersplatz. Hinter Papst Benedikt XVI. sitzt jener Don Giorgio. Er ist jetzt frischgebackener Privatsekretär des Papstes. Benedikt begrüßt 20 000 Menschen auf dem Petersplatz. Als er die Ansprache beginnen will, tritt Don Giorgio von der Seite heran und reicht ihm das Manuskript und die Brille. Der Papst hat sich daran gewöhnt, dass ihm sein Privatsekretär zur Hand geht wie eine »liebevolle Ehefrau« ihrem Mann. Und wahrscheinlich ist dem Heiligen Vater bewusst, dass sich viele Blicke nicht nur auf ihn, sondern auf ebenjenen Mann richten, der immer einen Schritt hinter ihm steht. Es war ihm wahrscheinlich spätestens im September 2006 klar geworden, als er bei seiner Fahrt im Papamobil nicht nur Benedetto-, sondern auch ein paar Georg-Rufe hören konnte. Es war kein gemischter Chor, der den päpstlichen Namen intonierte, sondern eher ein sehnsüchtiger Chor weiblicher Stimmen.

Wer ist Don Giorgio?

Vielleicht würden sie ihn sogar zum Bundeskanzler wählen, wenn er denn zur Wahl stünde. Und das, obwohl er mit Sicherheit eher in der konservativen Ecke der politischen Landschaft zu finden ist. Viele sagen nämlich, er sei konservativer als sein Chef. Aber egal wie konservativ oder linksliberal – wenn die Ausstrahlung und die Ansprache stimmen, hat man schon fast gewonnen. Die Erfahrung der beiden vergangenen Legislaturperioden scheint es uns zu lehren. Und wenn dann noch ein brillanter Kopf und ein starker Geist dahinterstecken … Aber Georg Gänswein ist kein Kanzlerkandidat. Er ist der Privatsekretär von Benedikt XVI.: Don Giorgio, Monsignore Dr. Georg Gänswein.

Doch wie sieht es im Vatikan aus? Da ist Don Giorgio von vielen Männern umgeben. Ob sie auch für ihn gestimmt hätten – gesetzt den Fall, der Sekretär des Papstes könnte gewählt werden? Was ist es, was die Frauen begeistert? Ist es die sportliche Erscheinung des »Schönsten aller Vatikaner«? So titeln übrigens die Journalistenkollegen. Sind es die leuchtend blaugrauen Augen dieses Mannes, denen nichts zu entgehen scheint? Ist es die Frisur, die niemals wie zufällig geformt dem Wind vom Tiber her standhält? Oder ist es vielleicht die Entschiedenheit, die aus allen seinen Gesten spürbar wird? Oder sind es gar die neidischen Blicke der vatikanischen Prälaten, die Don Giorgio noch reizvoller erscheinen lassen, wenn er sich wieder einmal von der schwarz-violetten Masse abhebt? Nicht umsonst wird er als der neue »Dornenvogel« bezeichnet, der »Pater Ralph« des jungen 21. Jahrhunderts. Die italienische Ausgabe von *Vanity Fair* vergleicht ihn mit dem Schauspieler George Clooney, das Magazin *Chi* meint: »Faszinierender als Hugh Grant.« Vielleicht würde sich mancher im Schatten des Petersdomes wünschen, der deutsche Sonnyboy in Soutane würde sich wie Pater Ralph im Film verhalten, dann hätte man Argumente, mit denen man ihn aushebeln könnte.

Der strebsame Schwarzwälder

Monsignore Georg Gänswein ist inzwischen einer der wichtigsten Männer im Kirchenstaat. Zu dieser Position ist er fast so gekommen wie die Jungfrau Maria zum Kinde: durch den heiligen Geist, der bei der Wahl seines Chefs zum Papst geholfen hat. Dem Privatsekretär kommt seit vielen Jahren die Rolle des Türwächters, Organisators und Kontrolleurs im päpstlichen Appartement zu. Er entscheidet, wer zum Papst kommen darf, er entscheidet, was von seinem Schreibtisch auf den des Chefs herüberwandert. Wer einen Anruf von ihm bekommt, hat quasi mit dem Papst gesprochen. Viele Regierende dieser Welt reden nicht tatsächlich mit dem Heiligen Vater selbst, sondern oft mit seinem Sekretär. Auch die Bundeskanzlerin.

Handelte es sich nur um ein kleines Unternehmen, dann wäre es halb so wild. Aber wir befinden uns in der Zentrale der katholischen Kirche, das ist die Schaltstelle einer weltweit operierenden

Institution mit mehr als einer Milliarde Mitgliedern. Don Stanislaus, den Vorgänger Gänsweins, hatte man kaum wahrgenommen, so unscheinbar wirkte er. Aber jeder, der den Vatikan kennt, weiß, wie mächtig Don Stanislaus war. Und seitdem Gänsweins Vorgänger Erzbischof Stanislaus Dziwisz die Position des Sekretärs so weit überhöht hatte, dass zum Schluss des Pontifikats von Johannes Paul II. nicht mehr ganz klar war, wer denn eigentlich die Entscheidungen trifft, da hatte mancher im Vatikan Sorge, dass so eine starke und clevere Erscheinung wie Don Giorgio eine noch machtvollere Position einnehmen könnte.

Georg Gänswein, Jahrgang 1956, ist zudem ein ausgesprochener Freund des Ja-oder-Nein-Prinzips. Diese Klarheit macht ihn effektiv. Don Giorgio ist hart mit sich selbst und hart in den Entscheidungen. Vielleicht liegt in dieser Wesenseigenschaft der Grund, warum einige der Monsignori in den Palästen, die auf den Grundmauern der alten Gräberstadt am vatikanischen Hügel erbaut wurden, den heroischen Deutschen fürchten. Gänswein beschrieb sich selbst im Interview mit Radio Vatikan schonungslos: »Um beim Negativen anzufangen: Ich selber bin ein Mensch, der leider nicht allzu viel Geduld hat. Ein Mensch, der sich um Geduld mühen muss, sich Geduld abringen muss. Auf der anderen Seite: Eine meiner Eigenschaften, die ich als positiv bezeichne, ist sicherlich die Zielstrebigkeit, die Zuverlässigkeit, die Aufrichtigkeit und die Direktheit! Das sind Eigenschaften, die so etwas wie ein ›tessuto‹, ein Gewebe ergeben, das meinem Leben also auch eine innere Richtung verliehen hat.« Und das sind auch jene Eigenschaften, die manche unruhig stimmen.

Der Sohn eines Schmiedemeisters hat eine steile Karriere hinter sich. Mit vier jüngeren Geschwistern ist er im 450-Seelen-Dorf Riedern am Wald südöstlich des Schluchsees im Schwarzwald aufgewachsen. Die Gänsweinkinder fuhren Ski auf den Hängen des Hochschwarzwalds. Georg war sportlich und durchtrainiert. Während des Studiums arbeitete er als Jugend-Skilehrer, um sich Geld zu verdienen.

Sein Vater hätte zwar gern gesehen, dass sein ältester Sohn den Familienbetrieb samt Landwirtschaft übernimmt, aber er ließ ihn gewähren und das Wirtschaftsgymnasium in Waldshut besuchen. Gleich nach dem Abitur 1976 trat Georg Gänswein ins Freiburger Priesterseminar ein. Der Erzbischof von Freiburg im Breisgau, Oskar Saier, erkennt schnell die Begabungen und den Intellekt des Studenten, und er lässt ihn für ein Jahr an der Päpstlichen Universität Gregoriana in Rom studieren. Nach der Priesterweihe 1984 und zwei Kaplansjahren in Oberkirch im Schwarzwald schickt er Gänswein zur Promotion im Fach Kirchenrecht an die Universität München. Zehn Jahre später ernannte ihn der Erzbischof zum Domkapitular und machte ihn zu seinem persönlichen Referenten. Die Mischung aus einem vorsichtig schüchternen Erzbischof und einem intellektuell forschen Referenten war allerdings keine Gute. Dazu kam, dass Saier zusammen mit anderen Bischöfen mit Rom einen Streit um die Zulassung wiederverheirateter Geschiedener zur Kommunion ausfocht. Der Gegenpart der »Verstimmung« war Joseph Ratzinger in der Glaubenskongregation. Gänswein sei aber nicht auf der Seite des Erzbischofs gewesen, sondern habe die klare Absage aus Rom unterstützt, heißt es. Nach nur einem Jahr der Zusammenarbeit lässt Saier seinen Referenten nach Rom ziehen, und damit einem Ruf aus dem Vatikan folgen. Gänswein landet in der Sakramentenkongregation; bereits ein Jahr später in der Ratzinger-Behörde.

Als einen Karrieristen, der genau wisse, was er will, beschreiben ihn Zeitgenossen aus dem dienstlichen Umfeld. Kardinal Ratzinger beobachtete seinen Referenten sehr aufmerksam. 2003 nahm er ihn dann direkt unter seine Fittiche. Er ernannte Gänswein zu seinem persönlichen Sekretär. Es heißt, die beiden seien sich intellektuell sehr nahe. Jedoch erzählte man sich immer wieder, dass Georg Gänswein noch konservativer sei als sein Chef. Als ein Indiz dafür galt auch die Berufung als Dozent an die kirchenrechtliche Fakultät der Päpstlichen Universität, die Opus-Dei-Universität Santa Croce in Rom. Jedoch gehörte er weder der Personalprälatur an, noch war er inhaltlich ein Vertreter der dem Opus Dei nahestehenden kirchenrechtlichen »Schule von Pamplona«. Gänswein unterrichtete an der Universität das Fach »kirchlicher Verkündigungsdienst«. Darin geht es unter anderem um den rechtlichen Schutz des Glaubensgutes, die lehramtliche Verkündigung, die Missionstätigkeit und den Ökumenismus. Bei seinen Studenten war er geachtet und gefürchtet zugleich, weil er in seinen Vorlesungen hohe Ansprüche stellte, ein strenger Prüfer war, aber auch ein gewissenhafter Begleiter bei wissenschaftlichen Forschungsarbeiten.

Don Giorgio prägt seit 2003 auch das Gesamtbild seines Chefs, Joseph Kardinal Ratzinger. Weil man in Rom wusste, dass Vater Gänswein Schmied war, war man sich sicher, dass wenn er nach dem Vater kommt, ihm heiße Eisen keine Angst bereiten werden. So erzählte es mir ein italienischer Kardinal in den ersten Tagen nach der Papstwahl. Manche Kardinäle hatten sogar bereits im Vorfeld des Konklaves gesagt, sie würden im Falle Ratzingers auch seinen Sekretär mitwählen. Das sei ihnen wichtig. Manche meinten sogar, das wäre ein entscheidender Vorteil des deutschen Kardinals. Als er noch in der Glaubenskongregation für Kardinal Ratzinger gearbeitet hatte, war er wohl beachtet, doch jetzt ist er *der* Mann beim Chef. Das ist etwas anderes.

Bodyguard und Mädchen für alles

Was genau ist ein Papstsekretär? Grob gesagt ist er 40 Prozent Kanzleramtsminister, 20 Prozent Innenminister, 30 Prozent Geheimdienstchef, 60 Prozent PR-Chef, 20 Prozent Außenminister, 90 Prozent Bodyguard, 40 Prozent Stabschef, 20 Prozent Personalchef und 99 Prozent Mädchen für alles. Macht zusammen: 419 Prozent. Und genauso sieht sein Alltag im dritten Stock des Palazzo Apostolico aus, inklusive der ewig unterbrechbaren Freizeit im vierten Stock. Die Halbetage zwischen seinem Chef und dem Big Boss »Gott« ist sein bescheidenes Reich. Auch wenn er ahnt, dass jetzt immer mehr Menschen auf die kleinen Fenster über denen des päpstlichen Appartements schauen werden, so weiß er auch, dass die da unten auf dem Petersplatz nicht ahnen können, was es bedeutet, dort oben zu sein, zu wohnen und zu arbeiten. Vierhundertneunzehn Prozent eben.

Sie leben dort wie eine Familie: Benedikt XVI., anfangs noch Frau Stampa, die Haushälterin, Don Giorgio und Don Mietek, der zweite Sekretär. Seit Herbst 2005 sind vier Ordensschwestern in den dritten Stock eingezogen, um dem Heiligen Vater den Haushalt zu bestellen. Sie wohnen in kleinen Zellen an der Rückseite der Papstetage, die zu einem bescheidenen Appartement zusammengefasst sind. Diese Familie tickt etwas anders als die fromme, fast monastisch anmutende Gemeinschaft um Johannes Paul II. Benedikt ist anders, sein Sekretär auch. Lediglich Don Mietek hat bereits für den Vorgänger gearbeitet. Aber auch seine Tage scheinen gezählt zu sein. Den zweiten Sekretär übernehmen neue Päpste traditionell, damit wird ein reibungsloser Übergang im Büro garantiert. Nach etwa zwei Jahren werden sie dann ausgewechselt.

Es ist etwas nüchterner geworden in der päpstlichen WG. Und

auch dem Sekretär ist etwas nüchterner zumute. Einerseits lastet das Erbe von Don Stanislaus auf ihm, und er tut gut daran, dieses Erbe nicht unreflektiert weiterzuführen. Erzbischof Stanislaw Dziwisz hatte alles in der Hand und alles im Blick. Er war sozusagen totalinformiert. Vielleicht wusste er sogar mehr Details als sein Chef. Auch im Vatikan menschelt es, und mancher, der Gänswein um seinen Job beneidet, wartet darauf, dass Don Giorgio Fehler begeht. Und bei diesen heiklen Aufgaben können auch einem Papstsekretär gelegentlich Fehler unterlaufen. Allein die Auswahl der schriftlichen Anfragen: »Es geht darum, den Heiligen Vater vor einer Unmasse von Post, von Papier, von Zuschriften zu schützen«, erklärt Gänswein im Interview mit Radio Vatikan, »damit er das, was er wirklich erledigen muss, auch mit der nötigen Ruhe tun kann.« Qua Amt hat der Sekretär des Santo Padre keinerlei direkte Befugnisse innerhalb des Vatikans, aber de facto und in der irdischen Wirklichkeit handelt er immer im unmittelbaren Auftrag des Papstes. Außerdem muss er ein Ohr für andere haben. Das ist wichtig, denn sonst verliert er dort oben im dritten Stock des Palazzo Pontificio schnell den Kontakt zur Außenwelt.

Georg Gänswein hat es nicht leicht, auch wenn er einen Traumjob zu haben scheint. Die ewigen Vergleiche mit seinem Vorgänger Don Stanislaus nerven ihn. Gänswein ist schließlich erst seit knapp zwei Jahren dort oben. Stanislaus Dziwisz hat fast siebenundzwanzig Jahre Zeit gehabt, seine Strukturen der Macht und der Autorität aufzubauen und zu festigen. Johannes Paul II. hatte seinem Privatsekretär eine in der Kirchengeschichte einmalige Position verschafft, als er Dziwisz erst zum Bischof und dann sogar zum Erzbischof ernannte. Damit war Dziwisz bestens ausgestattet, sich in der Kurienhierarchie durchsetzen zu können. Georg Gänswein steht in der Hierarchie der Kirche rangmäßig noch weit unter der Position seines Vorgängers. Er ist erst »Monsignore«. Und das ist nur ein Ehrentitel. Der »frische« Gänswein kann also noch nicht so erfolgreich und mächtig sein wie der lang gediente Dziwisz zum Schluss seiner Amtszeit. Diesen Zustand wollten einige Prälaten ausnutzen, als sie ihm einige Vorgänge unterschoben. Sie hatten gehofft, der »Neue« würde noch nicht so ganz durchsteigen oder sei mit der unübersichtlichen Arbeitssituation überfordert. Gerade in der Einarbeitungszeit schickte mancher Akten in den dritten Stock, die in den ersten Wirrungen vielleicht noch nicht gewissenhaft genug geprüft werden konnten. Und wenn man dann noch ständig per Telefon Druck ausübt, ist die Chance vielleicht umso größer, dass ein genervter oder eventuell überforderter Sekretär einen Vorgang einfach durchlaufen lässt. Doch da hatten sie Don Giorgio unterschätzt. Damit konnten sie ihn nicht zu Fall bringen. Dazu ist der promovierte Kirchenrechtler zu intelligent und zu scharfsinnig.

Schwieriger Beginn

Zu Beginn des Pontifikats war es für Gänswein tatsächlich besonders schwer. Denn da war noch die Haushälterin mit Namen Ingrid Stampa mit im päpstlichen Appartamento. Hinter vorgehaltener Hand erzählten sich die Vatikaner, dass der Santo Padre die Entscheidungen weniger mit seinen Sekretären diskutierte, sondern sie in entspannter Atmosphäre mit »La Stampa« bespreche. Egal ob es tatsächlich so war – die Position Gänsweins im Vatikan schien geschwächt. Jedenfalls hörte es sich so an. Und als Frau Stampa das private Umfeld des Papstes verlassen hatte, verhärtete sich sogleich ein neues Gerücht. Der Papst arbeite grundsätzlich allein, hieß es. Seine Sekretäre ließe er lediglich zweimal am Tag zum informellen Gespräch antreten. Also quasi eine Audienz. Da würden die Dinge kurz durchgegangen, die erledigt werden müssten. Seine Reden würde Benedikt selbst schreiben. Ansonsten verkehre der Papst nur per Telefon mit Don Giorgio und Don Mietek.

Die Realität ist vielleicht nicht so weit von diesem Gerücht entfernt. Benedikt ist eben anders als der »Teamplayer« Johannes Paul. Der neue Papst ist lieber allein. Er braucht nicht die großen Gelage und das ewige Gerede. Sein Kommunikationsbedarf ist spezieller, als man zu glauben scheint. Denn alles, was dieser Papst braucht, sind Akten, die er nach gelegentlicher Beratung bearbeiten kann, und seine Bücher. Vor allem die Bücher. Der literarische und gedankliche Austausch bei der Lektüre von Kirchenvätern, von Werken bedeutender zeitgenössischer Autoren oder Religionsphilosophen ist für ihn sehr wichtig. Also muss sein Sekretär warten, bis der Chef fertig ist und die Akten herüberreicht. Die agile Arbeitsweise des gesunden Papa Wojtyla war komplett anders. Er bestritt die Dinge gemeinsam mit seinen Sekretären. Außerdem war ständig einer der vatikanischen Prälaten zu Besuch, um dem Papst bei seiner Arbeit zur Seite zu stehen. Doch nun ist es stiller und nüchterner geworden. Stiller, weil Benedikt ein stiller Mensch ist und den Rummel nicht mag. Nüchterner, weil es weniger persönliche Kommunikation gibt. Weniger, als die Wände mit den allgegenwärtigen Seidentapeten des Appartements im letzten Vierteljahrhundert erleben konnten. Das verwirrt das Umfeld.

Die Funktionalität dieses Arbeitssystems steht außer Frage. Nur draußen, das heißt jenseits der päpstlichen Wohnung, wertet man das anders: Der Papst ist so stark, wie er stark sein kann. Nur der Sekretär sei schwach. Nichts mehr von der vollinformierten Durchschlagkraft seines Vorgängers, den man nicht nur als Alter Ego des Pontifex bezeichnet hatte, sondern gar als »Papst Stanislaus I.«. Jener meldete sich am Telefon und gab bekannt: »Der Papst möchte … Der Papst sagt …«, und dann galt das Gesagte so, als hätte es der Papst selbst verkündet. Das funktioniert jetzt zwar ganz ähnlich. Aber noch ist die Position des jungendlich wirkenden Sekretärs nicht so machtvoll und gesichert. Das liegt sicher auch daran, dass sich Don Giorgio nicht anmaßt, unmittelbar im Namen des Papstes zu sprechen. Er gestaltet es diplomatischer.

Gänswein kennt die Arbeitsweise seines Chefs nicht anders. In der Glaubenskongregation ging es ähnlich zu. Vielleicht noch etwas ruhiger. Neu ist diese Flut von Anfragen, die beständig auf Joseph Ratzinger, der jetzt Papst Benedikt XVI. ist, einströmt. Und

Bodyguards und Mädchen für alles. Georg Gänswein und sein Chef.

deshalb muss sein Sekretär wie ein Damm sein, der den Papst vor diesen Fluten schützt, damit er nicht von der vollen Wucht getroffen wird. Gänswein agiert wie ein Leibwächter des Pontifex Maximus. Er schützt ihn physisch, aber er schützt auch seine Seele. Denn Papa Ratzinger strahlt nicht nur vermeintliche

Kühle aus, sondern auch eine gewisse Zartheit, und er erscheint verletzlicher als die robuste Gestalt des Löwen Wojtyla. Er ist kleiner und schmächtiger. Er ist leiser, und seine Stimme wirkt heiser und leicht kränklich. Die Stimme mit dem leichten polnischen Akzent dröhnte immer satt und sonor über den Petersplatz. Joseph Ratzingers Augen blicken weniger forsch in die Runde, als die von Karol Wojtyla. Manche sagen, er wirke so niedlich und erwecke den Eindruck, dass man ihn beschützen müsse. Kardinal Meisner aus Köln bestätigte, der Papst wirke zerbrechlich. Er habe auch das Gefühl, man müsse den Heiligen Vater schützen.

Frauenschwarm in Soutane

Bei dieser Art von psychischem Personenschutz gerät Don Giorgio fast automatisch selbst in die Schusslinie. Ob er dem neidischen oder zänkischen Sperrfeuer standhält, fragen sich Wohlgesinnte. Jemand sagte mir kürzlich, Georg Gänswein sähe aus, als würde er langsam resignieren. Als ich ihn ein paar Tage später sah, wirkte er gar nicht resignativ, sondern so optimistisch wie an jenem Tag, als ich ihn zum ersten Mal getroffen hatte. Vielleicht war ein Hauch von Müdigkeit um seine Augen herum zu erkennen. Doch wer könnte so etwas nicht verstehen, bei seinem Arbeitspensum.

Eine *bella figura* wird Gänswein fast durchweg bescheinigt. Manche meinen sogar, der sportlich-elegant wirkende Sekretär trage sogar zur *bella figura* des Heiligen Vaters bei. Vittorio Zincone vom *Corriere della sera* schrieb über Gänswein: »Er ist ein Symbol – zumindest in Italien. Papa Wojtyla war für uns wie ein liebevoller Vater, voll warmer Gesten für uns Gläubigen. Papa Ratzinger hat ein strengeres Image in der Öffentlichkeit, weil er von kühlerem Wesen ist – auch wenn diejenigen, die ihn persönlich kennen, das Gegenteil behaupten. Die freundliche Ausstrahlung von Don Georg mildert die Strenge von Benedikt XVI.«

Wer Georg Gänswein kennt, weiß, dass er liebend gern joggt, Ski oder Fahrrad fährt und Tennis spielt. Als Jugendlicher war er ein guter Fußballer. Das alles geht nun nicht mehr – zumindest nicht in den verbleibenden 0,3 Quadratkilometern der vatikanischen Gärten. Und außerhalb der vatikanischen Mauern kennt ihn inzwischen jeder. Er weiß, wie es ist, wenn ihn die Welt in kurzen Tennishosen sieht, ihn, den Sekretär des Papstes. Die Welt hat ihn gesehen. Auf vielen Titelseiten von Hochglanz-Magazinen war er abgebildet, der »Dornenvogel« im Tennisdress, erwischt von Paparazzi. Endlich konnte die Damenwelt seine sportlichen Waden bewundern. Das hat sicher einige Wellen geschlagen im Vatikan.

Er könnte auf der Dachterrasse des Palastes seine Runden drehen. Soll er doch, denken vielleicht manche, wenn er unbedingt meint, dass Sport zum priesterlichen Leben gehören darf, und falten bedächtig die Hände über der straff gewölbten Soutane. Doch da bleibt ihm nur, früher aufzustehen als der Papst, also schon um halb fünf Uhr, den Vatikan heimlich mit dem Wagen zu verlassen, um irgendwo am Tiber der Morgensonne entgegenzujoggen. Ich stelle mir vor, wie ihm die kühle, frische Luft, die parfümiert ist vom antiken Duft der Millionenmetropole, den Stress aus dem Gehirn weht. Dann denkt er vielleicht zurück an die Zeit, als er sich noch völlig unbeschwert zum Theologiestudium entschloss, an die Zeit als junger Priester im Bistum Freiburg, seine ersten akademischen Gehversuche als Doktorand oder an die Zeit, als ihn Joseph Ratzinger noch beim Frühstück im Campo Santo, dem deutschen Kolleg im Vatikan, beobachtet hatte, um ihn dann in sein Büro zu holen. Das waren noch Zeiten, als er noch befreit durchatmen konnte, als er abends noch unbeschwert in eine römische Bar gehen oder tagsüber irgendwo einkaufen konnte. Als er noch nicht wusste, dass er irgendwann einmal im Papstpalast festsitzen würde. Und dann joggt er wieder zurück, passiert mit seinem Wagen die Schweizergardisten am Sankt Anna Tor, sieht in ihre halbwachen Gesichter und erinnert sich, dass er ihrem Kommandante gleich noch eine Liste mit den Namen der Audienzgäste faxen muss.

Der Papst kniet schon in der Privatkapelle, als Gänswein mit forschem Schritt zu ihm stößt und sein Breviergebet beginnt. »Herr, öffne meine Lippen«, beginnt er die Laudes, und der Herr öffnet nicht nur seine Lippen, sondern auch die Schleusen der Arbeit. Der Tag beginnt. Er beginnt geistlich und endet mit Erschöpfung.

Besuch im zweiten Stock

Der lange Weg zur Papstaudienz

Es war ein Vormittag im November. Ein Erzbischof und ein Ministerpräsident samt einer Parlamentarierdelegation begaben sich auf den Weg zu Papst Benedikt XVI. Der Erzbischof war Ludwig Schick aus Bamberg. Und die Delegation von Politikern kam aus Hessen. An ihrer Spitze: Ministerpräsident Roland Koch. Der Hesse erzählte mir anschließend mit strahlenden Augen vom Besuch im Vatikan. »Für einen Normalverbraucher«, und ich glaube ihm, dass er sich in dieser Hinsicht zu Recht für einen Normalverbraucher hält, »war die Audienz beim Heiligen Vater und alles Drumherum sehr beeindruckend.« Schon der Busfahrer, der ihn mit seiner Delegation zum Damasus-Hof bringen sollte, hatte Respekt vor den Steintoren und Korridoren, die er hätte passieren müssen, um zum Papstpalast zu gelangen. Also wurde die ganze Gruppe – verteilt auf mehrere kleinere Autos – in den halboffenen Innenhof des Palazzo gefahren, berichtete der Ministerpräsident. Dort warteten bereits die Schweizergardisten und der Präfekt des Päpstlichen Hauses, Erzbischof James Michael Harvey, auf den Staatsgast und seine Begleiter. »Ich war ja schon mal dort«, sagte Koch, »aber da hatten wir nur einen Termin mit dem Kardinalstaatssekretär, denn Papst Johannes

Paul II. musste einen Tag vorher ins Krankehaus eingeliefert werden.«

Diesmal lud Papst Benedikt XVI. zur Privataudienz. In den Stunden zuvor hatten die Besucher aus Deutschland bereits den Petersdom und die Ausgrabungen am Petrusgrab unter dem Fußboden der Basilika besichtigt. Doch vor allem vom Besuch im Palast war Koch sehr beeindruckt: »Wenn man so durch die einzelnen Abschnitte der Audienzetage geführt wird, dann erlebt man eine gewisse Entweltlichung.« Koch konnte bereits so manchen Regierungspalast von innen bestaunen. Aber die Eindrücke im Petersdom und dann in den prunkvollen Sälen oben im zweiten Stock des Palazzo Apostolico haben ihn überwältigt.

Die Delegation aus dem Ministerpräsident und seinen Begleitern wurde von den *Sediari Pontefici*, den Audienzbegleitern, empfangen und zum Papst geleitet. Die Sediari, deren Fräcke reichlich mit Medaillen und Ketten aus Gold geschmückt sind, kümmern sich mit großer Gelassenheit und Perfektion um den reibungslosen Ablauf beim Gang durch die zwölf Säle – und vor allem um den Zeitplan. Wenn ein Gast zu spät ankommt, machen sie Druck. Wenn die gerade laufende Audienz länger dauert, bekommen sie hingegen ein Zeichen und verlangsamen das Tempo unmerklich. Der Audienzzug legt im zweiten Stock etwa 140 Meter Wegstrecke zurück. Die Prozession zieht aber keine langen Flure aus kaltem Beton und Glas entlang, sondern wandelt durch die Säle der *Seconda Loggia*, in der früher die Päpste wohnten. Dementsprechend prächtig sind die Räume ausgestaltet und geben Anlass sie langsam zu durchschreiten.

Was Ministerpräsident Koch und andere Regierende, gekrönte Häupter, hohe Vertreter anderer Religionen und hohe kirchliche Würdenträger dort sehen können, bleibt dem »Normalverbraucher« verborgen. Während die Delegation des Ministerpräsidenten von der kunstvoll bebilderten Loggia in die Sala Clementina einbog, machte sich Erzbischof Schick – vom Gästehaus Sankt Martha kommend – auf den Weg. Das vatikanische Vier-Sterne-Hotel für Geistliche mit dem lateinischen Namen »Domus Sanctae Marthae« liegt hinter dem Petersdom. Über eine der Audienz angemessene Kleidung brauchte sich der Bischof keine Gedanken zu machen. Die Soutane des Bischofs, das violette Pileolus und ein Brustkreuz genügen. Männer haben es da insgesamt einfach, wenn sie auf den üblichen schwarzen Einreiher zurückgreifen und eine gedeckte Krawatte auf weißem Hemd wählen. Frauen hingegen sollten gewisse Vorschriften beachten, die ihnen die Mitarbeiter der Präfektur des päpstlichen Hauses im Vorfeld mitteilen: Geschlossene Kleidung wird gewünscht. Ein Rock oder ein Kleid muss bis über die Knie reichen, und die Kopfbedeckung sollte angemessen sein. Es gibt eine alte Regel, nach der sich die Damenwelt bei privaten Audienzen mit dem Heiligen Vater einen kurzen schwarzen Schleier über die Haare legt. Allerdings darf das Gesicht dabei frei bleiben. Ein Hut wird mittlerweile ebenfalls akzeptiert. Auch die Bundeskanzlerin hielt sich an diese diplomatische Gepflogenheit, selbst wenn die Bilder von der Begegnung durch den Schleier auf dem Kopf Angela Merkels etwas fremd wirkten. Sollte dennoch jemand den Schleier »vergessen« haben, halten die Mitarbeiter des Präfekten immer eine kleine, frisch gewaschene Auswahl davon bereit. Auch Krawatten und Jacketts finden sich in dem Schrank für die Audienzgäste, die eventuell das Kleingedruckte nicht gelesen haben.

In der alten Wohnung der Päpste

Die Prozession eines Audienzzuges beginnt immer in der Sala Clementina. Dieser Saal bildet den künstlerischen Höhepunkt im Pontifikat von Papst Clemens VIII. Danach gelangt man in den etwas schlichteren Saal der Sediari. Cremeweiß und weiß sind seine beherrschenden Farben. Es scheint so, als solle der Raum nicht von der Kassettendecke ablenken, die zwar sehr viel tiefer liegt, als das Gewölbe der Clementina nebenan, aber nicht weniger eindrucksvoll ist. Dieser Saal ist nach den Sediari Pontefici benannt, die bis 1978 den tragbaren Papstthron, die »Sedia Gestatoria« schulterten.

Ministerpräsident Koch indes ahnte nicht, dass sich Kameraleute vom vatikanischen Fernsehen im Palast eingefunden hatten. Sehen konnte er sie noch nicht, denn sie wurden über einen verborgenen Gang an den Audienzsälen vorbeigeschleust. Das etwa einen Meter breite »Flürchen« ist ein neuerer Anbau, der an den Außenwänden zum Innenhof Sixtus V. wie ein langgezogenes Schwalbennest hängt. Von ihm aus kann man auch die innen liegenden kleineren Räume erreichen, die parallel zu den Sälen verlaufen. Sieht man sich die abenteuerlich wirkende Konstruktion vom Hof her an, möchte man eigentlich niemals dort oben entlanggehen müssen. Den gleichen Weg nehmen auch die Hoffotografen des Papstes, die beständig zwischen der Bibliothek, dem eigentlichen Audienzsaal, und der Sala Clementina hin und her wechseln. Denn zu der Fotoserie, die man im Anschluss an die Audienz bei den Fotografen erwerben kann oder über die jeweilige Botschaft des Heimatlandes zugesandt bekommt, gehören sowohl die Bilder in der Sala Clementina als auch die von der Begegnung mit dem Papst in der Bibliothek.

An die Sala di San Ambrogio erinnerte sich der Ministerpräsident nicht mehr. Er sagt, es sehe in den vielen Sälen aus wie in einem Museum. Der Ambrosiussaal könnte auch gut und gerne eine kleine Pinakothek sein. Der fast quadratische Raum ist nach der etwa 600 Jahre alten farbigen Holzstatue des Heiligen Bischofs Ambrosius von Mailand, der im 4. Jahrhundert lebte, benannt. Ein

Bundespräsident Horst Köhler, Erzbischof James Michael Harvey und der Oberste der Sediari durchschreiten den Katharinensaal.

breiter Wandfries unter der vergoldeten Holzdecke zeigt pastellfarbene Landschaften und Engel. Zwei mächtige mehrteilige Tafelgemälde an den jeweiligen Stirnseiten zeigen verschiedene Szenen aus dem Leben Jesu von der Verkündigung Mariens bis hin zu einer Darstellung der Dreifaltigkeit.

Erzbischof Schick, früher Weihbischof in Fulda, war schon einige Male hier oben – damals noch bei Johannes Paul II. Allerdings könne er sich von damals kaum an Details erinnern, denn auf dem Weg durch die zwölf Säle sehe man so enorm viel, dass man überwältigt sei. »Man kann ja auch nicht einfach so stehen bleiben, wenn man sich eine Figur oder ein Gemälde genauer anschauen möchte«, bedauerte er. »Die Sediari führen ja den Audienzzug an. Man geht zwar langsam, aber dennoch beständig vorwärts. Also bleibt keine Zeit für eine ausführliche Besichtigung.«

Der Ministerpräsident erzählte mir Ähnliches. »Bei derart vielen Skulpturen, wunderschönen Wand- und Deckengemälden und allen anderen Ausstattungen kann man sich kaum noch erinnern, was man im vorhergehenden Saal gesehen hat.« Im anschließenden Bildhauersaal, dem eigentlich Sala D'Angelo genannten Raum in der nordöstlichen Ecke des Palastes, begegneten dem hessischen Ministerpräsidenten eine stattliche Reihe von Bronzeskulpturen zeitgenössischer italienischer Künstler. Am auffälligsten war eine kleine Statue des Roncallipapstes, Johannes XXIII., den Koch noch aus seiner eigenen Kindheit kannte. Die Büste steht auf einem Tisch und zeigt den heiliggesprochenen Johannes betend auf ein Kissen gestützt.

Der Engels- oder Bildhauersaal ist wegen seiner vier Fenster an den zwei Seiten einer der hellsten des ehemaligen Wohnbereichs von Papst Clemens VIII. Sein Pontifikat dauerte von 1592 bis 1605. Inmitten aller Kassettendecken dieser Etage prangt deshalb auch sein Wappen. Mit einer Ausnahme: Das clementinische Wappen in der Sala D'Angelo ließ Papst Pius IX. im Jahr 1853 bei einer Renovierung durch sein eigenes überdecken. Im umlaufenden Fries tragen auf allen vier Wänden Putten das Wappen von Paul V., des Nachfolgers von Clemens. Sie wechseln sich ab mit allegorischen Darstellungen der Tugenden und Engeln.

Dann durchschreitet der Audienzgast den angrenzenden kleinen Thronsaal, die Sala dei Papi. Ein mächtiger goldener Stuhl vor einer grünen Wandbespannung wirkt im Licht der gegenüberliegenden Fenster wie eine verlassene Szene am Hofe eines Herrschers. Auf diesem Thron sitzt der Pontifex selten. Johannes Paul II. war vielleicht der häufigste Nutzer dieses Stuhls, denn in seiner Zeit fanden Audienzen teilweise nebeneinander in den Sälen statt. Über dem Thron prangt der segnende Gottvater in einem Halbrelief aus Marmor. Es stammt ursprünglich aus dem Vatikanischen Grotten. In diesem kleinen Thronsaal beginnt auch die Ausstellung einer umfangreichen Sammlung großflächiger Gobelins.

Der sich anschließende blau ausgestaltete Saal Urbans VIII., »Sala dei Pittori« genannt, unterscheidet sich von den bisherigen durch seine schmalen Abmessungen – er ist nur fünf Meter breit, aber dafür doppelt so lang und damit so groß wie manche Zwei-Zimmer-Wohnung. Dem einzigen Fenster gegenüber liegt das prächtige Portal zu einer kleinen Kapelle, in der auch die Päpste der jüngeren Geschichte gelegentlich eine Heilige Messe feiern. Ministerpräsident Koch konnte sich noch bestens an ein großes, filigran ausgestaltetes Silberkreuz auf einem Renaissancetisch erinnern, denn an dieser Stelle hielten die Sediari den Zug der Audienzgäste für einen Moment an. Es hatte wohl ein Signal gegeben, dass sich die vorhergehende Begegnung zeitlich etwas ausdehnte. So hatten sie genügend Zeit, einige alte Tafelmalereien sowie Gemälde zeitgenössischer Künstler zu betrachten.

Präsente für den Papst

Roland Koch sagte mir, er sei zwar nicht aufgeregt gewesen, habe aber unter dem Eindruck all dieser Kunstwerke gestanden. Dass er gleich mit Papst Benedikt XVI. zusammentreffen würde, habe er durchaus mit großer Gelassenheit gesehen. Während er mir davon erzählte, erschien er mir tatsächlich erstaunlich nüchtern.

Aber dass es ihn emotional berüht und gefreut hat, daraus machte er keinen Hehl. Die Geschenke, die Koch und die Vertreter der Parlamentsparteien des hessischen Landtags dem Heiligen Vater übergeben wollten, hatten sie schon weiter vorn bei den Sediari abgegeben. Diese sorgen dafür, dass sie dann bei der Audienz an Ort und Stelle sind. Dafür halten sie Bilderrahmen und Ständer bereit, um die Geschenke angemessen präsentieren zu können. Die Hessen hatten ein Fernglas der Marke Leica und den Löwen aus dem Landeswappen in Höchster Porzellan mitgebracht. Koch selbst wollte dem Heiligen Vater einige Bilder schenken, die die Jüngsten des Landes im katholischen Kindergarten von Eltville für den Papst gemalt hatten.

Im Laufe eines Jahres kommt eine stattliche Anzahl von Geschenken zusammen. Bei durchschnittlich vier Audienzen an vier Tagen der Woche sind es abzüglich der Ferienzeiten auf das Jahr hochgerechnet mindestens 750 Präsente, wenn pro Empfang ein Teil überreicht wird. In einer Geschenkkammer werden diejenigen aufbewahrt, die der Papst nicht sofort mit in seine Wohnung nimmt. Manche der Kostbarkeiten finden sich nach einer gewissen Zeit in den vatikanischen Museen wieder, andere zieren die Räume im Vatikan. Jedenfalls werden sie in Ehren gehalten und natürlich nicht weiterverschenkt. Kein Gast verlässt eine Audienz, ohne vom Heiligen Vater ebenfalls ein Geschenk erhalten zu haben. Grundsätzlich bekommt jeder einen päpstlichen Rosenkranz in einer seidenstoffbespannten Schatulle mit aufgeprägtem Papstwappen. Für Frauen sind sie weiß, für Männer rot. Staatsoberhäupter erhalten einen größeren Kasten. Drinnen befindet sich ein päpstliches Medaillon aus Porzellan und eine versiegelte Bulle, die als Dokument an die offizielle Audienz erinnert.

Die Hessen wurden nun weiter vorgelassen und passierten den goldenen Thronsaal. Der marmorne Thron dort steht auf drei Stufen. Darüber hängt an der Wand aus Gold gewirkter Seidentapete das päpstliche Wappen. Konsolen mit Figuren der Apostel Petrus und Paulus bilden die Flanken des Throns. Die Marmorskulpturen sollen vom Rahmen des mittleren Portals von Alt-Sankt-Peter stammen. An den Seiten stehen vier Evangelisten auf ihren Marmorsockeln wie wartende Gäste. Sie geben dem Raum den eigentlichen Namen: »Sala degli Evangelisti«. Dem Thron gegenüber hält an der Wand zwischen den beiden Fenstern ein steinerner Pelikan die Konsole, auf der eine kostbare Bibel aus dem 15. Jahrhundert liegt. Das gleichmäßige Gold der Wände erhält seinen Kontrast in einem farbigen Marmormosaikboden, der wie ein riesiger orientalischer Teppich wirkt. Passend dazu schließt der Raum nach oben in einem farbenfrohen Wandfries und einer filigranen Kassettendecke in Gold, Grau und Rot ab. Hier empfängt der Papst oft Staatsoberhäupter oder neue Botschafter am Heiligen Stuhl bei der Überreichung ihrer Beglaubigungsschreiben. Einmal pro Woche trifft Benedikt in diesem Saal auch die wichtigsten Präfekten der Kurie zu einer Versammlung. Und einmal im Jahr hält er hier die geheimen Konsistorien für die Kardinalsernennungen ab.

Die Sala Gialla nebenan, der gelbe Saal, trägt seinen alten Namen wegen seiner goldgelben Seidentapeten tatsächlich zu Recht. Bei den ersten Audienzen ab elf Uhr scheint die morgendliche Sonne durch die Fenster vom Petersplatz herein. Das lässt den Saal noch sonnengelber erscheinen. Drei Kunstwerke bilden den Blickfang an der inneren Längsseite des Raumes: Es ist links eine beeindruckende Christusdarstellung von El Greco, dem berühmten griechischstämmigen Maler, der in Spanien lebte. Der Farbkontrast zum Gelb des Raumes macht das Bild zu einem fast schon dreidimensionalen Erlebnis, das von der augenfälligen Übernahme von Tizians Farben sowie Tintorettos figürlichen Kompositionen und räumlicher Tiefengestaltung noch verstärkt wird. Das Bildnis Jesu ist nur etwa 40 mal 60 Zentimeter groß. Die Magie der gemalten Augen überstrahlt alles. Auf der rechten Seite hängt ein fast gleichgroßes Christusgemälde aus dem 16. Jahrhundert. »Christus, der Meister« mit Buch und Segenshemd soll Albrecht Dürer gemalt haben. Zumindest wird das Werk seiner Schule zugerechnet.

In der Mitte, zwischen den kleineren Gemälden, hängt ein riesiger Gobelin-Wandbehang der berühmten Manufaktur Fiaminga. Der Darstellung des Erlösers Jesus Christus folgend, erhielt der Saal auch den Namen »Sala del Redentore«. Die Kassettendecken der drei folgenden Säle werden jetzt niedriger, und die Räume bis auf die Gobelins unspektakulärer und vor allem kleiner. Vom Fenster der Sala della Madonna oder Sala Rosa, der farblich ebenfalls seiner Bezeichnung entspricht, genoss Roland Koch den phantastischen Ausblick auf den Petersplatz. Er befand sich exakt unter dem Arbeitszimmer des Heiligen Vaters, dessen Fenster weltberühmt ist. Koch war davon begeistert, einmal fast den gleichen Blick über den Platz und über die Stadt erleben zu dürfen, wie ihn der Pontifex bei seinen Auftritten eine Etage höher hat. Das Gemälde eines deutschen Künstlers machte das gesamte Erlebnis perfekt. Mit Albrecht Dürer fand er die Nation gut vertreten.

Nun folgen noch die Anticamera, die Sala di Santa Caterina, die im Grunde nur Wartezimmer mit verschiedenen Sitzmöglichkeiten, aber vor allem der Sitz des Präfekten des päpstlichen Hauses während der Audienzen ist. Die daran angrenzende Sala dei Santi Pietro e Paolo ist der letzte Saal vor der Privatbibliothek. Zwei große, prachtvoll gemalte Tafelbilder von Raffaelo Sanzio und Fra Bartholomeo della Porta zeigen im Stil der Fresken in der Sixtinischen Kapelle den heiligen Petrus, den ersten Bischof von Rom, und den heiligen Völkerapostel Paulus. Zwischen beiden Urvätern der Kirche steht noch ein goldener Papstthron. Darüber wieder das päpstliche Wappen. Oft gesellen sich an dieser Stelle Mitarbeiter aus dem Staatssekretariat dazu. Manchem Audienzgast nehmen sie dort noch die Aufregung, denn hinter der dunklen Holztür mit dem aufgesetzten goldenen Wappen, den gekreuzten Schlüsseln und der Tiara befindet sich die Bibliothek des Papstes. In Dan Browns Bestseller-Roman »Illuminati« endet hier der geheime Gang von der Engelsburg hinüber zum Papstpalast. Spätestens jetzt wird einem Gast klar, dass Dan Brown über eine blühende Phantasie verfügt, denn zwischen dem Passetto und der Biblioteca sind etliche Meter Höhenunterschied, die das unmöglich machen. Dichtung und Wahrheit spielen aber keine Rolle mehr, wenn sich die Türen öffnen und den Blick auf einen großen hellen Saal freigeben, an dessen Ende der Heilige Vater und sein Sekretär stehen.

Am Ziel der Reise

Benedikt XVI. ging dem Ministerpräsidenten und seinen Begleitern ein Paar Schritte entgegen. Das ist der Moment, auf den alle Vorbereitungen hinausliefen. Monatelang war vieles auf postalischem Wege und über die deutsche Botschaft organisiert worden. In den letzten Minuten waren sie beim Gang durch die Säle auf die Begegnung mit dem Nachfolger des Apostel Petrus eingestimmt worden. Benedikt begrüßte sie und begann sofort mit ihnen zu sprechen. Die Fotografen und Kameraleute tauchten ebenfalls auf und hielten die Audienz in Bildern fest. Der Papst und seine Gäste standen dabei unter dem riesigen Tafelgemälde des auferstandenen Christus. Rechts und links die mächtigen verglasten Bücherschränke, mit Schriften, die in weißes Ziegenleder gebunden sind. Sie gaben dem Raum seinen Namen: »Biblioteca«. Auf den cremeweißen Seidentapeten sind in einem gleichmäßigen Muster

Papstwappen eingewebt, die erst bei entsprechendem Lichteinfall zu Geltung kommen.

Bei einer Audienz in diesem Saal ist es unglaublich hell. Über dem Gesims beleuchten Lichtleisten eine etwa einen Meter hohe, umlaufende farbenprächtige Wandmalerei und die schwere, tief gearbeitete goldene Kassettendecke. Zwei mächtige Kristalllüster tun ihr Übriges. Die weitläufigen Wände zieren eine Reihe von Kunstwerken. An dieser Stelle möchte ich nur ein eindrucksvolles Kassettenholzkreuz erwähnen. Es ist das Werk des italienischen Malers Giotto aus dem frühen 14. Jahrhundert. Auf dem großen rotgemusterten Teppich sind entsprechend der Anzahl der Audienzgäste weiße Lehnstühle aufgereiht. Von dort verfolgten die Gäste die Begrüßungsansprache des Pontifex. Und danach zogen sich Benedikt und der Ministerpräsident an den Schreibtisch neben der Eingangstür zu einem Vier-Augen-Gespräch zurück. Der Papst saß an seinem symbolischen Schreibplatz und der Gast im Sessel ihm gegenüber. Natürlich sieht die etwa 2,50 Meter lange hölzerne Tischplatte nicht nach Arbeit aus. Lediglich eine weiße lederne Schreibmappe und die Unterlagen für die Audienz stören das Ensemble eines hölzernen Kruzifixes auf einem weißen Porzellanfuß, einer in Gold und Kristall gefassten Petrusreliquie, sowie die goldene Ablageschale für den päpstlichen Füllhalter samt zwei Löschpapierstempeln und einem Tintenfässchen. Die zwei Telefone stehen auf einem kleinen Tischchen an der Wand.

Erzbischof Schick war inzwischen in der Sala Clementina eingetroffen. Er durfte den Weg abkürzen. Am Ende der Clementina führt eine Tür auf der linken Seite in einen schmalen Saal. Von da aus begleiteten ihn die Sediari über jene kühne Außenkorridorkonstruktion, die auch die Fotografen und Kameraleute nehmen, um die Ecke der Bibliothek herum direkt in die Sala dei Santi Pietro e Paolo. Ich fragte ihn, ob er denn nicht allein gehen durfte. Der

Erzbischof lachte: »Nein, die hatten sicher Sorge, dass ich mich dort verlaufe.« In der Tat, hätte er die Tür geradeaus gewählt, wäre er schnurstracks auf den Papst und den Ministerpräsidenten getroffen. Die saßen nämlich noch am Schreibtisch und sprachen über Hessen und über das wachsende Interesse an Religiosität in Deutschland – darüber, dass die Religion einen Ankerpunkt in der globalisierten Medienwelt darstelle.

Dreißig Minuten Zeit erhielt der hessische Ministerpräsident, um über diese Themen und über das Verhältnis der westlichen zur muslimischen Welt im Hinblick auf den anstehenden Pastoralbesuch in der Türkei zu sprechen. Koch zeigte sich beeindruckt von der intellektuellen Größe des Pontifex. »Bei Johannes Paul II. konnte man mitfühlen, bei Benedikt XVI. kann man mithören«, zog Koch sein Fazit. Der Papst sei nicht nur Seelsorger, sondern auch Denker, und er verkörpere einen Wandel, weil die intellektuelle Intensität seiner Botschaften einen höheren Wert darstelle.

Erzbischof Ludwig Schick wartete noch immer im Vorzimmer, denn der Zeitpunkt des Beginns seiner Audienz war bereits seit einigen Minuten verstrichen. Dann öffnete sich die Tür, und ein strahlender Roland Koch traf auf Ludwig Schick, den alten Bekannten aus Hessen, der nun zum Heiligen Vater ging.

Papamobil und Platzprobleme

Der motorisierte Papstthron

Mitten im Wirtschaftsareal der Vatikanstadt, also dort, wo der Supermarkt ist und allerlei technisches Gewerk, befinden sich hinter unscheinbaren Toren die Garagen. Ein Mitarbeiter des Fuhrparks öffnete eines der Tore, und ich konnte in eine flache, fast schon zimmerartige Fahrzeughalle sehen, in der neun Autos in Dreierreihen hintereinander geparkt waren. Die Halle konnte man nicht wirklich Halle nennen, aber sie war so fein und sauber wie eine gute Stube oder Gastraum eines guten italienischen Restaurants.

Die Wände der Halle waren in cremeweiß getüncht und der Betonboden war rotbraun gestrichen. Die weiße Betonkassettendecke wirkte wie ein großer Reflektor für die grellen Leuchtstoffröhren, die der guten Stube die Gemütlichkeit wieder entzogen. An der Rückwand des Raumes hing ein Bild des Papstes, daneben stand ein hellgrauer Metallspind. Die Fahrzeuge parkten so dicht aneinandergedrängt, dass man gerade noch die Türen öffnen konnte; mehr Platz gab es nicht. Um das hinterste Auto herausfahren zu können, musste man zuerst die beiden Fahrzeuge davor ausparken.

Ich sah mir die Automobile genauer an. Auf den ersten Blick war nicht mehr erkennen als sorgsam in eigens für jeden Typ geschneiderte Überzüge gehüllte Silhouetten. Dann hob der Mann, der mir das Tor geöffnet hatte, mit zwei Stangen einen der Überzüge, und die einzigartige Karosse eines Papamobils kam zum Vorschein. Er nahm den hellbraunen Überzug sogar vollständig ab, und vor mir stand in voller glänzender Pracht das Auto mit dem Kennzeichen »SCV-I«. Ich war diesem Gefährt schon einmal so nahe gewesen. Doch damals galt mein Interesse nur seinem Passagier: Johannes Paul II.

Nun konnte ich mir das Innenleben genauer ansehen. Der gute Mann im dunkelblauen Anzug mit dem päpstlichen Wappen auf dem Revers öffnete die riesige Tür am Heck. Er forderte mich auf, die Tür ein wenig hin und her zu bewegen. Ich tat wie geheißen und konnte spüren, wie massiv dieses Bauteil gearbeitet war. Dagegen wirkten die Türen eines normalen PKW wie aus Pappkarton. Im Inneren des Papamobils sah ich nun den Sessel aus weißem Leder, dessen Außenwände durch die aluminiumfarbenen Spangen eine Kassettenoptik erhalten hatten. Der Papstsessel war diagonal nach vorn links gefahren und gab den Blick frei auf die beiden Klappstühle und die Mittelkonsole an der Wand zum Fahrer. Dort konnte man die Bordtechnik bedienen.

Mit dem Schaltpult in der Größe eines DIN-A4-Papiers verband ich eine amüsante Erinnerung. Es war während der Polenreise von Benedikt. Damals musste Monsignore Gänswein, der Sekretär des Papstes, den Thronsitz im Papamobil in eine seitliche Position bringen, sodass noch eine dritte Person im Wagen Platz nehmen konnte. Kardinal Dziwisz, der Vorgänger Gänsweins und heutige Erzbischof von Krakau, sah amüsiert zu, wie der »Neue« wild auf den Tasten des Schaltpultes herumdrückte. Doch irgendwann war es geschafft, der Sitz fuhr langsam zur Seite und der etwas fülliger gewordene Dziwisz konnte zum zweiten Klappsitz vorrücken. Dann kam Papst Benedikt in den Wagen, und der weiße Sessel wurde wieder in die Mittelposition gefahren. Aber noch immer zeigten die Kameras des polnischen Fernsehens die Bilder des emsig mit den Knöpfchen der Bedientafel hantierenden Papstsekretärs.

Klar, Monsignore Gänswein musste sich wie sein Chef von heute auf morgen an sehr viel Neues gewöhnen. Zu den Neuigkeiten des päpstlichen Alltags gehörte auch das Papamobil. Der Polenbesuch war zwar bereits die zweite Reise des deutschen Pontifex, aber eben auch erst die zweite Gelegenheit, sich mit diesem gepanzerten Gefährt ausführlich zu beschäftigen. Zeit zur Einführung in die Geheimnisse der Technik gab es vorher nicht. Bei den wöchentlichen Generalaudienzen in Rom war bis dahin nur der offene Fiat-Jeep im Einsatz. Dort gab es nichts zu bedienen oder zu steuern. Aber mit dem neuesten Papamobil, das eigens für die besonderen Bedürfnisse von Papst Johannes Paul II. gebaut worden war, kannten sich die beiden Herren noch nicht so aus. Benedikt hatte für Fahrten auf dem Petersplatz immer auf den offenen Jeep bestanden, auch wenn es gelegentlich kalt wurde. Im Fond stehend über den Köpfen der vielen tausend Menschen war er während der Generalaudienz dem kalten Wind vom Tiber her ausgesetzt. Doch bei den Papstreisen galten sehr viel schärfere Sicherheitsbestimmungen. Da ist das perlmuttfarbene Papamobil auf der Basis eines Mercedes der M-Klasse die bestmögliche Variante, den Heiligen Vater sicher durch die Menschen zu transportieren, die sich in der Regel schon Stunden zuvor einen guten Sichtplatz auf den Nachfolger des heiligen Petrus gesichert haben.

Das weiße Auto mit der außergewöhnlichen eckigen Glaskuppel ist über die Jahre zum Symbol der Papstreisen geworden. Alle Blicke richten sich auf dieses Auto, das einzigartig in der Welt ist und damit einen unvergleichbaren Wiedererkennungsfaktor besitzt. Wie ein Prozessionsschirm oder ein tragbarer Baldachin in frühe-

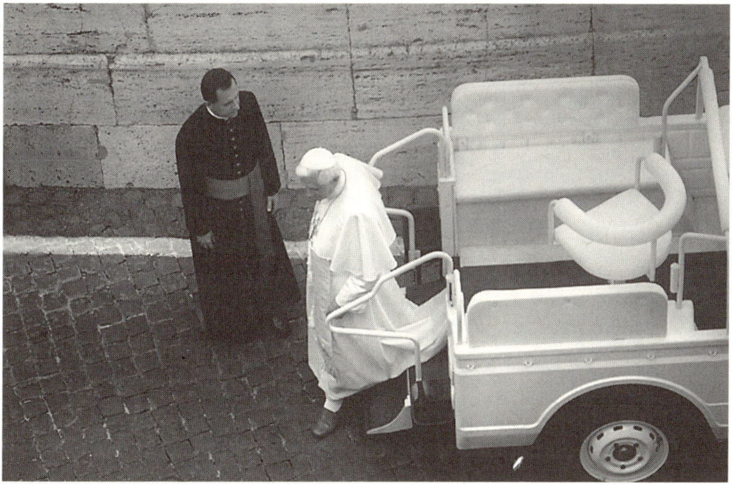

ren Zeiten stellt das Papamobil ein optisches Zeichen dar, das über alle Köpfe und Hüte hinweg sofort auszumachen ist. Heutzutage gibt es keine Prozessionsschirme oder Baldachine mehr. Allenfalls können sie im vatikanischen Museum besichtigt werden. Sogar die Pfauenfederwedel sind abgeschafft worden. Dafür gibt es dieses neue Insignium für das Papstamt, auch wenn es offiziell niemals dazu erklärt worden ist. Mittlerweile ist es mindestens so charakteristisch wie das Pallium oder die weiße Soutane. Natürlich ist es undenkbar, dass so etwas Modernes wie ein spezielles Auto zum offiziellen Zeichen für das Papsttum erhoben würde. Auch wenn das Papamobil keine Chance dazu haben wird, bei den Menschen ist es eines der sichtbaren Symbole oder Attribute des Papstes.

Papamobil mit Treppe. Eines von vielen unterschiedlichen Fahrzeugen aus der Vatikangarage.

In der unscheinbaren Garage unweit des Papstpalastes stehen noch eine ganze Reihe weiterer Fahrzeuge bereit, um den Heiligen

Vater innerhalb oder auch außerhalb des Vatikans zu transportieren. Da gibt es zwei Mercedes Benz mit Glaskuppel und einen Fiat-Jeep vom Modell Campagnola. Letzterer erlangte 1981 traurige Berühmtheit, weil er das Papamobil war, in dem Papst Johannes Paul II. Opfer des Attentats wurde. Nach diesem Vorfall war Johannes Paul bei großen öffentlichen Auftritten in einem Pick-up mit Sicherheitsaufbau aus schusssicherem Plexiglas unterwegs. In der Kuppel, die mit einer Klimaanlage und Haltegriffen ausgestattet ist, stand der Papst und winkte von dort den Gläubigen zu.

Auch für jenen Fiat existiert ein abnehmbares Verdeck. Das wurde allerdings nicht aus schusssicheren Materialien gefertigt und bietet allenfalls Schutz vor Regen. Dazu kommen noch eine Reihe von Limousinen, die größtenteils in der Garage nebenan geparkt werden. Limousinen deshalb, weil der Heilige Vater ja nicht ständig nur in einem fahrenden Schaufenster durch die Gegend kutschiert werden möchte. Für eine Fahrt zum Flughafen oder nach Castel Gandolfo kann also neben dem Helikopter auch eine der Limousinen genutzt werden. Jedenfalls stehen die neueren Limousinen in der Garage und werden ständig fahrbereit gehalten. Die älteren Exemplare sind nicht nur Einzelstücke, die jeweils extra für den Papst gebaut worden sind – sie sind auch Oldtimer und befinden sich da, wo altgediente besondere Autos hingehören: im vatikanischen Museum.

Eines steht fest: Die meisten Fahrzeuge, die jemals den Päpsten zur Verfügung gestanden haben, trugen den Stern aus Deutschland auf der Kühlerhaube. Inzwischen fühlen sich noch andere Hersteller aus Benedikts Heimatland als Papst-Lieferanten berufen. »Es wäre für jeden Automobilhersteller eine Ehre, den Heiligen Vater zu transportieren«, sagte ein Audi-Sprecher zur Nachrichtenagentur *ddp*. Auch BMW würde es »freuen, wenn der Papst auf eine unserer gepanzerten Limousinen zugreifen würde«, erklärte eine Sprecherin des bayerischen Automobilkonzerns noch relativ zurückhaltend. Und Volkswagen wolle, so hörte man schon kurz nach der Wahl, Verhandlungen mit dem Vatikan aufnehmen.

Ein Volkswagen für den Heiligen Vater

Ein paar Wochen später bestätigte ein Sprecher des Automobil-Herstellers aus Wolfsburg während einer Hauptversammlung das Ansinnen. Nach Wunsch von VW sollte Papst Benedikt XVI. auf seiner ersten Auslandsreise im August in einem »Papamobil« von Volkswagen fahren. Der Konzern sei schließlich Fahrzeugsponsor beim Weltjugendtag in Köln und werde dort mindestens hundert Fahrzeuge bereitstellen, gab sich der Sprecher damals noch zuversichtlich. Geklappt hat es dann allerdings nicht. Ob es überhaupt in der Kürze der Zeit von April bis August möglich gewesen wäre, ein adäquates Papamobil zu konstruieren und tatsächlich noch rechtzeitig fertig zu stellen, das kann man ruhig bezweifeln.

Die Verantwortlichen im Vatikan werden nichts dafür tun, einen möglichen Konkurrenzkampf unter den Autoherstellern anzuheizen. Genauso wenig möchten sie Spezial- oder Exklusivverträge abschließen, selbst wenn die Vorherrschaft des Sterns in der päpstlichen Flotte den Verdacht nahelegen könnte. Sieht man sich die übrigen Dienstfahrzeuge der päpstlichen Mitarbeiter an, so findet man da neben den traditionellen italienischen Hausmarken wie Fiat, Lancia und Alfa Romeo auch Ford und Peugeot.

Immerhin üben sich die deutschen Hersteller in vornehmer Zurückhaltung und machen nur gelegentlich und dezent auf dieses spezielle Engagement aufmerksam. Von BMW wurde vorsichtig das Bild eines möglichen neuen Papamobils lanciert: ein BMW-X5 in weiß und mit der typischen Kuppel. Natürlich würde sich ein Umbau des Geländewagens X5 anbieten. Aber vielleicht war das

Werben für dieses Sonderfahrzeug deshalb so zaghaft, weil es auf der einen Seite zwar ein Prestigegewinn für die Bayerischen Motorenwerke wäre, den Stall des Pontifex mit einem BMW aufzuwerten. Doch auf der anderen Seite steht die Marke BMW auch für Sportlichkeit – und das Papamobil bewegt sich weitab von Sportlichkeit. Schließlich ist es zumeist im Schritttempo unterwegs.

Bei Audi wollte man den neuen Papst nicht so kurz nach dem Amtsantritt mit einem Angebot überrumpeln. Ein Firmensprecher teilte mit, dass man ihm ein wenig Bedenkzeit einräumen würde, um sich in der Automobilfrage zu orientieren.

Einige Wochen vor der Bayernreise von Benedikt XVI. geisterten Gerüchte durch die Presse, es würde ein neues Papamobil geben, das eigens für die Reise in die Heimat des Papstes gebaut worden sei. Es sollte baugleich mit dem neuesten Modell sein. Als Begründung konnte man hören, dass es allgemein üblich sei, zwei gepanzerte Fahrzeuge mit Glaskuppelaufbau für eine Reise bereitzustellen. Das stimmt allerdings nur dann, wenn Papstreisen, wie wir sie bei Johannes Paul II. erleben konnten, durch mehrere Länder führen oder die Distanzen zwischen den Reisestationen sehr groß sind. Dann werden mitunter für jeden Ort eigene Papamobile bereitgehalten. Außerdem gibt es weltweit viele Fahrzeuge, die extra für Papstbesuche gebaut worden sind. Die bei den Auslandsreisen von Papst Johannes Paul II. benutzten Papamobile sind in der Regel im besuchten Land verblieben und können bei einem erneuten Besuch wiederbenutzt werden.

Diese wurden dem Heiligen Vater für den jeweiligen Besuch zwar zur Verfügung gestellt, aber blieben natürlich Eigentum des jeweiligen Landes. Das mexikanische Papamobil wurde beispielsweise anlässlich der Trauerfeiern für Johannes Paul II. aus der Garage geholt und der Öffentlichkeit präsentiert. In Bayern war Benedikt XVI. jedenfalls lediglich mit einem Papamobil unterwegs.

Und es war das perlmuttfarben lackierte Modell Mercedes ML430, das modernste, das der Vatikan besitzt, und dessen Innenleben ich nun bewundern konnte.

Nach dem Tod von Papa Wojtyla wurde das Wappen des deutschen Papstes an der B-Säule montiert, um auch dort anzuzeigen, wer nun die *nummero uno* ist. Ansonsten wurde in und an diesem Auto nichts verändert. Die Nummer Eins findet sich auch am Nummernschild: SCV-1. Was bedeutet: Stato della Città del Vaticano, also Staat der Vatikanstadt. Alle im Vatikan zugelassenen Autos tragen eine solche Bezeichnung auf dem Nummernschild, wenn sie direkt dem Papst und dem päpstlichen Haus zugeordnet sind. Alle weiteren Wagen erhalten ein »CV«, also das Autokennzeichen der Vatikanstadt.

Immer in Weiss

Die Papamobile sind eine Neuerung aus dem Pontifikat von Johannes Paul II. Seine Amtsvorgänger pflegten bei weitem nicht so umfangreiche Kontakte zur Öffentlichkeit und machten selten weite Reisen. Wenn sie sich in der Öffentlichkeit zeigten, dann in der traditionellen *sedia gestatoria*, dem tragbaren Papst-Thron, oder in einer Pferdekutsche. Seit Pius XI. besaßen die Päpste zwar auch immer Autos, aber die hatten nicht die typische Bauform und erreichten nie den Bekanntheitsgrad der Papamobile. Es waren lediglich typische Staatskarossen mit mehr oder weniger umfangreichen Sonderausstattungen. Papst Paul VI. nutzte allerdings auch bereits einen offenen Jeep für die Generalaudienzen. Der dunkle Toyota kam jedoch nur selten zum Einsatz.

Das allererste »Papamobil« wurde für die Polenreise 1979 konstruiert. Es war kein Jeep oder Pick-up, sondern basierte auf einem Kleinlaster der polnischen Marke »Star«. In den folgenden

Jahren verzückten recht eigenartige Modelle die Öffentlichkeit. Die Auswahl reichte von Militärjeeps, die einfach weiß lackiert und nur geringfügig umgebaut wurden, bis hin zu echten Lastwagen, auf deren Ladefläche der Papst und einige Mitglieder seiner Entourage Platz finden konnten. Manche Papamobile wirkten wie fahrende Blumenläden, manche eher so, als wolle der Pontifex mit brachialen Fahrzeugen den Weg seiner Mission ebnen. Doch eines hatten sie alle gemeinsam: Allesamt waren sie weiß. Auch wenn die Palette von Polarweiß bis Cremeweiß reichte.

An Mercedes-Benz kam man schließlich nicht vorbei. Viele Jahre war der im Farbton Perlmutt lackierte Geländewagen 230 G *der* Papstwagen. In der Fahrzeughalle steht er gleich hinter dem neuesten Modell. Dieses Fahrzeug begleitete Johannes Paul II. auf den meisten Reisen in alle Welt. Mercedes Benz hatte dem Papst das Fahrzeug für seinen Deutschlandbesuch im Jahr 1980 zunächst nur leihweise zu Verfügung gestellt. 1982, kurze Zeit nach dem Anschlag auf Johannes Paul, schenkte der Konzern dem Heiligen Vater dieses Auto, denn es entsprach wegen der Panzerung als einziges Fahrzeug den neuen Sicherheitsanforderungen im Vatikan.

Weil bei den Reisen auch Strecken abseits befestigter Straße bewältigt werden sollten, wählte man bei der Konstruktion als Basisfahrzeug die G-Klasse der Baureihe W 460 mit langem Radstand. Man orientierte sich an dem Jeep, der bis dahin bereits genutzt wurde, und entwarf eine Sicherheitszelle, die bei den klassischen Karosserieformen wie der Landaulet-Limousine kaum zu realisieren waren. Sie ließen sich aber mit der Basis eines Geländewagens verbinden. So baute Mercedes Benz einen Papstwagen mit einer hohen, transparenten Kuppel aus Kunststoff, unter welcher der Papst stehend oder im Sitzen gefahren werden konnte. »Aquarium« nannten viele innerhalb und außerhalb des Vatikans dieses Auto. Obwohl »Terrarium« sicher angemessener gewesen wäre, denn innerhalb der Kuppel können bei entsprechender Sonnenbestrahlung schnell tropische Temperaturen erreicht werden, die denen in Terrarien gleichkommen.

Deshalb sorgt eine leistungsstarke Klimaautomatik im Fond des Papstwagens während der heißen Sommermonate für angenehme Temperaturen im Abteil des Heiligen Vaters und seiner zwei Begleiter. Bei Regenwetter und hoher Luftfeuchtigkeit verhindert die Anlage, dass die Scheiben beschlagen. Außerdem sind in Seiten, Boden und Dach der Kuppel verschiedene kleine Scheinwerfer eingebaut, mit denen der Papst indirekt und direkt beleuchtet werden kann, um seine Person auch bei Dunkelheit gut sichtbar zu machen.

Der Boden im Fond wurde erhöht. Nicht etwa um den Kardantunnel zur Hinterachse zu überdecken, wie es bei Personenwagen nötig ist, wenn eine Person zentriert sitzen soll. Die Konstrukteure hoben vielmehr den Boden der G-Klasse um vierzig Zentimeter kurz über die Radkästen an, um so für den Papst und seinen Sitz eine erhabene Plattform zu schaffen. Im Hohlraum unter dem Boden finden die Batterien Platz, die das umfangreiche elektrische System des Fahrzeugs unabhängig von der Lichtmaschine kontinuierlich mit Strom versorgen können. Zu diesen Geräten zählen neben der Beleuchtung, der Klimaanlage und den Steuermotoren des Sitzes auch elektromotorisch betriebene Trittbretter, deren Stufen ausgefahren werden können, um dem Pontifex Maximus den Ein- und Ausstieg zu erleichtern. Die G-Klasse mit ihrer eckigen Sichtkuppel aus transparentem Kunststoff war das erste Papst-Automobil mit einer ganz neuen Form. Nicht nur die auffällige Karosserie unterschied das neue Auto von den etablierten Repräsentationsfahrzeugen des Vatikans. In Anlehnung an den Papst-Jeep wählte man anstelle eines schwarzen Lackes, wie er bei Staatskarossen üblich ist, das freundliche und päpstliche Weiß.

Für dieses Modell haben sich die Designer sogar richtig den Kopf zerbrochen und stießen dabei auf die zweite Farbe des Papstes: Gold. Zum Lack im Farbton Perlmutt kamen goldfarben eloxierte Zierteile und Messingprofile. Noch heute werden die goldenen Felgen und Radnarben von den Technikern der Garage liebevoll auf Mattglanz poliert. Sogar die Stoßstange war in mattem Rotgold gehalten, konnte ich sehen, denn der Überzug reichte nicht so weit herunter. In den folgenden Jahren ist die Ausstattung dieses Papamobils von Mercedes Benz mehrfach an die höheren Sicherheitsauflagen des Vatikans angepasst worden.

Der deutsche Stern im Vatikan

Das Konzept des Geländewagens mit transparentem Sicherheitsaufbau machte natürlich Schule, zumal das neue Papamobil sehr attraktiv wirkte. So übernahmen in den folgenden Jahren auch andere Hersteller die Idee von Mercedes Benz, um dem Papst bei seinen Pastoralreisen geeignete Fahrzeuge zur Verfügung zu stellen. Doch keine Automobilfirma blickt auf eine so lange Geschäftsbeziehung mit dem Vatikan zurück wie Mercedes Benz. Im Jahr 1930 schenkten die Schwaben Papst Pius XI. eine Limousine. 1960 gab es wieder einen neuen Wagen, diesmal für Papst Johannes XXIII. Er war fast baugleich zum sogenannten Adenauer-Mercedes, der heute im Museum für deutsche Geschichte ausgestellt ist.

Die Basis des Papstautomobils für Pius XI. war der 1928 vorgestellte Mercedes Benz Typ Nürburg 460, eine Limousine der Baureihe W 08, die bis zu 100 km/h schnell fuhr. Das Projekt für den Papst hieß nach einer internen Firmenbezeichnung »Rom-Wagen«. Bis auf den heruntergesetzten Rahmen wurden Karosse und Motor nicht verändert. Umso gründlicher erfolgte allerdings der Umbau im Innern der Pullman-Limousine. Die Sitze für Chauffeur und Beifahrer waren noch regulär gefertigt. Aber für den Heiligen Vater entstand ein mit Luftkissen gepolsterter Thronsessel im Fond des Nürburg, der mit feinem rotem Seidenbrokat bezogen wurde. Doch der Clou war das Dach des Wagens, jedenfalls von innen. Die Bespannung eines Wagendaches nennt man im Allgemeinen Himmel. Wahrscheinlich davon inspiriert kreierten die Stuttgarter einen ganz besonderen »Himmel«. Man engagierte Pater Cornelius, den Kunstsachverständigen für Paramentenstickereien des Benediktinerordens im Kloster Beuron. Und der entwarf das Motiv – »der Heilige Geist«, der durch eine Taube symbolisiert wird. Die Entwürfe setzten Stickerinnen eines Benediktinerinnenklosters mit erlesenen Materialien um. Wann darf man schon einmal für einen Papst sticken? Auch eine Ordensschwester kommt nicht oft in einen solchen Genuss. Passend zur Stickerei wählten die Konstrukteure edle Hölzer und Metalle für die Ausstattung des Papstwagens aus. Welche Wirkung dieses Motiv auf die jeweiligen Insassen hatte, ist leider nicht überliefert.

Der Wagen verfügte außerdem über technische Extras wie getöntes, splitterfreies Kinonglas und eine Art Wechselsprechanlage zum Chauffeur. Da Hubschrauber für den Transport zwischen dem Vatikan und dem Sommersitz des Papstes noch nicht zur Verfügung gestanden hatten, nutzten Pius XI. und Pius XII. dieses Papstauto. Nach seinem jahrelangen Einsatz machten sich aber Abnutzungserscheinungen bemerkbar. 1983 wurde der Typ Nürburg deshalb zur Restauration zurück nach Stuttgart verbracht. Papst Johannes Paul II. nahm den Mercedes Benz 1984 wieder entgegen. Seitdem wird der Papstwagen im Museo delle Carrozze des Vatikanischen Museums gezeigt.

Der Nachfolger war ein Mercedes Benz Typ 300 d mit verlängertem Radstand. Diese Limousine wurde als Landaulet ausgeführt, das heißt, über den Vordersitzen gibt es ein festes Dach und über dem Fond spannte sich ein Faltverdeck. Damit erhielt der Vatikan eine klassische, repräsentative Karosse, die etwas länger und ebenfalls etwas höher war als das Serienfahrzeug. Die Sechs-Zylinder-Maschine konnte den Papst sogar mit einer Höchstgeschwindigkeit von 160 km/h transportieren, aber diese Leistungsfähigkeit durften die Chauffeure des päpstlichen Fuhrparks weder innerhalb des Vatikans noch auf den Straßen in und um Rom jemals nutzen. In der Regel fuhr das Fahrzeug bei offiziellen Anlässen in gemäßigtem Tempo mit geöffnetem Verdeck. Dafür konnten die Seitenscheiben im Fond herausgenommen und in eigens dafür im Kofferraum eingebauten Halterungen verstaut werden. Das Verdeck ließ sich damals schon innerhalb weniger Sekunden schließen.

Die Verdeckvariante bot zur damaligen Zeit noch wenig Sicherheit, aber eine Panzerung des Wagens war noch nicht erforderlich, weil man den Pontifex nicht als Zielscheibe von Attentätern wähnte. Wenn das Verdeck zurückgefahren war, konnte der Papst während der Fahrt stehen, winken und den Segen erteilen. Eigens dafür wurden Griffe an der Zwischenwand des Mercedes 300 d angebracht. Sie sollten dem Santo Padre Halt geben während der langsamen Fahrt.

1965 schenkte Mercedes Benz dem Papst wieder ein neues Auto. Diesmal war es ein 600 Pullman Landaulet. Die Sonderanfertigung für den Vatikan hatte diesmal nicht nur einen längeren Radstand als die Serienfahrzeuge, auch die Fondtüren wurden um etwa 25 Zentimeter verbreitert. Das erleichterte dem Papst wie auch seinen Begleitern das Einsteigen. Das Dach des Pullman-Landaulets wurde um 70 Millimeter erhöht, um eine ausreichende Kopffreiheit zu ermöglichen. Nun ist das mit den zentrierten

Sitzen im Fond eines Autos immer ein Problem, denn der von vorn nach hinten durchlaufende Tunnel der Kardanwelle störte die Beinfreiheit des Fahrgastes. Saß man in der Mitte, konnte man die Füße nur rechts und links des Tunnels abstellen, oder es wurde ein Fußbrett auf den Tunnel montiert. Der Boden dieses neuen Fahrzeugs war eben ausgeführt, das heißt, er wurde über der Höhe des Kardantunnels eingezogen. Weil man mit dieser Maßnahme aber deutlich an Raumhöhe eingebüßt hatte, wurde das Dach des Wagens ebenfalls nach oben ausgedehnt. So konnte der Papst zwar nicht mit einer Mitra im Wagen sitzen, aber für seinen Kopf war nun wieder genügend Freiraum geschaffen.

Dieses schwarz lackierte Auto war natürlich bei italienischer Sonne ein Brutkasten. Deshalb erhielt er mit einer elektrischen Kühlanlage eine Sonderausstattung, für die der Heilige Vater damals sicher von vielen beneidet wurde. Während die Begleiter des Papstes wieder nur auf Klappsitzen entgegen der Fahrtrichtung Platz nehmen konnten, war der Einzelsessel in mehreren Richtungen verschiebbar. Diesen Mercedes Benz 600 Pullman-Landaulet mit dem typischen Kennzeichen SCV 1 kann man heute im Mercedes Benz Museum in Stuttgart bewundern.

Bereits ein Jahr später, also 1966, bauten die Schwaben einen weiteren Wagen für den Papst. Diesmal einen Mercedes Benz 300 SEL Landaulet. Der 300 SEL hatte zwar keine ganz so luxuriöse Ausstattung wie der Mercedes Benz 600 erhalten und er war auch etwas kürzer, aber der Sessel im Fond konnte zur Seite verschoben werden. Dadurch konnte der Beifahrer auf dem Klappsitz gegenüber dem Papst endlich auch mal seine Beine ausstrecken. Johannes Paul II. zeigte sich bei seiner ersten Ausfahrt nach der Wahl in diesem Landaulet. Seit 1985 konnte er dann zwischen Landaulet und Limousine wählen, denn Mercedes Benz hatte ihm einen Mercedes Benz 500 SEL mit Vollpanzerung übergeben. Auch

Benedikt XVI. besucht eine römische Pfarrei. Für diese kurzen Reisen nutzt er gern eine Limousine.

wenn dieser Wagen ebenfalls länger als die Serie war, hatten die Begleiter wieder nur so viel Platz, wie im 55 Jahre zuvor gebauten Nürburg-Modell. Also so gut wie kein Platz für den Sekretär und den Kammerdiener.

Das Besondere dieser Limousine war das elektrisch betriebene Schiebedach in Sondergröße; und das trotz Panzerung. Der Papst konnte also stehend im Wagen gefahren werden, wobei er auf einer kleinen Plattform über dem Kardantunnel zwischen den Sitzen der Begleiter stand. Damit hatte man einen Wagen, der vielen Anforderungen für den Transport des Santo Padre entsprach: Das Fahrzeug war sicher, konnte weite Strecken in hoher Geschwindigkeit zurücklegen und war für Repräsentationsfahrten in Menschenmengen geeignet.

Die Landaulet-Flotte des Vatikans wurde 1997 ein weiteres Mal mit einem Mercedes auf der Basis einer s-Klasse des Typs s 500 lang erweitert. Die s-Klasse mit langem Radstand, die mit einem elektrohydraulisch betriebenen Verdeck ausgestattet ist, stand nun vor mir. Der Sessel des Heiligen Vaters war diesmal bereits weiß gepolstert. Das Außergewöhnliche an diesem Modell war, dass der Einzelsitz bei geöffnetem Verdeck 50 Zentimeter nach oben gefahren werden konnte.

Die schwäbischen Autobauer hatten bei diesem Fahrzeug wieder einmal das künstlerische Moment der Ausstattung entdeckt. Diesmal erhielt der Fahrzeughimmel keine Bebilderung, dafür wurde in die Täfelung der Trennwand zum Fahrer eine Ikone der Heiligen Maria eingebaut. Der Pontifex hatte somit in Fahrtrichtung immer einen Blick auf die Mutter Jesu Christi. Wahrscheinlich musste der Papst während einer Fahrt im römischen Stadtverkehr oder gar wegen fraglicher Fahrkünste des Chauffeurs nicht die Heilige Maria um Schutz und Beistand bitten. Ich habe aber gehört, dass Johannes Paul II. vor diesem Bild gern den Rosenkranz gebetet hat.

Doch die Vormacht der deutschen Autos mit dem Stern wurde im Jahr 2000 durch eine anthrazitfarbene Limousine der italienischen Automarke Lancia gestört. Sie stand ganz links hinter dem moderneren Landaulet in der päpstlichen Garage. Der schwerkranke Johannes Paul war damals gezwungen, auf eine weitere Spezialanfertigung umzusteigen. Für Fahrten innerhalb der Vatikanstadt oder vom und zum Flughafen nutzte Karol Wojtyla diesen Lancia Thesis Jubileo. Die italienische Luxuslimousine wurde so umgebaut, dass der Papst sitzend »verladen« werden konnte. Dazu klappt das halbe Dach des Fahrzeugs zur Seite und ein spezieller Rollthronsessel konnte in das Auto geschoben oder gehoben werden. Eigens dafür hatten die Mitarbeiter der vatikanischen Tischlerei mit beige-grauem Teppich verkleidete Rampen an alle relevanten Türen gebaut. Etwa am Papstpalast oder an der Audienzhalle. Der Papst und seine Begleiter waren dann allerdings im Fond des Wagens sehr beengt untergebracht. Im Jahr 2002 war dann die Zeit für ein neues Papamobil mit Glaskuppelaufsatz gekommen, denn Johannes Pauls Gesundheitszustand ließ nun nur noch einen Transport im Rollstuhl zu.

Zum Weltjugendtag 2002 in Toronto zeigte sich der stark von der Parkinsonkrankheit gezeichnete Papst erstmals in dem neuen Papamobil auf Basis des Mercedes Benz ML 430. Es gleicht dem Modell der G-Klasse, allerdings waren die Formen der Karosse und der Sichtkuppel etwas weicher und damit viel schicker, meinten damals viele Vatikaner. Der gläserne Aufbau des alten Modells war nicht wie oft angenommen aus Panzerglas gefertigt, sondern aus einem speziellen hochmodernen Kunststoff. Panzerglas hätte den Kubus so schwer werden lassen, dass man den Aufbau nicht mehr so einfach vom Chassis des umgebauten Geländewagens hätte abmontieren können. Das neue Papamobil erhielt aus Sicherheitsgründen schützende Scheiben aus etwa drei Zentimeter dickem Panzerglas.

Nach den Anschlägen der al-Qaida am 11. September 2001 in den USA wurden auch im Vatikan die Sicherheitsvorschriften verschärft, denn das christliche Kirchenoberhaupt galt auch als Ziel der muslimisch motivierten Terroristen. Die großen Seitenfenster sind aber in der Horizontalen zweigeteilt, sodass der Papst oder derjenige, der das Funktionspaneel bedient, den oberen Teil des Fensters herunterfahren kann. Dann ist jedoch nur noch die untere Körperhälfte des bedeutenden Passagiers vor möglichen Schüssen oder anderen Angriffen geschützt. Die päpstliche M-Klasse wurde in Perlmutt lackiert und innen mit weißem Leder ausgestattet.

In der Regel fahren der Sekretär des Papstes und der gastgebende Bischof der besuchten Diözese im Papamobil mit. Doch wie in den beiden Limousinen haben die Begleiter nur wenig Platz auf den zwei 40 mal 40 Zentimeter großen Klappsitzen zu Füßen des Papstes – und mit dem Rücken zur Fahrtrichtung. Das Besondere war der Sessel, der in alle Richtungen elektrisch verstellbar und zusätzlich herausnehmbar war. Er war eigens für die Bedürfnisse von Papa Wojtyla konstruiert worden. Die Bordelektronik für den Sitz, für die Klimaanlage und das sphärisch angelegte Licht wird an eben jener Konsole gesteuert, an der Monsignore Gänswein in Polen intensiv herumhantierte.

Die Vollpanzerung machte das neue Auto sehr schwer. Die etwa vier Tonnen Gewicht werden von einem Acht-Zylinder-Motor mit 279 PS bewegt. Das Fahrzeug kann damit zwar bis zu 80 km/h schnell fahren, aber die Fähigkeit des Schildkrötengangs wird in diesem Fall mehr geschätzt. Außerdem muss es nicht allein wegen möglicher schlechter oder nur behelfsmäßig angelegter Zufahrtswege, wie etwa beim Weltjugendtag in Köln, geländegängig sein. Schon die befahrbaren Treppen auf dem Petersplatz verlangen nicht nur einen kräftigen Motor, sondern auch ein allradgetriebenes, großbereiftes Auto, das eben jene flachen Stufen überwinden kann und dennoch den Heiligen Vater nicht total durchschüttelt. Die Kosten für dieses Fahrzeug liegen zwischen 300 000 und 400 000 Euro. Genaue Zahlen gibt der Daimler-Chrysler-Konzern nicht heraus.

Die Karosse für grosse Auftritte

Es ist kein großes Geheimnis, dass Papst Benedikt XVI. das Papamobil mit Glaskuppel nicht sonderlich mag. Er fühlt sich darin nicht wohl, weil die Anmutung eines Terrariums, das den Beobachtern eine seltene Spezies wie in einem Schaufenster vorführt, nicht unbedingt seinem Verständnis von öffentlicher Präsentation entspricht. Nun kannte er aber das Prinzip des bewährten Papamobils mit gläsernem Sichtaufbau von seinem Vorgänger bestens und wusste, was auf ihn zukommt, als er Papst wurde. Zwar kann der Oberhirt der katholischen Kirche im Alleingang entscheiden, was er will, allerdings gibt es Zwänge und Traditionen in der Ausgestaltung der öffentlichen Auftritte, denen sich auch ein Papst fügen muss. Wer in die Fußstapfen des Fischers Petrus tritt, muss sich auch den Menschen zeigen. Papst Johannes Paul liebte die Begegnung mit den Menschenmassen und ließ seine Mitarbeiter an Konzepten basteln, wie die Auftritte in der Öffentlichkeit bei aller Bescheidenheit möglichst wirksam gestaltet werden könnten. Das Papamobil war eine der Ideen. Diese Variante des Transports und des gleichzeitigen Kontakts mit den Menschen war sehr erfolgreich. Die Tradition war geschaffen und Benedikt musste sie nun übernehmen. Allerdings fährt er, so oft es geht, in einer der Limousinen. Papamobilfahrten werden von den päpstlichen Reiseorganisatoren neuerdings etwas sparsamer und gezielter eingeplant.

Bei der Pastoralreise im September 2006, die den deutschen Papst in seine bayerische Heimat führte, bestand er des Öfteren darauf, dass die Panzerglasscheiben des Autos nach unten gefahren wurden, wenn er langsam an den Menschen vorbeifuhr. Es entwickelte sich zu einer Geste der Vertrautheit, dass Papa Benedetto trotz der höchsten Sicherheitsstufe die Fenster symbolisch herunterfahren ließ. Außerdem konnte er dann die Benedetto-Rufe im Original hören – und nicht mehr durch die Karosse und die Fenster fast bis zur Unhörbarkeit gedämpft.

Sie haben beim Lesen sicher gemerkt, dass der Fuhrpark des Papstes nicht gerade klein ist. Neben den vier Papamobilen in der Garage des Vatikans gibt es noch etwa fünfzig weitere ähnliche Gefährte verschiedenster Hersteller in aller Welt. Einige Limousinen sind in Betrieb, und ein paar andere werden auch für hochrangige Besucher des Vatikanstaats genutzt.

Da sich Benedikt XVI. nicht wirklich für Automobile interessiert, gehe ich davon aus, dass er nicht weiß, wie viele Fahrzeuge sich gegenwärtig in der kleinen flachen Halle im Erdgeschoss eines vatikanischen Gebäudes befinden und für seine Heiligkeit fahrbereit gehalten werden. Bestenfalls will man sich darauf verlassen, dass das Repräsentationsfahrzeug nicht mitten in einem öffentlichen Auftritt den Dienst versagt. Zu Zeiten von Johannes Paul ist ein Papamobil während einer Afrikareise ausgefallen. Der Papst hatte die Scheiben der Glaskanzel öffnen lassen, um den Menschen am Straßenrand näher zu sein. Doch die Klimaanlage des Wagens hatte Probleme mit der heißen Außenluft und stellte schließlich den Dienst ein. Mit der Klimaanlage versagte auch die gesamte Elektronik und legte das Papamobil mitten auf der Strecke lahm. Weitere Vorkommnisse dieser Art gab es danach nicht mehr.

Die ungewollte Affinität für die deutsche Wertarbeit aus Stuttgart wurde dem Papst oft angekreidet. Deshalb liegt es nahe, dass der Pontifex sich seiner diplomatischen Rolle als Brückenbauer bedient und zum Ausgleich für die Vorherrschaft der Mercedesfahrzeuge nun auch andere Marken in den Vatikan holt. Natürlich deutsche Autos. Wie viele Angebote deutscher Firmen für eine umfassende Ausstattung des vatikanischen Fuhrparks dem Vatikan tatsächlich oder verdeckt vorgelegt wurden, weiß ich nicht.

Im Oktober 2006 hat Volkswagen Papst Benedikt XVI. einen Phaeton geschenkt. Böse Zungen behaupteten, dass die Deutschen nur ein Auslaufmodell für ihren Papst übrig hätten. Andere meinten, der VW-Konzern wolle mit dieser PR-trächtigen Aktion die Marke vor dem endgültigen und bereits beschlossenen Aus retten. Der damalige Konzernchef Bernd Pischetsrieder hat vom Segen des Papstes nicht profitieren können, denn nur einen knappen Monat nach dieser Geschenkaktion musste er seinen Vorstandschefsessel räumen.

Der Wagen ist metallicschwarz und innen mit hellgrauem Leder ausgestattet. Das Auto habe eine Sonderausstattung, um »den besonderen Bedürfnissen nach Komfort, Vertraulichkeit und Sicherheit« gerecht zu werden, erklärte der Konzern. Diesmal konnte man endlich auch mal einen Preis für das mäßig erfolgreiche Modell erfahren. Er betrug 150 000 Euro. Pischetsrieder hat das Luxusauto im Vatikan an Benedikt XVI. persönlich übergeben. Die 5,18 Meter lange XL-Version der Limousine mit 450 PS ist mit speziellen Sicherheits- und Komfortextras ausgestattet, die den Ansprüchen eines reisenden Papstes angepasst wurden. Bei der Übergabe wirkte es so, als würde sich der Privatsekretär noch sehr viel mehr über das neue Auto freuen als sein Chef. Durchaus verständlich: Denn im Fond des Wagens gibt es nur noch zwei Sitze, und die sind diesmal nebeneinander. Sie sind als Liegesessel mit voller Steuerung ausgelegt. Also perfekt für lange Fahrten. Die Zeiten von Notsitzen scheinen jetzt endgültig vorbei zu sein.

Dass es ein VW ist, interessiert dabei weniger, auch wenn das Kirchenoberhaupt mit der Marke Volkswagen bestens vertraut ist. Als Joseph Kardinal Ratzinger fuhr er einen Golf IV, wenn er in seiner Heimat unterwegs war. Dass dieser Golf nach der Wahl zum Papst auf der Internetverkaufsplattform eBay für rund 189 000 Euro versteigert wurde, hat Benedikt allerdings nicht sonderlich amüsiert.

Noch schneller als VW war ein anderer europäischer Autohersteller. Bereits im Juli 2005 nahm der Papst einen dunkelblau lackierten Volvo XC90 V8 AWD »Executive« in Empfang. Der Wagen ist ausgestattet mit hellen Nappaledersitzen, Einlagen aus Walnussholz, einem Kühlfach in der hinteren Mittelarmlehne und einem »Rear-Seat-Entertainment-System« mit DVD-Player und Monitor im Dachhimmel. Ich stelle mir vor, wie sich der Papst und sein Sekretär während eines Ausflugs durch das Aosta-Tal einen Film ansehen. Fragt sich nur, auf welchen Film die Wahl fallen wird. Der Gedanke ist amüsant, aber wahrscheinlich genauso unsinnig. Aber auch in diesem Auto, wie im Phaeton oder im Papamobil, gibt es viele kleine Bedienknöpfe, um die sich mit Sicherheit der Sekretär des Papstes kümmern muss.

Die Schutzengel im Ministaat

Schweizergarde und Vigilanza

Es ist fünf nach fünf Uhr nachmittags, als ich am Sankt Anna Tor ankomme. Fünf Minuten zu spät für den Kaffee-Termin! In Italien ist das Gott sei Dank nicht so schlimm. Dem ersten Gardisten auf der linken Seite der Einfahrt sage ich, dass ich einen Termin mit dem Kaplan der Schweizergarde hätte. Er führt mich in die kleine Wachstube, wo ich mein Anliegen einem weiteren Gardisten vortrage. Dieser steht nervös auf und errötet leicht. »Ja, gehen sie bitte hinauf. Wissen Sie den Weg?«, fragt er schüchtern. Habe ich so selbstverständlich und überzeugend gesagt, wohin ich wollte, dass der junge Gardist nicht die geringsten Anstalten machte, das zu bezweifeln? Dennoch bitte ich ihn anzurufen, um Kaplan Jehle über mein Kommen zu verständigen. Er sieht mich leicht verwirrt an, greift dann aber zum Telefon.

Ich lehne mich an die Wand neben der Glastür, die dem Gardisten in der Wachstube den Ausblick auf die Einfahrt am Sankt Anna Tor ermöglichen soll. Von hier aus kann ich dem Gardisten, der mich empfing, bei der Arbeit zusehen. Er hat blondes kurzes Haar und einige Sommersprossen im Gesicht. Er sieht aus und bewegt er sich wie jemand, der um die zwanzig ist. Wegen der Kälte haben die Gardisten ihren blauen Umhang über der Uniform und eine dunkelblaue Baskenmütze auf dem Kopf. Der Gardist vor der Glastür läuft einige Schritte hin und her und hält sich mit seiner linken Hand an der Quaste seines Überwurfes fest. Er wirkt verfroren. Ein lustiges Bild, wenn man überlegt, wie bestimmt die Schweizergarden sonst auftreten. Eigentlich noch ein Junge, aber schon bei der Spezialwache des Papstes.

Als ich merke, dass meine beobachtenden Blicke ihn nervös machen, beschäftige ich mich mit der Wand und der hölzernen Lamperie der Wachstube, um mir die Zeit zu vertreiben, denn der Kaplan der Garde lässt auf sich warten. Über dem Absatz beginnt eine weiß gestrichene Wand. Die Lamperie muss oft geputzt werden, denke ich, denn am Übergang zur Wand sieht man sehr deutlich den Streifen, der durch beständiges feuchtes Wischen am meisten abgenutzt ist. An einer abgeblätterten Stelle sind fünf Farbschichten übereinander zu erkennen. Ich überlege, wie lange der Raum wohl in dieser Funktion schon in Betrieb ist und ob die einzige Veränderung die Erneuerung des weißen Farbanstrichs über dem hölzernen Wandsockel ist. Noch bevor ich auf die Idee komme, archäologische Untersuchungen vorzunehmen, fordert mich der Gardist auf, ihm zu folgen.

Wir haben nicht lange zu gehen. Nur einen Block weiter im zweiten Stock treffe ich den Kaplan. Alois Jehle hat eine sympathische Ausstrahlung. In seinem leicht rundlichen Gesicht, das zur schlanken hochgewachsenen Person fast nicht zu passen scheint, findet man immer die Spur eines verschmitzten Lächelns. Er ist ein kluger Kopf und ein aufmerksamer Beobachter, dessen Augen immer leicht über die randlose rundliche Brille blinzeln. Wir sitzen beim Kaffee in seiner schlichten Küche und unterhalten uns über die Gardisten, die seiner geistlichen Begleitung empfohlen sind.

Ich erinnere mich an den April 2005. Damals hatte ich mich gefragt, ob es für die jungen Männer von der Guardia Svizzera nicht eine schwierige Situation war, neben dem aufgebahrten toten Papst zu stehen, keine Mine zu verziehen und noch dazu die Menschen zu beobachten, die am Katafalk vorbeizogen. Kaplan Jehle nickt: »Manche von ihnen sind zum ersten Mal mit einem Toten konfrontiert worden«, sagt er. Und noch dazu standen sie stundenlang neben dem Mann, den sie schon geraume Zeit kannten – zum einen aus der Ferne ihr junges Leben lang, und zum anderen dann im Vatikan seit ihrem Diensteintritt. Das hatte einigen zu schaffen gemacht, denn auch die Gardisten verspürten Trauer, die noch emotionale Verstärkung durch die vielen tausend Menschen erfuhr, die ihrem Papst noch einmal die letzte Ehre erweisen wollten.

Über 500-jährige Tradition

Natürlich sind die Svizzeri allesamt katholische Christen. Im Religionsunterricht des Kaplans, wie auch in den Predigten, denken sie regelmäßig darüber nach, dass mit dem Tod lediglich das irdische Leben beendet ist und das ewige Leben beginnt – also keine Endstation, sondern die Erlösung. Außerdem sind es ja keine Kinder mehr, sondern erwachsene Männer, die bereits vor diesem speziellen Dienst ihren Grundwehrdienst in der Schweizer Armee abgeleistet haben.

Zwar sehen sie in diesen Uniformen des Vatikans nicht wirklich nach Militär aus, aber sie machen eine »bella figura«, die silbern behelmten Gardisten in ihrem berühmten gestreiften Gala-Outfit in blau, rot und gelb, den Farben der Medici. Und jeder Rekrut trägt seine eigene maßgeschneiderte Uniform, welche aus insgesamt 154 Teilen besteht. Oft hört man, die bunte militärische Tracht sei das Werk von Michelangelo Buonarotti. Er gilt als einer der größten Künstler der Hochrenaissance, nicht nur wegen seinen bildhauerischen Fähigkeiten wie beim »David« in Florenz oder seiner Freskenarbeit am »Jüngsten Gericht« in der Sixtinischen Kapelle. Ob sich daraus die Legende verselbstständigt hat, dass Michelangelo möglicherweise vor 500 Jahren der »Mode-Designer« der bunten Relikte aus der Renaissance gewesen sei? Das ist und bleibt Spekulation.

Im Jahre 1506 hatte Papst Julius II. die ersten Schweizer Legionäre zu sich nach Rom gerufen. Sie galten als tapfer, treu und standen überhaupt im Ruf, nahezu unschlagbar zu sein. Doch viele Hunde sind des Hasen Tod, und so hatten auch die »Svizzeri« damals keine Chance gegen eine feindliche Übermacht. Es wurde zu ihrer Bluttaufe, der »Sacco di Roma«, die Plünderung Roms 1527. Landesknechte Kaiser Karl V. stürmten am 6. Mai in jenem Jahr die Stadt, und vor den Augen von Clemens VII. wurden seine Gardisten vor dem Hochaltar von Sankt Peter regelrecht abgeschlachtet. Dem Papst gelang dank der Schweizer die Flucht über den geheimen Gang auf dem Passetto in die Engelsburg. Aus diesem Grund ist dieser Tag nicht nur ein Feiertag für die Schweizergarde, sondern deshalb werden alljährlich an jenem Datum die neuen Rekruten vereidigt.

»Ich schwöre«, so heißt es in der Eidesformel, »treu und redlich dem regierenden Papst zu dienen, bereit, selbst mein Leben zu geben.« Als ich einer dieser Vereidigungen beiwohnen durfte, war ich überrascht: Die neuen Gardisten sagten diesen Eid nicht einfach so auf, sondern sie riefen ihn mit lauter Stimme. Das klang gerade im harten Schweizer Dialekt sehr kämpferisch, als sie mit drei erhobenen Fingern und einer Hand an der Fahne der Garde ihr Leben dem Schutz des Papstes widmeten. Auch der Heilige Vater schien von diesem Moment bewegt zu sein. Diese jungen Männer würden ihre Gesundheit und notfalls ihr Leben für ihn opfern. Sicher gilt das grundsätzlich für jeden Soldaten im Falle eines Krieges. Aber hier geht es konkret um den Einsatz für eine bestimmte Person. Und dann ist derjenige, mit dessen Schutz sie beauftragt werden, auch noch persönlich anwesend und nimmt den Schwur entgegen. Das machte die Zeremonie sehr eindringlich.

Mit Pfefferspray und Hellebarde

Ihr Auftrag hat seit 500 Jahren denselben Umfang: Sie sollen den Papst schützen. Aber man fragt sich, ob die kleinste Armee der Welt, nur mit Hellebarden und Schwertern bewaffnet, diesen Schutz gewährleisten kann.

»Die Gardisten sind bewaffnet«, erklärt Korporal Erwin Niederberger, ein pfiffig wirkender Endzwanziger, den man oft im dunklen Anzug und recht farbenfrohen Krawatten erlebt. Wenn er von Waffen spricht, möchte man kaum glauben, dass er ein gelernter Konditor ist. »An allen Dienstplätzen sind Schusswaffen platziert. Und jedes Jahr nehmen die Gardisten an mehreren Schießübungen in Italien teil.« Für eine Erstabwehr sind die wachhabenden Gardisten mit einem Pfefferspray ausgerüstet. Das Überraschungsmoment muss fürs Erste genügen.

Auch Oberst Elmar Mäder, dem Kommandanten der Garde, statte ich einen Besuch ab. Wir sitzen erst in seinem relativ kleinen Büro im vorderen Trakt der Kaserne. Unter der recht großen und farbenprächtigen Fahne der Garde mit den Wappen des letzten und des amtierenden Papstes sowie dem persönlichen Wappen des Kommandanten unterhalten wir uns über die wohl illusterste und auch kleinste Armee der Welt. Später zeigt er mir gemeinsam mit Korporal Niederberger die Waffenkammer im Untergeschoss der Kaserne. Ich sehe dort in der Tat richtige Pistolen, Karabiner, lange Gewehre und sogar Maschinengewehre. Aber der überwiegende Teil hat eher musealen Wert, als dass man damit tatsächlich etwas anfangen könnte. Nun verstehe ich von Waffen im Allgemeinen nicht viel und habe sicher die Verteidigungskraft, die in den Ständern und Regalen versammelt war, unterschätzt. Wenn jedoch ein normaler Soldat diese Waffenkammer sehen würde, wäre ihm wahrscheinlich zum Schmunzeln zumute. Einen Raum weiter befinden sich über hundert Rüstungspanzer, die fein säuberlich mit Nummern versehen in einem Gestell hängen. Daneben, in mehreren Etagen übereinander, die verschiedenen Uniformen. Dazu noch die Lanzen, Schlagschwerter und die Helme mit den roten Pfauenfedern. Mittlerweile, so hoffe ich, hat man einen Hersteller gefunden, der diese Federn rot färbt, ohne dass sie bei Regen abfärben. Es ist sehr ärgerlich, wenn eine rote Brühe den Helm hinabläuft und den frisch gestärkten blütenweißen Plissee-Kragen rosa werden lässt.

Schwarzer Anzug statt Helm und Rüstung

Man findet die Schweizergardisten aber nicht nur in den bunten Uniformen. Im Alltag verrichten sie ihren Dienst in nicht repräsentativen Zonen auch in der blauen, etwas schlichteren Kleidung. Bei größeren Veranstaltungen, zu denen der Heilige Vater kommt, etwa auf dem Petersplatz, sind immer einige Gardisten in normalen schwarzen Anzügen als Bodyguards anwesend. Sie begleiten ihren *Papa* auch bei Reisen, sei es ins Ausland oder in eine der Pfarreien Roms. Man erkennt sie am Knopf im Ohr und an der kleinen runden Plakette am Revers. Ähnlich wie beim Secret Service des Präsidenten der Vereinigten Staaten laufen sie zu sechst neben dem Papamobil, wenn der Papst durch die Menschenreihen fährt. Sollte etwas Ähnliches passieren wie beim Attentat 1981 auf dem Petersplatz, dann werfen sie sich schützend über den Heiligen Vater. Allerdings sollte es besser gar nicht erst so weit kommen. Deshalb werden sie darin geschult, die Gäste einer Audienz oder eines Gottesdienstes im Auge zu behalten, um mögliche Gefahren schon im Ansatz zu erkennen.

Es kommt gelegentlich vor, dass sich jemand aus der Masse löst und auf den Papst zustürmt, meistens sind das geistig Verwirrte. Der Kommandant erklärt: »Gerade die könnten zur Gefahr werden.« Was im Vatikan wegen der Gardisten – abgesehen vom Anschlag auf Johannes Paul II. – bis heute gut ging, endete 2005 in Taizé tragisch, als eine geistig verwirrte Frau auf Frère Roger Schütz einstach. Der Gründer der ökumenischen Bruderschaft von Taizé starb an den Folgen des Attentats.

Korporal Niederberger denkt nach und sagt in herrlich klingendem Schweizerdeutsch, dass es eine Schießerei oder dergleichen zum Glück noch nicht gegeben hat. Aber dass jemand vor Begeisterung über die Absperrungen steigt, um dem Papst näher zu kommen, das würde oft geschehen. »Dann muss ich den halt am ›Schäftli‹ packen und zurückführen.«

»Was den Personenschutz betrifft, greifen wir auf Hilfe von außerhalb zurück; da stehen wir im Kontakt mit Amerika«, sagt dazu Oberstleutnant Jean Daniel Pitteloud und verweist damit auf die Kooperationen, die eine kleine Armee braucht. Denn die zahlenmäßig kleine Truppe hat nicht genügend Leute für den Unterricht in ganz außergewöhnlichen Disziplinen. Der hagere Oberstleutnant mit dem strengen Gesicht ist der Stellvertreter des Kommandanten und damit der Stabschefs. Er führt das mehrheitlich französischsprachige 2. Geschwader und bildet die Rekruten aus. Der Staatsjurist ist sozusagen auch der Pressechef der Schweizergarde. Sein Kommandant ergänzt selbstbewusst: »Was diesen Personenschutz betrifft, sind wir up to date.« Aus der Begleitung des Papstes bei mehreren Auslandsreisen hat er Vergleichsmöglichkeiten zur

Ein Papst und sein Leibgardist. Kommunionempfang in der Messe zum 500-jährigen Bestehen der Schweizergarde.

Sicherheitspraxis anderer Länder. Sein Resümee: »Auch dort kocht man nur mit Wasser.« Bei Kursen für Nahschutzprofis in der Schweiz würden die Gardisten aus Rom immer sehr gut mithalten können. Im Personenschutz werden ausschließlich Kaderleute mit langjährigen Erfahrungen eingesetzt, das ist wichtig, denn diese können Situationen besser einschätzen als ein frischer Rekrut. Ein Papst hinter Panzerglas wäre die sicherste Variante, jedoch könnte er dann keinen Kontakt zu den Menschen haben und Hände schütteln.

Korporal Niederberger berichtet begeistert, dass der Papst im Frühsommer 2005 erstmalig Gardisten in Uniform auf eine Reise mitgenommen habe. Das sei eine Überraschung gewesen: Nicht nur die Gardisten selbst staunten über diesen Wunsch des Papstes, auch die Journalisten, die vor Ort waren, reagierten verunsichert angesichts der Schweizer in Gala-Uniform. Der Heilige Vater war zum »Eucharistischen Kongress« nach Bari an der italienischen Ostküste gefahren. Bisher sei so etwas noch nie vorgekommen, da dies die italienischen Sicherheitskräfte nicht gewollt haben, sagt Niederberger. Aber weil der Papst es so gewünscht hatte, durften sie mit. Er empfand es als ein »schönes Symbol, eine nette Geste«. Die Gardisten würden diesen besonderen Ausflug sicher so schnell nicht vergessen, erinnert sich der Offizier.

Oberst Mäder hält das für eine absolute Ausnahme. »Das ist nicht üblich«, sagte der Kommandant der Garde, »und das wird sicherlich auch nie wieder vorkommen.« Dass Benedikt die vier Gardisten in Uniform auf seine erste Reise mitgenommen hätte, sei deshalb unüblich, da die Sicherheit eigentlich Sache des Gastlandes sei. Und außerhalb der Vatikanstadt befindet sich der Papst im Ausland – selbst in Rom. Der italienische Präsident würde auch nicht seine Ehrengarde mitbringen, wenn er zum Papst ginge. Lediglich die Gardisten in Zivil seien normal, erklärte Mäder.

Der Kommandant ist ein sehr liebenswürdiger, aber auch äußerst korrekt wirkender Mann. Er vertritt die Garde nach außen und kümmert sich um Rekrutierung und die Einhaltung des Gardereglements. Der Jurist und schweizer Milizoffizier wurde 2002 mit 39 Jahren als Chef der Garde berufen und hatte bis 1999 in der Schweiz ein privates Treuhandunternehmen inne. Dann war er drei Jahre lang der stellvertretende Gardechef. Er hat die Garde in den letzten Jahren sehr positiv geprägt. Deshalb schaut er genau nach allem, was sich in und um die Garde herum tut. Anspannung, etwa in besonderen Gefährdungslagen – wie nach dem 11. September 2001 – sieht man dem Kommandant nicht an.

Für die Bayernreise und nach den Morddrohungen aus der islamischen Welt wurden die Sicherheitsvorkehrungen im Vatikan deutlich aufgestockt. Die Kontrollen am Petersplatz wurden intensiviert, denn man befürchtete Angriffe aus blinder Wut. Dass die Arbeit der Schweizergarde durch die »Regensburger Rede« anstrengender geworden sei, bestätigte Oberstleutnant Jean Daniel Pitteloud jedoch nicht. »Wir gewährleisten immer der Situation angepasst die Sicherheit des Heiligen Vaters. Die Regensburger Rede hat uns da nicht beeinflusst.« Es seien auch keine konkreten Hinweise eingegangen, ergänzte Oberst Elmar Mäder, »wie etwa eine Terrorandrohung oder etwas anderes Besorgniserregendes«.

Die Visitenkarte des Papstes

Die Gardisten werden angehalten, unabhängig von äußeren oder inneren Situationen besonnen und freundlich ihren Dienst zu tun. Dabei wirken sie manchmal sogar etwas schüchtern, wenn sie auf einen zukommen und in kratzigem Schweizerdeutsch fragen, wohin man gehen möchte. Die Wachhabenden am Eingang zum Papstpalast sind jederzeit informiert über die Menschen, die passieren dürfen. Entweder greift die Gesichtskontrolle, denn so viele Leute haben keinen Zutritt zum Palast, oder die Wachen kennen die Gästeliste und die Zeiten der Termine. Dann kommt es auch schon einmal vor, dass man direkt mit einem »Grüß Gott« statt mit »Buon giorno« begrüßt wird.

So präsentieren sich die weltweit bekannten Gardisten auch durch ihre freundliche und ruhige Ausstrahlung vor den Eingängen zum Vatikan, sei es bei Audienzen auf dem Petersplatz oder bei Messen im Dom, ganz im Sinne von Papst Paul VI., der sagte: »Die Schweizergarde ist die Visitenkarte des Papstes und sollte keine militante Erscheinung sein.« Zudem sind die meisten Pilger in religiöser oder touristischer Absicht in Rom. Also sollten die Gardisten zum positiven Bild gehören, das die Besucher mit nach Hause nehmen.

Doch auch die Pilger sind nicht zu unterschätzen. Vor allem in der Oster- oder Weihnachtszeit gebe es gelegentlich schon mal kleine »Überraschungen«, erzählt Niederberger mit einem leichten Schmunzeln: »Da gibt sich schon mal jemand als auferstandener Christus aus oder als die Wiedergeburt der heiligen Jungfrau Maria. Und diese Personen möchten natürlich alle zum Papst. Wir leiten sie dann weiter zu einem Beichtvater.« Ein besonders bemerkenswertes Ereignis spielte sich am Bronzetor ab, dem Zugang zum Palast, der am rechten Anfang der Kolonnaden auf dem Petersplatz liegt. Niederberger erzählt die Episode mit sichtbarem Vergnügen. Hier hatte sich ihm eine Besucherin als Jungfrau Maria vorgestellt und wollte den Papst sprechen. Noch während er sich mit ihr darüber unterhielt, kam ein Mann die Treppen hinauf und stellte sich als Jesus vor. Das war natürlich sozusagen fast ein Familientreffen. Niederberger sagte zu dem Mann: »Schauen Sie, da steht Maria, ihre Mutter!« Daraufhin gerieten ›Maria‹ und ›Jesus‹ miteinander in einen heftigen Streit, in dem sie sich gegenseitig bezichtigten, Hochstapler zu sein, die verhaftet gehören. So kann der Alltag eines Gardisten auch aussehen.

Dessert mit dem Papst

Niederberger findet es erstaunlich, dass der Papst als Kardinal streng über Glaubenswerte nachgedacht hat und sich als Papst hingegen mit spirituellen Fragen beschäftigt. »Viele haben geglaubt, dass er sich nur noch mit hochtheologischen Themen beschäftigen wird, aber nein. Er schreibt über ein ›einfaches‹ Thema: über die Liebe.« Offensichtlich nehmen die Gardisten Benedikts theologische Äußerungen sehr genau wahr. Sie sprechen untereinander sogar über die Texte Benedikts. »Wir mögen ihn«, begründet der Korporal das Interesse der Vatikanwächter an den Schriften ihres Chefs. »Es interessiert ihn, wie es uns geht. Er redet mit uns. Und er spricht dabei völlig normal, nicht abgehoben, nicht arrogant, sondern eher bescheiden. Er ist wirklich ein sympathischer Mensch. Und wenn sein Bruder hier ist, dann spazieren die beiden zusammen wie zum Sonntagskaffee umher, ausgeglichen, harmonisch und immer freundlich.«

»Der Umgang mit Benedikt ist sehr, sehr angenehm«, bestätigt in diesem Zusammenhang auch Mäder. »Benedikt ist so geblieben, wie er als Ratzinger war.« Er sei kein überschwänglicher Mensch, eher ausgeglichen, konstant freundlich, einfach im persönlichen Umgang, ohne zeremonielles Gehabe. Benedikt gilt als ein guter Zuhörer, er interessiert sich für die Menschen, mit denen er gerade zu tun hat. Der Chef der Gardisten bestätigt: »Und er ist echt. Er ›spielt‹ nicht den Papst. Er füllt dieses Amt ganz aus.«

Elmar Mäder fällt ein Beispiel ein: »Im Sommer, da hat der Heilige Vater in Castel Gandolfo die Gardisten in ihrem Quartier besucht. Ganz ohne Protokoll, einfach so zum Plaudern. Er saß da bei uns, auf einem einfachen Holzstuhl und redete mit den Gardisten über ganz normale Themen. Er erzählte aus seiner Kindheit, über sein Zuhause und aß dabei mit den Rekruten zusammen ein Dessert.« Diese Geschichte erinnerte an die spontanen Ausflüge von Johannes XXIII. in den Vatikan. »Benedikt mag gerne Süßes«, schob Mäder nach. »Er ist nicht der biertrinkende Bayer, da entspricht er nicht dem klassischen Klischee. Und er trinkt fast keinen Alkohol.«

Nur ungern vergleichen die Gardisten Benedikt mit seinem Vorgänger. »Johannes Paul II. war wesentlich jünger, als er sein Amt antrat«, schränkt Mäder ein. »Er hatte sehr häufig viele kleine und große Gruppen zu Besuch. Für ihn war wichtig, vielen Leuten die Hand zu schütteln, um ihnen eine Erinnerung in ihrem Herzen zu hinterlassen.« Fast täglich besuchten polnische Pilgergruppen den damaligen Papst, die Johannes Paul immer bevorzugt behandelte. Da sich die spontanen Audienzen in der Regel im Palast oder in der großen Aula über dem Ausgang des Petersdoms abgespielt hatten, bedeuteten diese Massen auch immer eine zusätzliche Belastung für die Soldaten der Garde. »Benedikt hat einen anderen Stil«, gibt Mäder zu. »Für uns ist es einfach mit ihm. Er ist eher zurückhaltend und hat seltener und zudem kleinere Gruppen zu Besuch. Weniger ist für ihn mehr.«

Glückliche Polizisten

Es ist beeindruckend, wie die Gardisten auf den neuen Papst reagieren. Sie wirken sogar ausgesprochen glücklich mit ihrem neuen Dienstherren. Die Deutlichkeit erstaunt mich etwas, aber sie bestätigte meine Hoffnung. Benedikt scheint ein Faible dafür zu haben, sich mit seinem Personal persönlich zu beschäftigen, denn Aussagen dieser Art begegneten mir nicht nur bei der Schweizergarde, sondern auch bei Polizisten der Vigilanza, der anderen Institution für den Sicherheits- und Polizeidienst. Die Corpo di Vigilanza, ist die mit Italienern besetzte vatikanische Polizei. Die Männer in den königsblauen Uniformen sind dem Gouvernatorat unterstellt und für die Sicherheitsaufgaben im Vatikanstaat zuständig. Dabei arbeiten die etwa 100 Beamten eng mit der italienischen Polizei zusammen, denn viele Veranstaltungen auf dem Petersplatz betreffen nicht nur vatikanisches, sondern auch städtisches und damit italienisches Gebiet. Sie scheinen immer in der zweiten Reihe zu stehen, denn sie werden natürlich weniger wahrgenommen, als die Gardisten in ihren prächtigen Renaissanceuniformen, die allenthalben fotografiert werden.

Kompetenzprobleme gibt es jedoch nicht, weil ihre Aufgabenbereiche klar geteilt sind. Denn während die Leibgarde des

Papstes allein berechtigt ist, innerhalb des Palazzo Apostolico zu agieren, deckt die Vigilanza die Sicherheitsaufgaben für das ganze Territorium des Vatikanstaats ab. Nur eine einzige Einfahrt kontrollieren die Polizisten der Vigilanza. Sie liegt zwar unscheinbar und versteckt an der Via della Porta di Cavalleggeri neben dem Gästehaus Santa Martha, aber sie ist dennoch eine der wichtigsten Einfahrten für die vatikanischen Bediensteten.

An jener Einfahrt wollte ich den kurzen Weg zum Palazzo San Carlo nehmen. Das Gebäude liegt links hinter dem Petersdom in unmittelbarer Nachbarschaft zum Gästehaus Santa Marta, also spart man sich von dort den langen Weg über den Petersplatz. Ich sagte dem Polizisten der Vigilanza, dass ich zu Benedetto wolle. Da grinste er mich an und fragte keck: »Zu dem Benedetto, oder zu Benedetto?« Mit dem Ersteren meinte er den Papst, mit dem anderen einen Mitarbeiter aus dem Rat für die Kommunikation, der unter diesem Synonym bestens bekannt ist. Benedikt Steinschulte heißt er mit ganzem Namen.

»Nein, nicht zum Papst. Nur zu Benedetto«, scherzte ich zurück. »Ah, Benedetto secondo?«, dem zweiten Benedikt, sagte er lachend. »Secondo?«, fragte ich. »Benedetto Buono«, berichtigte ich, ein guter Benedikt, denn ich bin mit Benedikt Steinschulte seit langem befreundet. Und dann entspann sich ein kleines Gespräch, obwohl die Vigilanzen nicht ohne Genehmigung vom Gouvernatorat reden dürfen. Der hochgewachsene und recht gut genährte Polizist in der königsblauen Uniform sagte, dass der deutsche Papst auch ein Papa Buono, ein Benedetto Buono sei. Schließlich sei er auch schon als Kardinal immer sehr freundlich gewesen und habe jeden Polizisten gegrüßt. Man kannte sich ja auch schon seit vielen Jahren. Er war sich niemals zu fein, auch die einfachen Bediensteten zu grüßen, und wenn es sich ergab, im Vorübergehen ein paar Worte zu wechseln, nach der Familie, nach den Kindern zu fragen. Der Polizist sagte, dass die meisten anderen Kardinäle nicht gegrüßt hätten. Auch viele Bischöfe und Erzbischöfe nicht, obwohl sie jeden Tag an ihrem Wachhäuschen vorbeigingen. Er wollte von denen gar nicht verlangen, dass sie sich nach seinem Wohlbefinden erkundigten, aber grüßen könne man dennoch. Es schien ein wenig seinen eigenen Stolz anzukratzen, dass es unter den Geistlichen auch solche Muffel gab, die seine Arbeit vielleicht nicht wertschätzten. Aber Joseph Ratzinger, sagte er, habe immer gegrüßt. Immer. Deshalb waren die Vigilanzen allesamt auch ganz zufrieden mit der Wahl der Kardinäle.

Register

Bildnachweis

Corbis: Seite 13, 171, 235
dpa/Picture Alliance: Seite 22, 40, 147, 182
L'Osservatore Romano: 189, 205, 219, 248
Stefano Spaziani: Seite 47, 53, 63, 68, 72, 88, 105, 118, 122, 196, 199, 254, 265, 273, 285, 296, 311